Angela Keppler
Das Fernsehen als Sinnproduzent

Angela Keppler

Das Fernsehen als Sinnproduzent

Soziologische Fallstudien

DE GRUYTER
OLDENBOURG

ISBN 978-3-11-036758-4
e-ISBN (PDF) 978-3-11-041376-2
e-ISBN (EPUB) 978-3-11-043818-5

Library of Congress Cataloging-in-Publication Data
A CIP catalogue record for this book has been applied for at the Library of Congress.

Bibliografische Information der Deutschen Nationalbibliothek
Die Deutsche Nationalbibliothek verzeichnet diese Publikation in der Deutschen National-
bibliografie; detaillierte bibliografische Daten sind im Internet über
http://dnb.dnb.de abrufbar.

© 2015 Walter de Gruyter GmbH, Berlin/München/Boston
Coverabbildung: plutofrosti/iStock/Thinkstock
Druck und Bindung: CPI books GmbH, Leck
♾ Gedruckt auf säurefreiem Papier
Printed in Germany

www.degruyter.com

Für Thomas Luckmann

Inhalt

Vorwort

Dieses Buch handelt davon, was *im* Fernsehen gezeigt wird und zugleich davon, was *sich* in den Angeboten des Fernsehens zeigt. Was das Fernsehen zeigt – dies sind zum einen die diversen Sendungen und Programme, die im Fernsehen in heute unübersehbarer Vielfalt und Gleichzeitigkeit präsent sind; dies ist zum anderen das Bild, das eine Gesellschaft in den Konfigurationen dieses Mediums von den kognitiven und normativen Ordnungen ihres Wissens und ihrer Werte entwirft. Dieses Bild ist kein neutrales Bild. Denn die Sendungen des Fernsehens präsentieren stets eine bestimmte Sicht auf das, was sie präsentieren; durch ihre jeweilige Gestaltung kommentieren sie das, was sie gestalten. Diese Zusammenhänge verfolgen die Kapitel dieses Bandes. In exemplarischen Analysen unterschiedlicher Gattungen und Produkte beleuchten sie ein weites Spektrum des gegenwärtigen Fernsehens. Sie führen vor, wie das Fernsehen Prozesse der sozialen Kommunikation initiiert und damit zu einer Selbstverständigung moderner Gesellschaften beiträgt.

Die hier versammelten Fallstudien führen diejenigen in meinen früheren Büchern *Präsentation und Information. Zur politischen Berichterstattung im Fernsehen* (Tübingen 1985), *Wirklicher als die Wirklichkeit? Das neue Realitätsprinzip der Fernsehunterhaltung* (Frankfurt/M. 1994) sowie *Mediale Gegenwart. Eine Theorie des Fernsehens am Beispiel der Darstellung von Gewalt* (Frankfurt/M. 2006) nicht nur fort, sondern erweitern und ergänzen diese im Blick auf neuere und neueste Entwicklungen des Mediums Fernsehen. Bereits diesen älteren Arbeiten aber lag das methodische Credo zugrunde, dem auch die Kapitel dieses Buches verpflichtet sind: Eine Erforschung der medialen Lebensverhältnisse gegenwärtiger Gesellschaften und folglich auch der mit dem Fernsehen verbundenen Praktiken steht vor der Aufgabe, die Komplexität noch der vermeintlich schlichtesten Form der filmbildlichen Darstellung ernst zu nehmen. Schließlich ist das Fernsehen von einer permanenten Koexistenz und Konkurrenz divergenter Modi klangbildlicher Inszenierungen geprägt. Dabei sind es insbesondere die in die filmischen Konventionen und Konfigurationen der Darbietung eingelassenen Modi der Stellungnahme, die vonseiten ihrer professionellen wie nichtprofessionellen Zuschauer eine besondere Aufmerksamkeit und nicht selten eine kritische Stellungnahme verlangen.

Die dem Buch vorangestellte *Einleitung: Perspektiven einer Soziologie des Fernsehens* stellt den theoretischen Rahmen bereit, innerhalb dessen sich die Studien dieses Buches bewegen. Hier wird vorgreifend erläutert, wie eine dezidiert qualitative Untersuchung des Mediums der vielschichtigen Anlage seiner kommunikativen Verfahren ebenso wie den Formen ihrer sozialen Aneignung methodisch und sachlich gerecht werden kann.

Das erste Kapitel – *Die wechselseitige Modifikation von Bildern und Texten in Fernsehen und Film* – plädiert für ein nichthierarchisches Verständnis der Bedeutungsdimensionen in den Produktionen von Film und Fernsehen. An ausgewählten Sequenzen wird vorgeführt, dass ein basaler Zusammenhang von Bild und Text auch dort besteht, wo eines dieser Elemente den Verlauf einer Sequenz zu dominieren scheint. Diese Interaktion von Gestaltungsmitteln erweist sich als prägend für alle Sendetypen des Fernsehens.

Das zweite Kapitel – *Zeigen ohne zu sagen. Zur Rhetorik des Fernsehbildes* – vertritt die These, dass es für die Verfassung des Fernsehbildes maßgeblich ist, dass seine Verläufe direkt oder indirekt mit anderen medialen Bildern nicht allein konkurrieren, sondern oft stillschweigend mit ihnen kommunizieren. In der Analyse eines berühmt-berüchtigten Medienereignisses – der voreiligen Verkündung des siegreichen Endes der Invasion alliierter Truppen in den Irak durch den amerikanischen Präsidenten am 1.5.2003 – wird verfolgt, wie Fernsehbilder durch die Art ihrer Inszenierung vieles unausgesprochen deutlich machen können.

Das dritte Kapitel – *Das Gleiche ist nicht immer gleich. Gewaltdarstellungen in Film und Fernsehen* – vergleicht die in den Programmen des Fernsehens stets gleichzeitig präsente Darstellung von Gewaltereignissen in Spielfilmen mit derjenigen in Nachrichtensendungen. Trotz ihrer gravierenden stilistischen Differenzen erweisen sich dabei auch Nachrichtenfilme als komplexe klangbildliche Arrangements, die durch die Form ihrer Darbietung ebenfalls ein spezifisches Licht auf die dargestellten Ereignisse werfen.

Das vierte Kapitel – *Vom Unterhaltungswert der Werte. Über die Konjunktur der Tugendethik im Fernsehen* – argumentiert dafür, dass Unterhaltung und Belehrung im Fernsehen keinen Gegensatz darstellen, sondern gerade dort eine enge Symbiose eingehen, wo Sendungen auf eine möglichst hohe Einschaltquote zielen.

Das fünfte Kapitel – *Formen der Moralisierung im Fernsehen* – präzisiert diese Diagnose durch den Nachweis, dass kommunikative Akte der – in einem weiten Sinn verstandenen – ‚Moralisierung‘ ein grundlegendes Verfahren der Fernsehkommunikation darstellen.

Das sechste Kapitel – *Wissen um Relevanzen. Zur Dramaturgie politischer Konflikte in Talkshows* – untersucht die mediale Regie, der die Herstellung politischer Aktualität im Fernsehen unterliegt. Die Inszenierung solcher Gesprächsrunden bietet sowohl den jeweils beteiligen Akteuren als auch dem Publikum ein Forum und eine Form, in denen jenseits von Konsens und Dissens über gesellschaftliche Streitfälle verhandelt werden kann.

Das siebte Kapitel – *Selbstrechtfertigung und Selbstkritik: Ein Medienritual* – ist dem rituellen Charakter von Schuldeingeständnissen in medialen Kontexten gewidmet. Am Beispiel der im Fernsehen übertragenen Rücktrittserklärungen von Margot Käßmann, Karl Theodor zu Guttenberg und Christian Wulff wird gezeigt, wie die Akteure ihren Amtsverzicht mit dem Versuch einer möglichst authentischen Selbstpräsentation verbinden.

Das achte Kapitel – *‚Medienreligion‘ ist keine Religion. Fünf Thesen zu den Grenzen einer erhellenden Analogie* – nimmt die gelegentlich beobachteten Parallelen zwischen bestimmten Formen des Fernsehgebrauchs und bestimmten Formen religiösen Handelns zum Anlass, eine Gleichsetzung dieser Praktiken entschieden zurückzuweisen. Denn das Fernsehen transformiert die Transzendenzen, die es auf eine profane Weise adoptiert.

Das neunte Kapitel – *Reality-TV: Ein Genre zwischen Dokumentation und Fiktion* – erörtert, inwiefern Reality-TV nicht einfach nur eine weitere Art der Vermischung fiktionaler und nichtfiktionaler filmischer Darstellungsverfahren, sondern eine Fernsehgattung eigener Art darstellt. An Beispielen aus dem breiten Spektrum dieses Formats wird belegt, dass die hier präsentierten Wirklichkeiten stets mehr oder weniger stark gestaltete Wirklichkeiten sind. Sendungen dieses Typus spielen ihr eigenes, den Protagonisten nur selten gerecht werdendes Spiel mit den faktischen Lebensproblemen der in ihnen auftretenden Personen.

Das zehnte Kapitel – *Person und Figur. Dissonante Identifikationsangebote in Fernsehserien* – nimmt demgegenüber die Form der narrativen Präsentation möglicher Lebenswirklichkeiten in den Blick, wie sie von den klassischen fiktionalen Serien des Fernsehens dargeboten werden. Anhand der unterschiedlichen Verbindlichkeiten sozialer und parasozialer Interaktion (mit realen Personen einerseits und fiktionalen Figuren andererseits) wird verfolgt, wie sich eine Erprobung von Werthaltungen in einer Oszillation zwischen identifikatorischer und distanzierender Anteilnahme am Schicksal von Serienfiguren vollzieht.

Das elfte Kapitel – *Noch einmal: „Kann das Publikum wollen?" Über den künstlerischen Status der Neuen Serien* – nimmt eine von Adorno im Jahr 1963 angesichts des Fernsehens gestellte Frage auf, um zu klären, wie es um die sogenannten ‚Neuen Serien' vor dem Hintergrund der Tradition des Mediums und seiner Gebrauchsweisen bestellt ist. Eine Besichtigung einschlägiger Sequenzen führt zu dem Ergebnis, dass das Vergnügen an den Neuen Serien eben jener Art einer aktiv-passiven Teilhabe an ihrer Dynamik entspringt, die Adorno allein angesichts hochkultureller Objekte der Kunst für möglich und nötig hielt.

Mein herzlicher Dank für die Unterstützung bei der Redaktion des Bandes gilt Madeline Dahl, Maike Klüber, Anja Peltzer und Martin Seel sowie Annette Huppertz vom Verlag De Gruyter Oldenbourg. Widmen möchte ich dieses Buch Thomas Luckmann, der meinen soziologischen Blick nachhaltig geprägt hat.

Einleitung:
Perspektiven einer Soziologie des Fernsehens

Die Grundfrage einer Soziologie des Fernsehens ist eine doppelte. Sie betrifft zum einen die Stellung des Fernsehens innerhalb der sozialen Realität heutiger Gesellschaften. Sie betrifft zum anderen die Frage, was das Fernsehen in der Vielfalt seiner Sendungen und Formate über die Ordnungen dieser Realität zu erkennen gibt. Unter dem ersten Aspekt geht es darum, welchen Beitrag das Fernsehen – in der Verschränkung der mit ihm verbundenen Praktiken – zur Konstruktion der gesellschaftlichen Wirklichkeit leistet. Unter dem zweiten Aspekt geht es darum, welche Auffassungen von Wert und Wirklichkeit sich in den Sendungen des Fernsehens manifestieren.

Diese beiden Teilfragen hängen eng miteinander zusammen. Denn nur, wenn man die genauen Verfahren untersucht, mit denen das Fernsehen kommuniziert, was immer es kommuniziert, kann man seiner Rolle innerhalb der Gesellschaft theoretisch gerecht werden. Diesen Verfahren sind die Studien in diesem Band vor allem gewidmet. Ihre Analyse muss jedoch stets die Position des Fernsehens unter den vielen anderen gesellschaftlichen Instanzen der Sinnerzeugung im Auge behalten. Insofern ist eine Soziologie des Fernsehens Teil einer allgemeinen Mediensoziologie, die untersucht, welche Rolle ‚die Medien‘ für den Orientierungshaushalt sozialer Gemeinschaften spielen. Sie leistet einen substanziellen Beitrag zur Erforschung der medialen Lebenswirklichkeit heutiger Gesellschaften.[1]

Mediale Lebenswirklichkeit

Technische Kommunikationsmedien sind heute überall gegenwärtig. Diese Ubiquität ist gelegentlich so gedeutet worden, als erzeugten die von ihnen produzierten Klänge und Bilder die Wirklichkeiten des modernen Lebens. Auch wenn dies eine unhaltbare Übertreibung ist, so trifft es doch zu, dass diese Medien mit ihren Darbietungen unaufhörlich Verständnisse präsentieren und generieren, die unsere Kultur und Gesellschaft entscheidend modifizieren. Aus soziologischer Perspektive erweist es sich daher als unumgänglich, das Fernsehen als einen Teil der gesellschaftlichen Realität zu untersuchen, die es selbst prägt.

Diese Wirklichkeit hängt entscheidend von ihrer Kommunizierbarkeit ab. Wie unter anderem Niklas Luhmann betont hat, erhält sich eine gemeinsame soziale

---

1 Hierzu ausführlich: Keppler (2006a), bes. S. 19–50 sowie Keppler (2005a).

Welt wesentlich über die Möglichkeit anschlussfähiger Kommunikationen. Die Wiedergabe und Weitergabe, die Ausformung und Umformung von Wissen und Orientierung sind gesellschaftsbildende Prozesse der Kommunikation, in denen der technisch vermittelten Kommunikation eine stetig wachsende Bedeutung zukommt. Die technisch vermittelte Kommunikation ist ein konstitutiver Bestandteil der heutigen Lebenswelt, ganz zu schweigen von ihrer Rolle in Ökonomie, Politik, Verwaltung und Wissenschaft. Deshalb kann man mit gutem Recht sagen, dass die heutigen gesellschaftlichen Verhältnisse *mediale Lebensverhältnisse* sind. Freilich muss dies richtig verstanden werden. Es bedeutet: Es gibt keine Bereiche des sozialen Lebens mehr, die in ihrer Verfassung nicht durch Prozesse der medialen Kommunikation – sei es direkt, sei es indirekt – beeinflusst wären. Die mediale Kommunikation stellt eine *conditio sine qua non* gegenwärtiger Lebenszusammenhänge dar: Ohne sie geht es – weitgehend – nicht. Das bedeutet aber andererseits nicht, dass die soziale Wirklichkeit *nichts weiter* als eine Konstruktion oder ein Effekt ‚der Medien' wäre. Denn diese haben ihre sozialbildende Kraft nur, weil sie ein integraler *Teil* der sozialen und kulturellen Praxis geworden sind, in der mittelbare und unmittelbare Kommunikation einander vielfach überlagern, durchdringen und wechselseitig konturieren.

Die Untersuchung dieser Verhältnisse ist das zentrale Thema einer Soziologie der Medien. Sie erforscht, welche Rolle die Medien und die durch sie vermittelte Kommunikation für unser Wirklichkeitsverständnis spielen. Sie behandelt sowohl die Konstruktion von Wirklichkeit *durch die* Medien, *in den* Medien als auch im *Anschluss an die* Medien. Es geht dabei erstens um die Verfahren der Auswahl und des Arrangements von *Ereignissen* bei der Herstellung medialer Produkte; zweitens um die Art und Weise der audiovisuellen *Präsentation* medialer Produkte; und drittens um die Modi der *Aneignung* dieser Präsentationen durch ein mehr oder weniger diversifiziertes Publikum, das sich mehr oder weniger eigensinnig zu dem jeweils Kommunizierten verhält.

Für die Untersuchung medialer Kommunikationen in ihrer ganzen Breite ergibt sich hieraus eine wichtige Konsequenz. Die Analyse des Prozesses der Kommunikation wird verfehlt, wenn das Augenmerk nur auf die Herstellung und globale Distribution medialer Produkte oder aber nur auf deren Wirkungen und Aneignungspraktiken gerichtet ist. Die Trias einer Untersuchung der *Produktion* des medialen Angebots, der *Produkte* selbst sowie ihrer *Rezeption* ist vielmehr zentral für die Perspektive einer umfassenden Soziologie des Fernsehens. Dabei gilt es zu berücksichtigen, dass die Konstruktion medialer Wirklichkeit nicht allein aufseiten der Produzenten, sondern ebenso aufseiten der Rezipienten ein durchaus aktiver Vorgang ist. Eine Analyse der Verfassung der medialen Produkte stellt darüber hinaus einen unverzichtbaren Schlüssel für eine angemessene Analyse sowohl ihrer Prozesse der Produktion als auch ihrer Rezeption dar. Denn aus ihren unterschiedlichen Perspektiven sind beide Prozesse stets auf die jeweiligen Produkte bezogen. Deren kommunikativer Gehalt jedoch ist von den Konfigurationen ihrer audiovisuellen Gestalt nicht zu trennen. Was deren Aufnahme und Weiterverarbeitung betrifft, reicht es insbesondere im Bereich der Wirkungs-, Nutzungs- und Rezeptionsforschung bei Weitem nicht aus, einen passiven Übernahmeprozess anzunehmen, im Sinn einer einseitigen ‚Wirkung', die jeweilige Angebote auf ihre Adressaten ausüben. Mediale Produkte lassen stets einen erheblichen, von den Situationen ihrer Aufnahme abhängigen Spielraum der Aneignung offen, der auf unterschiedliche Weise genutzt werden oder ungenutzt bleiben kann. Teil einer empirischen Untersuchung medialer Lebensverhältnisse ist daher wesentlich die Analyse von Medienprodukten (und der von ihnen nahegelegten *potenziellen* Rezeption) in Verbindung mit einer Analyse der stets in bestimmten sozialen Kontexten erfolgenden *faktischen* Rezeption dieser Kommunikationsangebote.

In der Interdependenz und Interaktion dieser Dimensionen vollzieht sich auch und gerade die Sinnproduktion des Fernsehens. Das Fernsehen ist eine unter vielen gesellschaftlichen Instanzen der Sinnvermittlung, die sich von anderen Institutionen dieser Art jedoch signifikant unterscheidet. Die Aufgabe einer Soziologie des Fernsehens besteht somit darin, zu untersuchen, welchen spezifischen Beitrag es für den Bestand und die Veränderung sozialen Sinns leistet, indem es fortwährend divergente Sichtweisen, Einstellungen und Formen des Wissens generiert. Als Teil der sozialen Wirklichkeit hat es einerseits *Anteil* an deren Konstitution, andererseits *bezeugt* es diese auf eine besondere Weise. Hier macht sich erneut die anfangs genannte Doppelung einer soziologischen Perspektive auf das Fernsehen bemerkbar: Welche *Stellung* dem Fernsehen innerhalb gegenwärtiger Gesellschaften zukommt, manifestiert sich vor allem darin, welche Orientierungsangebote es seinen Zuschauern *präsentiert*.

Keine geringe Aufgabe einer so verstandenen Mediensoziologie ist es dabei, zu zeigen, wie sich die Produktion und Reproduktion lokaler und globaler Gegenwarten – und mit ihr die Produktion und Reproduktion regionaler und überregionaler Orientierungen – im tagtäglichen Gebrauch technischer Kommunikationsmedien vollzieht. Von hier aus können nicht allein die medialen Bedingungen der *Konstruktion* sozialer Orientierungen, von hier aus können zugleich wesentliche Aspekte ihrer *Transformation* untersucht werden. Schließlich ist es nicht zu übersehen, dass die Sendungen des Fernsehens, dass Filme und Videos, dass Webseiten und Computerspiele, dass die über WhatsApp, Blogs und Social-Network-Seiten heute fast überall zugänglichen Inhalte nicht allein höchst unterschiedliche *Präsentationen*, sondern zugleich selbst *Ereignisse* sind, die als ein integraler Bestandteil des eigenen Lebens erfahren werden. Auf diese Weise stellen die neuen technischen Medien tatsächlich eine historisch durchaus neue Einheit von erfahrener Situation und Situation der Erfahrung her. Freilich darf diese Einheit nicht räumlich, sie muss zeitlich gedacht werden. Die mediale Kommunikation schafft eine zeitliche Nähe, die keinerlei räumliche und nicht einmal eine soziale Nähe zur Voraussetzung hat.

Alle, die diese Medien gebrauchen, sind immer bereits über die Situation ihrer leiblichen Anwesenheit hinaus: Sie haben Teil an einer überindividuellen medialen Gegenwart, in der sich die Zeit ihres eigenen Lebens abspielt.[2]

Um diese weitreichenden Verhältnisse auf einen minimalen Nenner zu bringen, könnte man sagen, dass die neuen und neuesten technischen Kommunikationsmedien ein global zugängliches *Relais* zwischen generellen und partikularen, gesellschaftlichen und kulturellen Orientierungen bilden.[3] Dieses Relais schließt sich allein durch die Energien der alltäglichen *Aneignung* der Sinnpotenziale, die in dem jeweiligen lokalen Kreis abgerufen und dort aktualisiert werden. Aber indem es sich hier schließt, bilden sich auch Orientierungen in Bezug auf Vorgänge und Probleme, die einer weiten – und manchmal weltweiten – Öffentlichkeit zugänglich sind. Die Wiedergabe und Weitergabe, die Ausformung und Umformung von Wissen und Orientierung sind gesellschaftsbildende Prozesse der Kommunikation, an denen die durch technische Medien vermittelte Kommunikation heute einen dominanten Anteil hat.

Disziplinen und Methoden

In dem knapp vorgezeichneten theoretischen Rahmen bewegen sich die in diesem Band versammelten Studien zum Fernsehen. Sie sind jedoch lediglich einem Ausschnitt des soeben skizzierten mediensoziologischen Spektrums gewidmet – der Untersuchung exemplarischer *Produkte* des Fernsehens. Auch bei dieser Beschränkung aber bleibt es von entscheidender Bedeutung, die ganze Spannweite einer Soziologie der Medien im Auge zu behalten.

Dies ist zum einen schon deshalb geboten, um eine in der Sache unangemessene disziplinäre Verengung der Forschung über das Fernsehen und andere Kommunikationsmedien zu vermeiden. Eine Mediensoziologie, wie ich sie verstehe, steht von der Sache her mit verschiedenen anderen Disziplinen in Verbindung. Hierzu zählt nicht allein die ältere Wissenssoziologie, die in der Nachfolge Husserls die Prozeduren, Praktiken und Institutionen des alltäglichen Handelns als primäre Dimension der sozialen Wirklichkeit untersucht, sondern auch die jüngere, in engem Kontakt mit den übrigen Bildwissenschaften innerhalb und außerhalb der Kunstwissenschaften operierende „Visuelle Soziologie", die sich dem weiten Feld der gegenwärtigen bildlichen Kommunikationsformen widmet.[4] Neben der Mediengeschichte und Medienökonomie kommt ferner der Kommunikationssoziologie eine

---

2 Vgl. – auch mit Blick auf den Forschungskontext – Keppler (2000).
3 Vgl. Keppler (1994a), Kap. IV; Münch (1998); Hörning (1999).
4 Stellvertretend: Boehm (1994); Knoblauch/Tuma/Schnettler (2013); Raab (2008); Müller (2012); Soeffner (2000).

zentrale Rolle zu.[5] Darüber hinaus leistet die Film- und Fernsehwissenschaft einen erheblichen Beitrag, indem sie die Besonderheit der audiovisuellen Verfassung des Bewegtbildes in ihren heterogenen Ausprägungen untersucht.[6] So sehr alle diese Wissenschaften mit gutem Recht ihre jeweils eigene Agenda verfolgen, sie alle sind für eine mediensoziologische Forschung insofern von Belang, als sie wesentliche Erkenntnisse zur Untersuchung der technischen und sozialen Vernetzung, der ästhetischen Verfassung sowie der interaktiven Verarbeitung einer medial gestützten oder unterstützten Kommunikation liefern.

Nicht weniger wichtig ist zum anderen eine methodische Konsequenz. *Verstehen* und *Deuten* der Auffassungen und Handlungen anderer sind die Voraussetzung dafür, dass wir mit anderen Menschen in einer geteilten Welt handeln und kommunizieren können. Eine Explikation dieser Prozesse ist das Ziel einer interpretativen Sozialwissenschaft – auch und gerade dann, wenn sie die mediale Kommunikation in ihrem komplexen Verhältnis zur unmittelbaren Alltagskommunikation zum Thema hat. Wenn der Beitrag erforscht werden soll, den die Medien zur Konstruktion der sozialen Welt leisten, müssen die kulturellen Praktiken untersucht werden, durch die im Gebrauch dieser Medien wirklichkeitsrelevantes Orientierungswissen hervorgebracht wird.

Um die Stellung des Fernsehens innerhalb der medialen Landschaft in den genannten Dimensionen – sowohl der Produktion, der Produkte als auch ihrer Rezeption – zu erforschen, müssen wir Verfahren wählen, die ihren vielfachen Verschränkungen gerecht werden können. Hier sind interpretative Methoden der empirischen Sozialforschung unverzichtbar, da nur sie in der Lage sind, die ‚Vorinterpretiertheit' ihres Gegenstands theoretisch und analytisch auf eine systematische Weise zu berücksichtigen. Gerade was die audiovisuellen Medien betrifft, kann dies nicht ohne eine Berücksichtigung der technischen Voraussetzungen und formalen Möglichkeiten ihrer Gestaltung geschehen. Denn diese bringen je eigene Gesetze und Konventionen hervor. Sie lassen sich nicht untersuchen, wenn man sich in der Forschung rein auf die verbalen Inhalte oder den dramatischen Plot beschränkt und die Darstellungsmodi außer Acht lässt.

Die Bilder des Fernsehens sind auch innerhalb dokumentarischer Formate keine planen Abbilder der Realität, denn sie sind selbst eine hergestellte Realität, in dem Sinn, dass bei der Entstehung eines audiovisuellen Produkts von der Recherche über die Aufnahme bis hin zu Schnitt, Montage und Vertonung, professionelle und technische Standards eine konstitutive Rolle spielen. Die Frage nach der ‚Wirklichkeit der Medien' kann dementsprechend nicht einfach lauten, wie es nach wie vor in weiten Teilen der Forschungspraxis innerhalb der Kommunikationswissenschaft geschieht, ob das Bild der Welt, das die Medien liefern, ein richtiges oder

---

5 Stellvertretend: Krotz (2007); Hepp, (1998).
6 Stellvertredend: Borstnar/Pabst/Wulff (2002); Engell (2012).

verzerrtes Abbild gesellschaftlicher Wirklichkeit ist. Sie muss vielmehr lauten: Welches sind die Kriterien, Mechanismen und Konventionen, die die Konstruktion von Realität in den jeweiligen Medien bestimmen? Welche unterschiedlichen Arten des fiktiven und faktischen Wirklichkeitsbezugs spielen in der unterschiedlichen Rhetorik und Ästhetik der fraglichen Sendungen und Formate eine Rolle? Welches sind die Prozeduren, mit denen die medialen Gehalte aufseiten der Rezipienten angeeignet werden? Welche Spielräume der Interpretation und Kritik eröffnen sich ihnen und wie werden sie in jeweiligen gesellschaftlichen Kontexten genutzt? Dieses *Wie* der ‚medialen Konstruktion von Wirklichkeit' zu beschreiben und dabei Methoden einzusetzen, die die Vielschichtigkeit der dabei ablaufenden Prozesse zu erfassen vermögen – dies ist das Ziel einer soziologischen Medien- und Kommunikationsanalyse.

Produktanalyse

Auch eine Untersuchung der Aneignung des medialen Angebots bleibt dabei in methodischer Hinsicht abhängig von einer Analyse jeweiliger Präsentationen, die vom Publikum auf die eine oder andere Weise aufgenommen werden – und somit von einer Untersuchung der besonderen Art der Sinnproduktion, die in unserem Fall das Fernsehen im Spektrum seiner Sendungen leistet. Um der Interdependenz von Produktion und Rezeption nachzugehen, bedarf es einer Forschung, die die Machart der medialen Produkte ebenso ernst zu nehmen vermag wie die Prozesse ihrer Herstellung und Aneignung. Deswegen kommt der Analyse exemplarischer Produkte des Fernsehens eine zentrale Funktion in der Untersuchung auch der übrigen Dimensionen einer Soziologie des Fernsehens zu.[7]

Allein vor dem Hintergrund detaillierter Analysen, die der gesamten visuellen und akustischen Konfiguration dieser Produkte Beachtung schenken, lässt sich insbesondere die Frage nach den Graden der Abhängigkeit *und* Unabhängigkeit der Medienaneignung von deren Vorgaben beantworten. Wenn geklärt werden soll, welche Mechanismen die Umwälzungen der heutigen Medienkultur beherrschen, muss die Frage verfolgt werden, welche Spielräume die medialen Produkte ihren Betrachtern lassen und wie sie von diesen genutzt werden. In ihrer spezifischen audiovisuellen Verfassung sind diese Produkte Kommunikationsangebote, die einige Wahrnehmungen eher nahelegen als andere, zu einigen Aktivitäten der Aneignung eher ermutigen als zu anderen, in denen eine Art der Rezeption eher angelegt ist als eine andere. Durch seine Produkte gibt das Medium Deutungen vor, die in der Aufnahme durch ein verstreutes Publikum die Verhältnisse der sozialen Wirklichkeit verändert haben und weiterhin verändern. Bei diesen Deutungen sollte eine

---

7 Vgl. Keppler (2006a), S. 42ff.

adäquate empirische Untersuchung ansetzen. Sie muss sich sowohl um eine Auslegung der Deutungen bemühen, die in die audiovisuelle Verfassung der Sendungen eingearbeitet sind, als auch, in einem weiteren Schritt, um eine Erforschung der Deutungen dieser Deutungen, wie sie sich in den konkreten Rezeptionsprozessen herauskristallisieren.[8]

Eine qualitative Methode der Film- und Fernsehanalyse freilich ist kein Algorithmus, der nur noch auf verschiedene ‚Fälle' angewendet werden müsste. Qualitative Methoden haben ihren Sinn in einer kontrollierten und kontrollierbaren Lenkung der interpretativen Aufmerksamkeit auf den jeweiligen Gegenstand oder Gegenstandsbereich. Sie legen Schritte fest, die bei der Interpretation vollzogen, und heben Dimensionen des Gegenstands hervor, die im Verlauf der Interpretation beachtet werden müssen. Qualitative Methoden können den Prozess des Interpretierens – das Entwerfen und Verwerfen, Bestätigen und Differenzieren von Deutungshypothesen – selbst nicht ersetzen; aber sie können sichern, dass es sich hierbei um ein am Gegenstand belegbares Interpretieren handelt. Eine solche Methode legt kein schematisches Vorgehen fest, sondern bietet einen Standard an, durch den bestimmt wird, welche Kriterien eine angemessene Deutung von Sendungen des Fernsehens zu erfüllen hat. Ziel einer solchen Analyse ist ein kontrollierbares und intersubjektiv nachvollziehbares Verständnis der Sichtweisen, die durch die Machart der betreffenden Produkte angeboten werden.

Eine derartige Kommunikation bestimmter Haltungen zu dem, was im Bild zu sehen und wovon verbal die Rede ist, kennzeichnet die Kommunikation des Fernsehens generell – beispielsweise dort, wo es sich um gesellschaftlich brisante Phänomene wie alltägliche und außeralltägliche Gewaltvorkommnisse handelt.[9] Allein durch die direkte oder indirekte audiovisuelle Präsentation von Zuständen, Vorgängen und Folgen der Gewalt findet eine stets beschreibende und bewertende Einordnung der jeweils gezeigten Gewalt in das übrige Geschehen der Gegenwart statt. Es gehört beispielsweise zur Grundinszenierung von Nachrichtensendungen, dass die Ereignisse, von denen berichtet wird, in ein lokales oder globales Geschehen eingeordnet werden, mit dem Anspruch, dass sich diese Ereignisse zur angegebenen Zeit am angegebenen Ort nachweislich so abgespielt haben. Die direkt oder indirekt gezeigte Gewalt wird nicht allein in ein Segment und eine Phase des regionalen oder des Weltgeschehens, sie wird auch in Skalen der Prognose und Bewertung eingeordnet: in eine Gewalt, die sein muss oder die hätte vermieden werden können, die in unterschiedlichem Maß schrecklich, die ein tragischer Unfall oder terroristisch ist, in eine, die vergehen wird oder eine, aus der vorerst kein Ausweg besteht. Damit verbunden ist stets eine – wenn auch oft ganz unausdrückliche, d. h. ganz in dem Duktus der Filme oder Sendungen eingearbeitete – Erinnerung an die *Gegenwart*

---

8 Vgl. Keppler (1985), Keppler (2006a, S. 86–140) sowie Keppler/Peltzer (2015).
9 Hierzu ausführlich Keppler (2006a).

des gesellschaftlichen Zustands im Angesicht abnehmender oder zunehmender Gewalt, eine Erinnerung an das Spektrum dessen, was hier und heute in Sachen Gewalt (wieder) möglich und (noch) unmöglich, wahrscheinlich und unwahrscheinlich, zu hoffen und zu befürchten ist. All dies trägt wiederum zu dem Bild der Gewalt bei, das durch die fraglichen Beiträge hergestellt oder verfestigt wird – ein Bild, zu dem sich die Zuschauer schwerlich indifferent verhalten können, auch wenn ihnen grundsätzlich der Spielraum bleibt, die entsprechende Sichtweise zu übernehmen oder ihr zu misstrauen. Auf diese Weise sind die betrachteten Nachrichtensendungen durch ihre Machart stets *Inszenierungen der Realität* von Gewalt oder ihres Potenzials – Inszenierungen, die dem Publikum stets eine wertende Sicht dessen anbietet, wovon jeweils berichtet wird. Es sind diese, den medialen Produkten in ihrer audiovisuellen Organisation eingearbeiteten Verständnisse, die durch die Methodik einer interpretativen Soziologie in ihrer gesellschaftsbildenden Bedeutung herausgearbeitet werden können.

Der Status solcher Produktanalysen muss aber richtig verstanden werden. Die Einstellungen und Einschätzungen, die von den Produkten *nahegelegt* werden, werden von den Rezipienten keineswegs umstandslos *geteilt*. Dies bedeutet freilich nicht, dass die Erzeugnisse etwa des Fernsehens keine Macht über ihre Adressaten hätten. Es bedeutet vielmehr, dass seine Sendungen gerade dort ihre stärkste Wirkung entfalten, wo ihre Wirkung doch zugleich gebrochen wird. Ein Medium wie das Fernsehen kann seine Sinnproduktion nur entfalten, sofern es auf das alltägliche Selbst- und Weltverständnis von Menschen trifft, die sich in ihren kommunikativen Praktiken einen Reim auf den Unterschied zwischen ihrer Wirklichkeit und derjenigen televisionärer Darbietungen machen. Dass die Produktionen des Fernsehens und anderer Medien auf eine so vielfältige Weise in das alltägliche Gespräch Eingang finden, ist dabei eher ein Indiz für eine strukturelle Grenze ihrer Macht, als für die Unbegrenztheit ihres Einflusses. Denn die Gesetze der alltäglichen Kommunikation sind eigener Art. Hier kann nichts einfach übernommen werden, was nicht auf die eine oder andere Weise untereinander abgeklärt worden ist. Eine starke Wirkung hat hier nur, was im intersubjektiven Kreis – also im Rückgriff auf unterschiedliche Voraussetzungen des Wissens – angeeignet werden kann. Dieser Vorgang jedoch enthält aber immer zugleich Möglichkeiten der Distanzierung und Modifikation. Die Wirkung der technischen Kommunikationsmedien hängt im Alltag immer auch von der Art ihrer kommunikativen Kanalisierung ab.[10]

---

10 Die Untersuchung derartiger Rezeptionsverläufe bildet einen zweiten Schwerpunkt meiner empirischen Forschungen. Vgl. z. B. Keppler (1994a), Kap. IV; Keppler (2001); Keppler (2004).

‚Das Fernsehen'

Die Hinweise verdeutlichen erneut die Komplexität des Gegenstands einer Theorie des Fernsehens. ‚Das Fernsehen' besteht, soziologisch gesehen, nicht nur aus den zahllosen Produkten seines immer reicher werdenden Angebots, sondern zugleich aus der Vielfalt der Praktiken und technischen Möglichkeiten seiner Produktion und Rezeption. Ebenso wenig lässt sich das Angebot des Fernsehens zureichend von seinen *einzelnen* Produkten her verstehen – seien dies individuelle Sendungen, Formate, Serien oder Programme, ganz zu schweigen von den immer neuen Hybridformen, in denen sich das Medium fortwährend neu erfindet. In der Sukzession und Simultaneität seiner Sendungen vollzieht sich die Kommunikation des Fernsehens als ein ‚Kontinuum von Gattungen', in dem es weder einen Anfang noch ein Ende gibt. Die Bildwelt des Fernsehens eröffnet keinen wie immer statischen oder dynamischen, kontinuierlichen oder diskontinuierlichen virtuellen Raum, wie ihn Spielfilme erzeugen. Sie stellt in der *Kontinuität* ihres audiovisuellen Geschehens ein *Diskontinuum* virtueller Räume her, die in ganz unterschiedlichen Beziehungen zur lebensweltlichen Wirklichkeit ihrer Betrachter stehen: Sie liegen ihr unterschiedlich nah und fern, nehmen in unterschiedlicher Weise Bezug auf Episoden innerhalb oder außerhalb der Studios, auf die gegenwärtige, vergangene oder künftige Welt, auf private, politische, historische oder kosmische Ereignisse, auf reale oder fiktive Vorgänge. Dies geschieht in einer permanenten Kombination und Rekombination von Formen und Verfahren, die sich zu etablierten Gattungen verfestigen und von diesen Verfestigungen auch wieder lösen. Dies geschieht öffentlich, für jedermann zugänglich, als eine andauernde – aber auch andauernd vergehende – mediale Gegenwart, auf die sich jeder gegenüber den anderen beziehen kann im Sinn eines Ereignisses, das in der Welt stattgefunden hat. Was aber so auf dem Bildschirm dargeboten wird, ist immer eine von vielen *simultan* verfügbaren Möglichkeiten eines wahrnehmenden Sicheinlassens auf ein Geschehen, das nicht in der leiblichen Reichweite liegt und darum oft auf eine besondere Weise animierend ist. Auch diese Animation unterliegt besonderen Gesetzen, die sich von denen anderer Arten der Inszenierung unterscheiden. Denn das Fernsehen organisiert in seiner klangbildlichen Bewegung einen Fluss künstlich hergestellter Ereignisse, der im Unterschied zu Spielfilmen und anderen Sendeformaten keinen natürlichen Abschluss kennt.[11]

Der potenzierten Bildbewegung und der mit ihr einhergehenden Prozessualität muss eine Analyse des Fernsehens gerecht werden. Im Zuge der fortschreitenden Mediatisierung der Lebensverhältnisse, wie sie vorangetrieben wird von der Digitalisierung der Kommunikationstechniken und der mit ihr einhergehenden Konvergenz der Geräte, auf denen Produktionen des Fernsehens empfangen, gespeichert

---

11 Vgl. Williams (1974).

und distribuiert werden können, hat das Fernsehen eine zusätzliche Dynamik gewonnen.[12] Nach einer von Francesco Casetti und Roger Odin unter Rückgriff auf
Umberto Eco eingeführten Unterscheidung ist das frühere „Paläo-Fernsehen" längst
von einem „Neo-Fernsehen" abgelöst worden, für das nicht länger einige wenige
Programme und Formate repräsentativ sind.[13] Weit weniger noch als seine älteren
Präsentationsformen sind die Angebote des Fernsehens zudem als eine ideologisch
und ästhetisch einheitliche „Repräsentation" einer außerbildlichen Realität zu verstehen. Diese Entwicklung jedoch macht das Verfahren einer qualitativ ausgerichte-
ten Produktanalyse keineswegs obsolet. Denn, was immer die Darbietungen des
Fernsehens unter den gegenwärtigen Bedingungen ausmacht, dies geschieht kraft
der Konfigurationen seiner divergenten Produkte. Eine soziologische Analyse des
Fernsehens darf sich nicht blind machen gegenüber seinen partikularen Realisie-
rungsformen, durch deren Kombination, Kontrast und Konkurrenz es seine allgemeine Stellung innerhalb der gesellschaftlichen Kommunikationsverhältnisse gewinnt.

Es wäre daher ein gravierender Fehlschluss, das Fernsehen nicht länger als eine
Instanz der Sinnproduktion zu verstehen, nur weil es in der Diversität seines Angebots keinen eindeutigen Sinn vermittelt. Innerhalb der Medientheorie und Fernsehwissenschaft freilich ist dieser Fehlschluss durchaus verbreitet. In einer Passage
über die Rolle der Fernbedienung bei der Nutzung des Fernsehens beispielsweise
schreibt Lorenz Engell in seiner *Fernsehtheorie zur Einführung* im Blick auf den Status und die Funktion des Mediums mit deutlicher Sympathie für die wiedergegebe-
ne Position:

> Jedenfalls erschließt sich die Bedeutung, der Sinn einzelner Sendungen, Gattungen und Pro-
> gramme nur mehr als Angebot, als Folie, vor der eine höchst befragenswürdige Praxis stattfin-
> det, die möglicherweise mit den Kategorien der Sinnkonstitution und der Bedeutungsgebung
> gar nichts mehr zu tun hat und die durch hermeneutische oder auch sozialtheoretische Sinn-
> begriffe nicht mehr adäquat erfasst werden kann.[14]

Hier wird die Diversität und Simultaneität des permanenten *Angebots* gegen die
Sinnhaftigkeit seiner jeweils aktuellen und angewählten *Angebote* theoretisch aus-
gespielt, mit der Konsequenz, dass ‚das Fernsehen' sich gar nicht mehr in Kategorien des Sinns erfassen lassen soll.[15] Wegen seiner Fülle an selektiv anwählbaren
Programmen und Sendungen, so die These, entzieht sich das Fernsehen einer verstehenden Analyse – und damit zugleich einer hermeneutisch verfahrenden Soziologie, deren Perspektive ich hier entworfen habe.

---

12 Ziemann (2006); Fahle (2001).
13 Casetti/Odin (2001).
14 Engell (2012), S. 126f.
15 Vgl. ebd., S. 129ff. u. S. 188ff.

Dass diese Diagnose nicht zutreffen kann, wird an einer Passage desselben Buches deutlich. Dort nämlich wird die historische und soziale Macht des Fernsehens nachdrücklich beschrieben:

> Es hat ganze Lebensformen gestaltet, das Zeitalter des Konsums heraufgeführt und begleitet, der Kleinfamilie ihre Ökonomie und Moral gegeben und ihren Verhaltens- und Wissensalltag bestimmt. Fernsehen hat Politik- und Machtstrukturen definiert. Es hat die Bilderproduktion und den Umsatz an Bildern exponentiell anwachsen lassen. Es hat Zeitordnungen geschaffen und durchgesetzt, von einem veränderten Tages- und Wochenrhythmus bis zum Grundverständnis von Aktualität, von Ereignis und Zustand bis zu den Praktiken von Erwartung und Erinnerung. Über Ordnungen im Raum hat es in massiver Weise Prozesse der Ein- und Ausschließung in Gang gesetzt und mittels seiner Programme Kontrollfunktionen über die Wissensverteilung etabliert, die bis heute in Kraft sind. [...] Fernsehen hat Geschichte geschrieben.[16]

Alle diese – und weitere – Umwälzungen, für die das Fernsehen verantwortlich sein soll, sind gravierende Veränderungen der sozialen Ordnung und des Wissenshaushalts betreffender Gesellschaften. Wie aber hätte das Fernsehen derart ‚Geschichte schreiben' (oder wenigstens zu dieser Geschichte maßgeblich beitragen können), wenn es sich als Medium weitgehend indifferent zur Kategorie des Sinns in der oben erläuterten Bedeutung verhielte? Man kann dem Fernsehen nicht sozialtheoretisch eine so beherrschende Stellung zuweisen und der Form seiner Kommunikation gleichzeitig den sozial relevanten Gehalt absprechen.

Der Widerspruch in Engells Darstellung weist nochmals darauf hin, wie wichtig ein differenzierter Begriff der mit den Kommunikationen des Fernsehens verbundenen Praktiken ist. Aber selbst wenn nur von der Angebotsseite des Fernsehens die Rede ist, kommt es auf eine entscheidende Differenzierung an. Richtig ist, dass ‚das Fernsehen' in einer Gesellschaft wie der unseren unter heutigen Bedingungen keinerlei Botschaft vertritt. Es propagiert keine Moral und keine übergreifende Ideologie. *Das* Fernsehen propagiert gar nichts – und schon gar nichts Bestimmtes. Es versorgt seine Nutzer mit Aktualitäten, Relevanzen und Irritationen, auf die sie je nach Bedarf und Interesse reagieren können. Es konturiert eine mediale Gegenwart, auf die sich private und öffentliche Kommunikationen ihrerseits beziehen können.[17] Alles jedoch, was *im* Fernsehen zu sehen ist, verhält sich keineswegs neutral zu dem, was immer dargeboten wird. Alle seine Sendungen und Formate, welcher Spielart auch immer, bieten stets eine wertende Haltung zu dem an, was immer sie präsentieren. Das Fernsehen wertet nicht – aber seine Sendungen werten. Das Fernsehen orientiert nicht – aber seine Sendungen bieten Orientierungen an. Die eine Funktion erfüllt es durch die jeweils andere – und es kann die eine nur durch die

---

16 Ebd., S. 12f.
17 Vgl. Keppler (2006a), S. 317ff.; zum Begriff der „Irritation" s. Luhmann (1996), S. 47.

andere erfüllen. Nur wenn dieser Zusammenhang verstanden wird, wird die Sinn-produktion des Fernsehens theoretisch verstanden.

Ordnungen des Wissens und der Werte

Diese Beobachtungen führen auf die beiden anfangs genannten Gesichtspunkte zurück. Eine Untersuchung der ‚Stellung' des Fernsehens innerhalb der sozialen Wirklichkeit muss sich stets auf das beziehen, was es in der Fülle seines Angebots ‚zeigt'. Was es in seinen heterogenen Produkten zeigt, enthält aber nicht allein ei-nen fortlaufenden Kommentar zu gesellschaftlichen Ordnungen des Wissens und der Werte. Denn unter einem soziologischen Blick manifestieren seine Sendungen zugleich, welche der in ihnen artikulierten Einstellungen jeweils aktualisiert und gegebenenfalls modifiziert werden, und damit, was zu einem gegebenen Zeitpunkt als aktuell, relevant, wissenswert sowie existenziell, moralisch und politisch emp-fehlenswert oder statthaft dargeboten wird. Die Interpretation exemplarischer kommunikativer Verfahren des Fernsehens gibt zugleich Aufschlüsse über den Orientierungshaushalt der Gesellschaft. Die Analyse dieser medial konfigurierten Ordnungen des Wissens und der Werte ist das zentrale Thema einer Produktanaly-se, wie sie in diesem Band vorgeführt wird.

Entsprechend belegen meine Untersuchungen die These eines nichtneutralen, weil stets wertenden Bezugs auf die in den jeweiligen Sendungsformen – in (eher) dokumentarischem oder fiktionalem Stil – behandelten Themen. In zugespitzter Form lässt sich diese These unter dem Stichwort einer in den Sendungen des Fern-sehens fast überall virulenten ‚Moralisierung' fassen. Jedoch verstehe ich – wie insbesondere das fünfte Kapitel erläutert – diesen Begriff in einem gegenüber gän-gigen moralphilosophischen Auffassungen stark erweiterten Sinn: als Wertungen, die förderliche oder abträgliche, angemessene oder unangemessene, richtige oder falsche Verhaltensweisen betreffen, die in der einen oder anderen Weise im Umgang der Menschen untereinander von Belang sind. Darunter fallen auch Formen der individuellen Lebensführung, soweit sie die Lebensweisen anderer berühren, wie natürlich auch die moralische oder politische Bewertung von Handlungen und In-stitutionen. ‚Moralisierende' Kommunikation in diesem Sinn betrifft werthafte Ori-entierungen und Formen des Wissens nahezu aller Art, die sozial geteilt werden können oder als sozial zu teilende vorgestellt werden. Wie die einzelnen Beiträge zeigen, müssen keine dieser Wertungen explizit verbal vorgebracht werden, wie sehr dies auch häufig geschieht; ihre evaluativen Impulse liegen vielmehr wesent-lich in der Art der Präsentationen, d. h. in den Inszenierungsformen, aus denen sich der Gehalt der jeweiligen Sendungen ergibt.

Eine solche gewichtende und bewertende Stellungnahme enthalten die Sen-dungen des Fernsehens nahezu überall, aber in durchaus heterogenen Modi und Verfahren und zugleich in der Kommunikation erheblich voneinander abweichender normativer Einstellungen. Gleichzeitig aber gilt, dass das Fernsehen als solches – in der Gesamtheit seines höchst divergenten Angebots – gar keine Stellung nimmt. Die Sendungen des Fernsehens ‚moralisieren‘, aber das Fernsehen verritt keine Moral. Was es damit auf sich hat und wie das zu verstehen ist, dies versuchen die Kapitel dieses Buches in exemplarischen Analysen zu demonstrieren.

1 Die wechselseitige Modifikation von Bildern und Texten in Fernsehen und Film

Innerhalb der Film- und Fernsehwissenschaft ist es längst zu einer Selbstverständlichkeit geworden, dass Bild und Text sowie Bild und Ton einander in den audiovisuellen Prozessen filmischer Produkte wechselseitig konturieren. Diesem Befund möchte ich nachgehen und ihm dabei einige Aspekte abgewinnen, die vielleicht noch nicht hinreichend selbstverständlich sind. Ich werde die These vertreten, dass Bild und Ton in filmischen Erzeugnissen jeglicher Art *gleichursprünglich* an der Konstitution der in ihnen präsentierten Gehalte beteiligt sind; und zwar gerade auch dort, wo eines dieser Elemente – etwa der mündliche Dialog oder ein verbaler Kommentar – in bestimmten Formaten oder Sequenzen sowohl des Spielfilms als auch des Fernsehens zu dominieren scheint.

Filmische Produkte stellen eine Einheit von akustischer und visueller Bewegung dar. Das Verhältnis von visueller und akustischer Dimension ist dabei jedoch kein additives, sondern durchweg ein integrales: Der Klang fügt dem Bild nicht nur etwas hinzu, der Klang *verwandelt* das Bildgeschehen, das seinerseits das modifiziert, was akustisch vernehmbar ist. Gesprochene Sprache, Musik und andere Geräusche bilden eine integrale Dimension des filmischen Bewegungsbildes. Wie Schnitt, Montage, Kameraführung, Lichtregie, Farbgebung und dergleichen sorgen Sprache und Musik für den spezifischen Rhythmus eines ganzen Films. Zugleich sind sie wesentliche Medien der in Filmen verkörperten Gehalte: Sie transportieren Stimmungen, vermitteln Informationen, geben Rätsel auf oder führen in die Irre, beruhigen oder beunruhigen, wiegeln auf oder wiegeln ab, stellen klar oder lassen im Unklaren. Zusammen bilden Bild und Klang die in einem filmischen Verlauf geschaffenen und von ihm gezeigten Situationen. Die Anerkennung und Interpretation dieses Zusammenhangs von visueller und akustischer Bewegung ist daher die erste Aufgabe einer Wissenschaft des filmischen Bildes, gleich ob sie sich seinen Realisierungen im Kino, im Fernsehen oder in anderen Kontexten der Produktion und Rezeption widmet.[1]

Dieses Kapitel hat drei Teile. Ich werde zunächst mit einigen grundsätzlichen Bemerkungen etwas genauer an die Komplexität der Verhältnisse zwischen Bild und Text sowie Bild und Ton in filmischen Produkten erinnern. Durch eine Interpretation von vier kurzen Beispielen aus Kino und Fernsehen werde ich anschließend für ein strikt nichthierarchisches Verständnis der Bedeutungsdimensionen in den Pro-

---

1 Zu den bildtheoretischen Voraussetzungen und methodischen Konsequenzen dieses Verständnisses vgl. Keppler (2005b).

duktionen beider Medien argumentieren. Zum Schluss werde ich andeuten, wie sich auf dieser Basis die mediale Differenz zwischen Kino und Fernsehen begreifen lässt.

1.1 Kommunikativer Gehalt

Als bildliches Medium gehört der Film – nach der Terminologie von Nelson Good-man[2] – zu den syntaktisch und semantisch *dichten* Zeichen, die im Unterschied zur gesprochenen und geschriebenen Sprache keine eindeutige Trennung der bedeutungsbildenden Komponenten und der Bezugsgegenstände dieser Zeichen erlaubt. Aus diesem Grund ist alle Aussicht auf eine wie immer geartete *Grammatik* der filmischen Rede vergebens. Nichtsdestotrotz ist das filmische Bild durch Einstellung, Schnitt, Montage, Kameraführung, Farb- und Lichtregie ein vielfach artikuliertes Bild und es ist für die Filmanalyse entscheidend, zu verfolgen, was in diesen Prozessen geschieht: wie die Objekte, Szenen, Personen, Verläufe durch die filmische Aufnahme dargeboten werden, welche Zeit zu ihrer Wahrnehmung bleibt, welche Ansichten jeweils präsentiert und montiert werden usw. Trotz vieler Typisierungen in filmischen Verfahren finden sich hier aber keine *abgegrenzten* Elemente wie Buchstaben, Worte oder Sätze der Sprache, da sich das Bild des Films – als Spezies des *Bildes* – nicht aus distinkten Zeichen und Gruppen von Zeichen zusammensetzt, deren Anordnung einen buchstäblichen *Text* der Kommunikation ergeben würde. Es bietet sich vielmehr in der Fülle und Bewegung seiner Elemente dar, an der geübte Zuschauer signifikante Dinge und Ereignisse, Figuren und Handlungen, Zustände und Verläufe erkennen. Außerdem wäre mit einer Beschränkung auf die genannten Aspekte wiederum nur von der visuellen Sprache des Films die Rede, nicht aber von der tatsächlichen Artikuliertheit der Filme, die wir in Kino und Fernsehen zu sehen bekommen. Ebenso unangemessen wäre es freilich, Filme als eine Kombination mehrerer ,Sprachen' – z. B. der bildlichen, der musikalischen und der verbalen – zu verstehen. Was wir jeweils sehen und hören, ist eine audiovisuelle Komposition, die es gerade in der Integration ihrer Elemente zu verstehen gilt. Daher ist die Rede von einer *Sprache* des Films allein in metaphorischer Bedeutung sinnvoll. Metaphorisch verstanden, lenkt sie die Aufmerksamkeit auf die *gesamte Dramaturgie* von Filmen und hebt die Interdependenz ihrer Formelemente hervor. Wie diese Integration aber auch jeweils geleistet wird, ob synchron oder asynchron, harmonisch oder dissonant, kontrastreich oder kontrastarm, alles dies sind *Fälle der Einheit* von Klang und Bild im filmischen Prozess. Was durch Filme gleich welcher Art kommuniziert wird, ergibt sich stets aus ihrer gesamten Dramaturgie: Keine der beteiligten Dimensionen, weder das bildliche noch das musikalische, noch das sprachliche oder das übrige akustische Geschehen dürfen bei der Interpretation filmischer Produkte ver-

---

2 Goodman (1995), Kap. IV.

nachlässigt werden, so sehr eine analytische Trennung häufig sinnvoll ist. Denn keine ist allein für den Gehalt von Filmen verantwortlich.[3]

Unter der Überschrift eines Zusammenhangs von *Text und Bild* kann deshalb vieles angesprochen sein. In einem eher semiotischen Kontext werden manchmal auch Bilder und Bildverläufe als *Texte* klassifiziert, womit es erstens Verhältnisse zwischen *Arten* von Texten wären, die hier angesprochen sind. Wenn dagegen zweitens von *Bild und Text* die Rede ist, kann einerseits das Verhältnis von Bild und *Schrift* und andererseits, jedenfalls sobald man auch filmische Bilder im Auge hat, dasjenige von Bild und *verbaler Rede* gemeint sein; drittens schließlich kann die Wendung als ein Stellvertreter für den allgemeinen Zusammenhang von Bild und *Ton* aufgefasst werden. Welche Terminologie man aber im Einzelnen auch bevorzugen mag: Sobald wir über filmische Produkte sprechen, ist mit einer potenziellen Interaktion aller dieser Elemente zu rechnen. Denn da die Elemente in vielen konventionalisierten Formen – wenn auch, wie gesagt, auf sehr unterschiedliche Weise – oft alle versammelt *sind*, trägt von Fall zu Fall gerade die *Abwesenheit* zum Beispiel der Musik, der Stimme, anderer Arten des Tons und sogar des Bildes zur spezifischen Dramaturgie filmischer Verläufe bei.[4] Wir müssen also, um es ein wenig paradox zu sagen, im Blick auf Film wie Fernsehen manchmal selbst dort von Stimme *und* Schrift, Bild *und* Ton sprechen, wo diese gar nicht alle zusammenkommen.

In diesen allgemeinen Bemerkungen liegt bereits eine deutliche Warnung vor einer im Ansatz hierarchischen Auffassung der für filmische Verläufe konstitutiven medialen Dimensionen.[5] Dies gilt meines Erachtens auch für die visuellen Relatio-

---

3 Obwohl dies – wie gesagt – in der Forschung über Film und Fernsehen ein weithin akzeptierter Grundsatz ist, vermögen nicht alle methodischen Vorgehensweisen ihm tatsächlich zu entsprechen. Ein Beispiel wäre die in Deutschland durch Gerd Albrecht (Albrecht 1964) bekannt gemachte quantitative Inhaltsanalyse; ein aktuelles Beispiel wäre Grimm (2006). Auch die ethnomethodologische Konversationsanalyse z. B. von Nachrichteninterviews im Fernsehen schenkt der visuellen Präsentation zu wenig Beachtung (vgl. Heritage/Clayman/Zimmermann 1988). Gleiches gilt für Untersuchungen aus dem Umkreis der sozialwissenschaftlichen Hermeneutik, z. B. Reichertz (2000a). Zur Kritik an diesen Ansätzen s. Keppler (2006a), S. 96–104.

4 In Alejandro González Iñárritus Beitrag zu dem Episodenfilm *11'09"01* (Frankreich 2002) z. B. bleibt das Bild über weite Strecken schwarz; ähnliche Effekte gibt es in Abbas Kiarostamis Film *Five* (Iran 2003).

5 Als ‚hierarchisch‘ bezeichne ich dabei die Auffassung, in bestimmten Formaten, zumal des Fernsehens, stelle das Wort gegenüber dem Bild den primären Bedeutungsträger der filmischen Kommunikation dar; denkbar ist aber auch der umgekehrte Fall. Ein klassisches Beispiel einer solchen Vorrangsthese stellt Hegels in seinen *Vorlesungen über die Ästhetik* vertretene Annahme dar, in der Poesie hätten die durch das Wort evozierten Vorstellungen ein grundsätzlich größeres Gewicht als der Klang. In der Kommunikationswissenschaft finden sich solche Hierarchisierungen in hohem Maße bei der Anwendung quantitativer wie qualitativer Methoden der Inhaltsanalyse; vgl. Merten (1995), Bonfadelli (2002) sowie kritisch Keppler (2006a), S. 98ff.

nen von Bild und Schrift, insbesondere aber für die audiovisuellen von Bild (einschließlich der Schrift) und Ton. Da ich anhand meiner Beispiele vorwiegend die Letzteren kommentieren werde, sei ein weiterer Hinweis vorausgeschickt. Zu den vergleichsweise wenigen Filmtheoretikern, die die auditive Dimension von Filmen wirklich ernst genommen haben, zählt Gilles Deleuze. Das 9. Kapitel des zweiten Bandes seiner Filmtheorie, das mit „Die Bestandteile des Bildes" überschrieben ist, handelt deshalb ausführlich von der Rolle des Tons im filmischen Geschehen. Unter anderem heißt es dort:

> Es ist oftmals erwähnt worden, daß es nur eine Tonspur, aber zumindest drei Gruppen von *Tönen* gibt, nämlich Reden, Geräusche und Musik. Möglicherweise müssen wir aber eine größere Gruppe von akustischen Elementen unterscheiden: Geräusche (die einen Gegenstand isolieren und sich voneinander abheben); Töne (die Bezüge markieren und untereinander in gegenseitigem Bezug stehen); Lautbildungen (die Bezüge zerlegen und bei denen es sich um Schreie, aber genauso gut um regelrechten *Jargon* handeln kann, wie in den Slapstik-Tonfilmen von Chaplin oder Jerry Lewis); schließlich Reden und Musik.[6]

So sehr man diese Liste noch verlängern könnte, so sehr mag sich hier zugleich die Frage stellen, ob nicht diese Komplexitäten der Klangregie vor allem auf den Kinofilm zutreffen (dem Deleuzes Überlegungen ausschließlich gewidmet sind), aber gerade nicht auf die spezifische Ästhetik des Fernsehens, die doch alles in allem – bildlich wie klanglich und erst recht klangbildlich – mit schlichteren Mitteln operiert.

Eine solche Annahme erschiene mir jedoch höchst irreführend. Im Kinofilm *und* im Fernsehen, so möchte ich darlegen, haben wir es durchweg mit einer dichten *Interaktion* zwischen visuellem und akustischem Geschehen zu tun. Hier wie dort werden der Raum und die Zeit des Bildgeschehens durch den Einsatz eines reichen Spektrums akustischer Mittel gebildet; hier wie dort greift die bildliche Dramaturgie permanent in die Gestaltung des auf der akustischen Ebene Vermittelten ein. Der kommunikative Gehalt, sei es einzelner Sequenzen, sei es von Sendebeiträgen und Sendungen sowie dokumentarischen oder fiktionalen Filmen im Ganzen, ergibt sich stets aus der Verzahnung von visuellen und akustischen Strukturen. Deshalb spreche ich von einer grundsätzlichen und konstitutiven, für das filmische Medium in allen seinen Spielarten charakteristischen *Modifikation* des Bildes durch den Ton und des Tons durch das Bild. Dass dies so ist und wie es sich vollzieht, möchte ich nun an jeweils zwei Beispielen aus dem Bereich des Spielfilms und des Fernsehens verdeutlichen. Der Vergleich der kommentierten Filmausschnitte soll einerseits die Spannweite der Kombination von Bild und Ton in beiden Medien exemplarisch verdeutlichen. Zum anderen kann die Interpretation des zweiten, dritten und vier-

---

6 Deleuze (1991), S. 300; vgl. ebd.: „Die Stimme ist nicht von den Geräuschen zu trennen, die sie oftmals unvernehmbar macht."

ten Beispiels demonstrieren, wie wenig der verbale Diskurs allein für die Realisierung filmischer Darbietungen verantwortlich ist.[7]

1.2 Vier Sequenzen

In meinem ersten Beispiel werden keinerlei Worte gewechselt, dennoch spielen Bild, Schrift und Klang auf eine intensive Weise ineinander. Es handelt sich um eine Sequenz aus Michelangelo Antonionis Film *Zabriskie Point* aus dem Jahr 1970. Zwei Studenten befinden sich auf einer Fahrt durch Los Angeles zu dem von Protesten und Polizeieinsatz geprägten Campus ihrer Universität. In den vorherigen knapp zehn Minuten war eine längere Passage mit revolutionärem und scheinrevolutionärem Gerede unter Studenten zu sehen. In ihr hat sich der Held des Films zu der Bereitschaft bekannt, in der Revolte sein Leben aufs Spiel zu setzen, was er im Verlauf der Handlung, allerdings in einer eher existenziellen Manier – und mit am Ende tödlichem Ausgang –, auch tun wird. Danach werden kurz die beiden anderen Hauptfiguren eingeführt, ein kapitalistischer Bauunternehmer und die junge Frau, die der Held auf seiner Flucht ins Death Valley treffen wird. Es folgt ein abrupter Übergang zu einer Sequenz, in der der Held und sein Zimmergenosse durch Los Angeles zum Campus fahren, deren erste 150 Sekunden eine hochimaginative bildliche und klangliche Komposition entwerfen.

Auch sprachlicher Text aber ist in dieser Passage massiv präsent. Er tritt dem Betrachter auf zahlreichen Reklametafeln und -aufschriften entgegen, die zusammen mit den Bildern im Stadtbild sowie den vorbeiziehenden Gewerbeanlagen und Fahrzeugen den Eindruck einer surreal-chaotischen Zivilisationswüste erwecken. Für eine Fülle von Signalen sorgt hier allein schon die Schrift. Eine entscheidende Rolle aber spielt zudem die akustische Regie. Zunächst wird die Fahrt von ganz *realistischen* Geräuschen begleitet, bis nach 23 Sekunden, direkt nach dem Geräusch der quietschenden Reifen des um eine Kurve biegenden Pick-ups, schrille und harte elektronische Musikklänge einsetzen, die sich in der Folge nahezu ununterscheidbar mit dem Verkehrslärm der Stadt mischen (die Originalmusik zu diesem Film stammt von der Gruppe *Pink Floyd*); zu hören sind Motorgeräusche, das Rattern eines Zuges, Huplaute und Sirenenklänge. Diesem Klangdschungel korrespondiert ein vorübergehendes Intransparentwerden des Bildverlaufs, als ein vorbeifahrender Güterzug so ins Bild gesetzt wird, dass sich alle fixierbaren Gestalten in einer Art

---

[7] Die Interpretation der letzteren wird durch Transkripte unterstützt, nicht jedoch die des ersten Ausschnitts, da selbst ein detailliertes Protokoll dieser hochkomplexen Sequenz nicht gerecht werden kann. Zum Verfahren der Transkription und dessen Bedeutung für die Analyse filmischer Produkte vgl. Keppler (2006a), Kap. 3 („Eine Methode der Fernsehanalyse") sowie – für das Transkriptionssystem – den Anhang dieses Buches.

filmischem Action-Painting vorübergehend auflösen, wiederum scharf kontrastiert von der Palmenallee, die in Richtung des Campus führt. Von dem Einsetzen der Musik bis zum Schnitt in die Allee vergeht gerade mal eine gute Minute. Sie führt in und durch einen verstörenden, ebenso zersplitterten wie enervierenden Geschehensraum, in dem jene strukturelle Gewalt schon am Werk ist, von der die Erzählung handeln wird. Dieser filmische Bewegungsraum ist gleichermaßen durch Bild und Klang synthetisch und synergetisch hergestellt. Er bildet nach dem aufgeputschten Durcheinanderreden der Studenten das weit kürzere zweite Präludium des Films, das den erzählten Ereignissen wortlos vorausgreift. Zusammen erzeugen Bild und Klang eine Atmosphäre gesellschaftlicher Hochspannung, die sich am Schluss des Films in einer von der weiblichen Heldin imaginierten, über insgesamt fünf Minuten hinweg zunächst in Originalgeschwindigkeit und realistischer Akustik, nach anderthalb Minuten dann – von einer psychedelischen Rockmusik unterlegt – in Superzeitlupe mehrfach wiederholten Explosion einer Hotelanlage entlädt.

Mein zweites Beispiel ist eine Szene aus Martin Scorseses Film *GoodFellas* aus dem Jahr 1990. Nach einer guten Viertelstunde befinden wir uns am Ende der Vorgeschichte der Erzählung, in der die Betrachter ausführlich in das Milieu dieses Films eingeführt worden sind. Die Sequenz wird eingeleitet durch einen in Aufsicht vollzogenen Schwenk über einen Tisch in einem italienischen, von der Mafia frequentierten Restaurant. Der Zuschauer ist durch eine vorangegangene Kamerafahrt bereits in die halbseidene Atmosphäre dieses Lokals eingeführt worden. Dazu war, wie auch am Anfang der Passage, die ich kommentieren möchte, die Stimme der von Ray Liotta gespielten Hauptfigur Henry Hill aus dem Off zu hören, die über den ganzen Film hinweg immer wieder die Ereignisse aus einer sentimental auf seine Mafiazeit rückblickenden Perspektive kommentiert. Hier wird *mit Worten* der Entwicklung der Handlung vorausgegriffen, freilich ohne etwas über ihren Verlauf zu verraten. Darin liegt eine Distanzierung und zugleich Verklärung, die aber – wiederum über den ganzen Film hinweg – immer wieder aufgehoben wird, um von den Stationen einer am Ende desaströsen Mafiakarriere von innen heraus zu erzählen. So auch in diesem Ausschnitt. Nachdem die Stimme des retrospektiven Erzählers verklungen ist, erhebt sich zunächst der junge Held und kurz darauf sein älterer Kumpan Jimmy Conway von der Tafel, um sich mit einem neu hinzugekommenen, etwas vierschrötigen Gast an der Bar zu treffen. Daraufhin kommt es für eine knappe Minute zu einem kurzen konspirativen Dialog, der sich akustisch und bildlich in einem Binnenraum des zuvor etablierten filmischen Raums abspielt.

Der schon vor diesem Dreiergespräch zu hörenden Stimme aus dem Off kommt an dieser Stelle vor allem die dramaturgische Funktion zu, in Ergänzung und durchaus auch Abhebung von den sichtbaren Szenen das Selbstbild der Akteure zu konturieren. Sie kommentiert keinen bestimmten Vorgang, der sich auf der Leinwand abspielt, sondern gibt vielmehr das Lebensgefühl dieser verschworenen Gemeinschaft (und vor allem des Helden) wieder, getragen vom Halblicht des von Rot-

und Schwarztönen geprägten Ambientes. Die anscheinend im Restaurant erklingende Musik und die vernehmbaren Gesprächsfetzen halten die Szene für ein erneutes Eintauchen der Handlung in ihren imaginativen Raum bereit. Dass die erklingende Musik nicht eindeutig innerhalb der Szene verortet ist, wird an ihrem plötzlichen Anschwellen deutlich, als der von Robert de Niro gespielte Jimmy Conway aufsteht und sich zu der abseits in Gang gekommenen Besprechung zwischen Henry Hill und dem Neuankömmling gesellt, bei der es um die Planung eines größeren Gelddiebstahls geht – eine akustische Zäsur, die einen kurzen Zwischenakt einleitet, bevor es an der größeren Tafelrunde zu lebhaften Auseinandersetzungen kommt.

Transkr. 1.1: *GoodFellas* (USA 1990; R: Martin Scorsese), Ausschnitt

Nr. Zeit	Bild	Ton
01 '08	A, $S^{l,o}$: Jimmy Conway (JC) geht durch ein Restaurant zur Bar, N, S^l: JC reicht lächelnd Robert McMahon(MM) am BR^{re} die Hand, $S^{li,o}$, JC wendet sich Henry Hill(HH) zu, HH blickt kurz nach li, dann wieder zu JC, kurze Zeigegeste mit der Hand am BR^u	Mu: ((Streichermusik)) (JC): hey, () (MM): () (good to see you) (): ((lachen)) (): () (yeah) Mu: ((Streicher werden leiser)) G: ((HG: Gläserklirren)) HH: <<p> te'=tell= him what=you>
02 '02	N: BR^{li} HH von re hinten; BH^{li} JC im Profil von re; BH^{re} MM, JC stößt am BR^u mit einem Schnapsglas mit MM an	Mu: ((HG: Streichermusik)) HH: <<p> were telling me (my friend)> G: ((Gläserklirren)) MM: too good=to be true;
03 '02	N: BH^{re} JC im Profil von li, BH^{li} HH nach li gelehnt, blickt JC an, JC stößt mit seinem Glas am BR^u mit HH an, HH grinst, JC blickt kurz nach re setzt sein Glas an und legt den Kopf in den Nacken, HH nippt an seinem Glas und schaut dabei JC an	Mu: ((HG: Streichermusik)) HH: haha:: G: ((Gläserklirren))

Nr. Zeit	Bild	Ton
04 '05	N: BM JC im Profil von re, setzt sein Glas ab, blickt kurz zu MM, dann nach u, BH^{re} MM vornübergebeugt, den Kopf zu JC gewandt, richtet sich auf, breitet seine Arme aus und lehnt sich wieder nach vorn, JC trinkt einen Schluck aus einem Glas; BR^{li} HH vornübergebeugt, setzt das Glas ab, senkt seinen Oberkörper Richtung Tisch und blickt JC und MM an	Mu: ((HG: Streichermusik)) MM: <<p> big score coming from Air Fra:nce; (.) (anyway) G: ((Klopfen)) MM: Ba::gs of money like this comin=in; (-) 'kay,
05 '06	N: BH^{li} HH kauend, blickt nach re o zu JC; BR^{re} MM von hinten li mit starken Kopfgesten, JC starrt geradeaus, zieht an Zigarette, beugt sich etwas herunter, blickt kurz zu MM und nickt leicht	Mu: ((HG: Streichermusik)) MM: <<p> (from touris') an American (serviceman will) change their money (according to) French money send=them back? here>
06 '09	N: BH^{li} HH von hinten re, die Hand nahe am Kinn, BM JC im Profil, BH^{re} MM blickt nach re u, alle vornübergebeugt, HH und JC MM zugewandt, MM grinst, JC nickt, HH richtet sich kurz auf, deutet mit Salzgebäck in seiner Hand auf JC, JC dreht den Kopf nach li	Mu: ((HG: Streichermusik, weibliche Gesangsstimme)) JC: <<p> sch(hh) calm=down;> MM: <<pp> o:: kay (-) it's beautiful (buddy) ()> JC: hmm MM: it's todally (.) todally untraceable (-) okay, HH: <<p> (the only) problem>
07 '05	N: BH^{li} HH, vornübergebeugt, den Kopf schräg haltend, schaut JC an, seine linke Hand am BR^{u,li}, JC in BM im Profil von li und MM am BR^{re} von hinten li blicken HH an, HH mit Handgesten, schüttelt leicht den Kopf, nickt schwach, JC wendet den Kopf zu MM	Mu: ((HG: Streichermusik, weibliche Gesangsstimme)) HH: <<p> is gettin=a key (-) but i got somethin' (all work'd out)> (MM): [yea=yea=yea ((lacht)) HH: [<<p> me and Frenchy> (MM): [yea=yea ((lacht)) HH: <<p> (this fuckin') guy (he's a) citizen (so what soever)> MM: [((lacht)) (yeah I guess nice) piece= o'=work (-) now?

Nr. Zeit	Bild	Ton
08 '06	N: BH^{li} Hinterkopf und rechten Wange von HH, die Hand am Mund, BM JC im Profil von re; BH^{re} MM den beiden zugewandt, alle stark vornübergebeugt, HH und JC blicken MM an, MM zieht die Augenbrauen hoch, blinzelt und nickt, JC nickt, den Kopf leicht geneigt, hebt kurz die Hand, wendet sich zu HH	Mu: ((HG: Streichermusik, weibliche Gesangsstimme)) MM: <<p> if I'm right (-) there could be like häel=a mil comin' (-)> 0: hm=hm MM: <<p> o:hl cash> 0: hm=hm HH: <<p> an=he said>
09 '03	N: BH^{li} HH, BM JC im Profil von li; BE^{re,o} MM von li hinten, alle vorgebeugt, HH zu JC und MM gebeugt, JC wendet den Kopf zu HH, dann zu MM; VG aufsteigender Zigarettenrauch	Mu: ((HG: Streichermusik, weibliche Gesangsstimme)) HH: <<p> the best time is probably over the weekend (-) [so maybe sadurday=> MM: [oh yes
10 '04	N: BH^{li} HH von hinten, zu MM gewandt; BM JC im Profil von re, blickt MM an; BH^{re} MM, blickt JC an, Geste mit offener Handfläche, schüttelt schnell den Kopf, richtet sich leicht auf und beugt sich wieder runter, schüttelt erneut den Kopf, zieht die Augenbrauen hoch und lächelt breit; VG aufsteigender Zigarettenrauch	Mu: ((HG: Streichermusik, weibliche Gesangsstimme)) HH: night, MM: <<p> (we=got= a) Jewish holiday on monday (--) hey won't find=out till tuesday (1) > beautiful

Das durchweg in Nahaufnahme präsentierte – hier zu zwei Dritteln protokollierte – Gespräch zwischen den drei Männern an der Bar wird alternierend von rechts und links aufgenommen (E 02–10), dem jeweiligen der beiden Sprecher zugewandt, die dem in ihrer Mitte stehenden Jimmy den Coup schmackhaft machen. Die Drei stecken ihre Köpfe zusammen; sie hecken sichtbar etwas aus, wie es selbst dann verständlich wäre, wenn man ihre Worte nicht verstehen könnte. Die Nahsicht der Bildführung lässt sie eine Enklave innerhalb des übrigen Raums bilden. Diese Abkapselung wird zugleich durch den Flüsterton des Gesprächs bewirkt, demgegenüber alle Hintergrundgeräusche nun fast ganz zurückgenommen werden. Obwohl es sich nur um einen kurzen Dialog handelt, arbeiten auch hier Ton und Bild Hand in Hand; zusammen erzeugen sie eine insuläre Episode innerhalb des zwielichtigen Glamours der abendlichen Geselligkeit.

Mein nächstes Beispiel präsentiert eine Gesprächssituation ganz anderer Art. Es handelt sich um einen Ausschnitt aus der politischen Talkshow *Anne Will*, ausgestrahlt auf Das Erste am 23.09.2007. Das Thema der Sendung lautete: *Deutschland vor dem Anschlag? Das Kalkül mit der Angst.* Geladen – und in einem Halbkreis um die Moderatorin gruppiert – waren die Politikerin Renate Künast (RK) und der Politiker (und Innenminister) Wolfgang Schäuble (WS) auf der linken sowie der Politiker (und ehemalige Innenminister) Gerhart Baum (GB) und der israelische Diplomat Avi Primor (AP) auf der rechten Seite. Im Verlauf der Sendung haben die politischen Kontrahenten Baum und Schäuble ein etwas überraschendes Männerbündnis gegen Renate Künast geschlossen, der sie mit überlegenem Lächeln und spitzen Bemerkungen den Wind aus den Segeln zu nehmen versuchen. In der Sequenz, auf die es mir hier ankommt, setzt sich ein schon länger andauernder Kampf um das Rederecht fort.

Transkr. 1.2: Talkshow: *Anne Will* (Das Erste), 23.09.2007
Thema: *Deutschland vor dem Anschlag? Das Kalkül mit der Angst*, Ausschnitt

Nr. Zeit	Bild	Ton	
01 '8	D (US^l): RK blickt nach re, gestikuliert	RK:	[an der Stelle.
		WS:	[ach Gott Frau Künast;
		RK:	<<f> ja:>
	Z^h G: RK		[so is=es. das ist das gleiche Bild.
		WS:	[Sie red=n unter Ihr=m Niveau:. (.)
		Publ.:	[((Lachen))
		WS:	((amüsiert)) sie reden wirklich
			[unter ihr=m Niveau:.
	RK blickt nach li o, gestikuliert leicht mit der rechten Hand, schüttelt leicht den Kopf	GB:	[so einfach is=es nich.
		RK:	[ihr Zwischenruf ist auch unter=m
			Niveau. (.)
		Publ.:	((Klatschen))
		WS:	<<pp> ()>
		RK:	und der Punkt, (.) [Ne: sie sind (-)
		WS:	[De:s=isch wirklich
02 '4	T: Studiopublikum, mehrere Personen klatschen in die Hände, vereinzeltes Kopfschütteln,	RK:	[warte=ma) (-)
		WS:	[traurig
		AW:	Was [haben Sie Herr Baum gegen
	F^h, S$^{re, l}$, Personen stellen das Klatschen sukzessive ein	GB:	[also äh (.) ja ich=möcht=an Herrn
		AW:	[Online Durchsuchungen?
		RK	[wir müssen an de:r Stelle diese Vo:rschläge auch zu Ende=denken und
03 '4	N: RK blickt nach re, wiederholte Auf- und Abbewegung der rechten Hand	RK:	bring=sie=sie doch ma' .h bri:ng=sie doch [ma Di:nge ein für die sie
		WS:	[gucken Sie=mal;
		GB:	[ja jetzt ()

Nr. Zeit	Bild	Ton	
04 '6	N (US'): GB nach li v gelehnt, blickt nach li und deutet mit ausgestrecktem Zeigefinger der rechten Hand nach li	RK:	[Mehrheiten her:stell=n könn=n
		WS:	[(jetzt lassen sie mich mal) zwei Sätze
		GB:	[( ) (.) ja:..hh
		WS:	sagen.
		RK:	statt immer nur das Absolut:istische zu fordern mit dem sie [die Frei:,heit (einreißen).
	GB nimmt die Hand zurück und lehnt sich nach re, GB lehnt sich zurück und zieht die rechte Schulter hoch	WS:	[es foddet doch; es foddet doch
		GB:	[also wir wir sprechen ni (.) wir
		RK:	[das ist unser Sicherheitsproblem.
		GB:	[sprechen (.) wir sprechen,
05 '3	N (AS'): WS mit leicht nach vorn gesenktem Kopf, blickt nach li u	RK:	[auch bei (online).
		WS:	[<<f> Es fordert doch niemand
		GB:	[( )
	WS blickt auf und wendet den Kopf nach re	WS:	[Absoltutisch:tisches.> .h
		AW:	[wir machen
		GB:	[(also wir wir spreche wir sprechen)
		AW:	[on:line Durchsuchungen;
		WS:	[der=s
06 '3	G (US'): AW wendet Kopf und Oberkörper sehr schnell nach re AW nickt mehrmals kurz, lächelt	AW:	[für oder wider; okay? (.)
		GB:	[(wir) besprechen aber ein se:hr
		AW:	[des machen wir jetzt mal. hh
		GB:	[schwieriges Problem.
		WS:	[der sach' der Sachverhalt
		GB:	[<<p> (wir sprechen gleich darüber)>
		WS:	[der Sachverhalt war doch
07 '16	HT: Studiogäste, F^re, S^ll, Z^v: HN: WS mit nach vorne geneigtem Kopf, blickt zu RK, WS wendet den Kopf zu AW, AW blickt auf WS, WS Geste mit der linken Hand, blickt nach re, nach li, schüttelt leicht den Kopf; Z^v: N: WS blickt nach re, legt die linke Hand auf seine Brust	WS:	ganz einfach; (.) .hh die Sicherheitsbehörden; <<p> übrigens auch die Juschtiz die Bundesanwalt' schaft hat gesagt weil Kommunikation nicht nur üb=r Tele:fon erfolgt sondern auch über .h Indernet (.) äh=m tun wir in entsprechender An:wendung der Strafprozessordnung; dafür bin ich nicht zuschdändig sondern die Juschtizminischter, (.)

Wie schon zuvor, erheben Baum und Schäuble in Wort *und* Bild, sowohl verbal als auch mimisch, immer wieder Einspruch gegen Künasts Ausführungen (verbal vor allem in E 01 u. 02, gestisch insbesondere in E 04 u. 05). Auch die Moderatorin versucht zwischendurch zu Wort zu kommen (E 05 u. 06), aber schließlich kann Schäuble sich durchsetzen – und dies nicht allein verbal (E 06 u. v. a. 07). Denn von einer Halbtotale (E 07), die alle fünf am Gespräch beteiligten Personen erfasst, bewegt sich die Kamera in diesem Augenblick per Fahrt, Schwenk und Zoom mit einer vergleichsweise großen, ausholenden Geste frontal auf den Minister Schäuble zu und *unterstreicht* gleichsam das Wort, das er sich zunächst durch einfaches Weiterreden erstritten hat. Mit dieser auffälligen Geste der Kamera wird er *bildlich* aus allen herausgehoben als einer, der die Dinge zurechtrücken kann; sie verleiht ihm eine Autorität, die Künast in der gesamten Sequenz davor gerade durch die Bildregie nicht gewährt wurde.[8]

In dieser Szene wird deutlich, dass die Bildregie hier weitgehend unabhängig von der Kraft und dem Gewicht der jeweils verbal geäußerten Standpunkte einen eigenen rhetorischen Standpunkt zu formulieren vermag. Sie hebt die Position des Innenministers Schäuble dramaturgisch so heraus, dass seine Position rein choreografisch als die Überlegene erscheint. Die Bildsprache der Sendung *gewichtet* das in ihr verbal und nonverbal Gesagte und legt damit etwas nahe, das vor allem durch die *Form* der bildlichen Präsentation durchaus nachdrücklich artikuliert wird. Dies ist keineswegs ein Einzelfall. Denn generell ist von Talkshows zu sagen, dass sie alles andere als ein gefilmtes Radio darstellen, bei dem man sich das von der Bildregie Dargebotene auch sparen könnte. Denn der allein sichtbare, nicht aber hörbare Dialog der Mienen und Gesten, der Körperhaltung, je nach Sendung auch der Bewegung der Moderatoren – der bildlich bewegte und dadurch auf besondere Weise bewegende Schauplatz des verbalen Austauschs – ist wesentlich für das, was sich in diesen Sendungen abspielt. Überspitzt gesagt: Das Bild macht die Musik, der Ton bewegt die Bilder.

Dies bedeutet, dass sich nicht nur in dem Filmdialog des vorigen Beispiels, sondern auch in dieser Talkshow-Szene sich der volle kommunikative Gehalt der präsentierten Gesprächssituation allein aus der Einheit von bildlicher und akustischer Dimension ergibt. Trotzdem operiert die Kamera in beiden Fällen auf höchst unterschiedliche Weise. Während die wechselnden Kameraeinstellungen in dem Dialog aus *GoodFellas* untrennbar mit der Situation verbunden bleiben, die sie zusammen mit der Tonspur erzeugen, spielt die Kamera in dem ostentativen Schwenk und Zoom auf Schäuble gleichsam ein eigenes Spiel. Sie erzeugt Verbindungen innerhalb eines fortlaufenden Live-Gesprächs, das den Fernsehzuschauern ständig – und erkennbar – aus den Perspektiven *verschiedener* Kameras dargeboten wird, die das Geschehen aus jeweils *ihrer* Perspektive darbieten. In der gezeigten Einstellung kann die Kamera deshalb (innerhalb der von der Regie arrangierten Montage) als ein eigener Akteur auftreten, der zu dem übertragenen Gesprächsgeschehen eine

---

8 Für eine ausführlichere Interpretation des Kontexts dieses Ausschnitts s. Kap. 6.

auffällige Stellung bezieht. Die Kameraführung schafft hier nicht – wie in *Good-Fellas* – eine eigene abgegrenzte Szene innerhalb einer bereits etablierten größeren Szene, sondern interveniert gleichsam in das Gespräch, indem sie mit ihrer Sicht *auf* es zugleich eine Ansicht *über* es formuliert.

Mithilfe meines vierten – und letzten – Beispiels möchte ich einen weiteren Vergleich vornehmen. Ich beziehe mich auf eine Passage aus einem Korrespondentenfilm, der in der Sendung *Weltspiegel* wiederum auf Das Erste am 07.09.2003 ausgestrahlt wurde.[9] In seinem ersten Teil berichtet er von einer Fahrt von Jordanien nach Bagdad. Ein Flüchtlingslager, der Grenzposten, ein Café, eine Raststätte sind die ersten Stationen. Es wird viel aus dem fahrenden Auto gefilmt; dazwischen sind Statements von Einheimischen geschnitten; dies verleiht der Eröffnung einen leicht epischen Rhythmus. Dann geht es weiter in Richtung Falludscha, der, wie es in dem Bericht schon vorher geheißen hatte, „Hochburg des Widerstands der Saddam-Anhänger gegen die Amerikaner und die Hochburg der Wegelagerer entlang dieser Autobahn." Auf diesem Weg wird das Fernsehteam Zeuge einer Schießerei zwischen der Polizei und einer Bande von Autodieben.

Transkr. 1.3: *Weltspiegel* (Das Erste), 07.09.2003: *Mit US Soldaten in Bagdad auf Patrouille*

Nr. Zeit	Bild	Ton
01 '7	HN: Auto, S$^{li, o}$, dahinter drei Männer, lachend zu Mann mit Maschinengewehr (MG), im HG Gebäude	G: ((HG: Stimmen)) R^m: auch der neuen Polizei wird nicht viel zugetraut (-) dabei haben sie vielleicht den gefährlichsten Job im
02 '3	T, B^{hk} (S^{li}, S^{re}): Mann rennt von Straße in Steppe, duckt sich, schaut nach h, Kamera folgt ihm	G: ((HG: Rauschen, Schüsse)) R^m: ganzen Irak wie wir kurze Zeit später heute Nachmittag miterleben können
03 '5	A, B^{hk}: Mann vor geöffnetem Kofferraum eines Autos, S^{li},S$^{re, o}$, F^v in Kniehöhe, mehrere Männer laufend	G: ((HG: Rauschen, Schüsse)) R^m: bei Falludscha geraten wir in eine Schießerei zwischen Gangstern und einer Polizeitruppe
04 '3	HT, Z$^{h, l}$: Mann mit MG rennt auf die Kamera zu, schießt	G: ((HG: Schüsse)) R^m: Autodiebstahl
05 '3	W, B^{hk}: Straße, Leitplanke, dahinter mehrere Personen in Wüste, zwei Autos, Luft flimmert	G: ((HG: Fahrtwind)) R^m: die drei Gangster werfen sogar mit Granaten auf die schwach

---

9 Für eine Analyse des gesamten Magazinfilms vgl. Keppler (2006a), S. 230–237.

Nr. Zeit	Bild	Ton
06 '7	T, B^{hk}: am BR^{li} Polizist mit MG, Auto, zwei Männer stehen vor einem liegenden Mann, winken, Auto fährt schnell durchs Bild	G: ((HG: Schreie)) R^m: bewaffneten Polizisten (-) die Verbrecher entkommen mit ihren schnellen Autos (.) ein Polizist liegt schwer verletzt am Boden
07 '7	HN, F$^{v, hk}$: fahrender Pickup, auf Ladefläche der Verwundete, Polizisten beugen sich über ihn, viel Blut um sie herum	G: ((Fahrgeräusche '1sec laut, dann HG)) R^m: verzweifelt versuchen seine Kollegen ihn zu (.) reanimieren= vergeblich (.) diese Polizeiautos sind viel
08 '3	T, F$^{v, li, hk}$: Aufnahme aus dem Auto, im Außenspiegel Blick auf Hütten	G: ((HG: Fahrgeräusche)) R^m: zu langsam haben kein Blaulicht und keine Sirene
09 '6	HT, S$^{re, hk}$, F$^{v, hk}$, S$^{li, hk}$: zwei Polizisten tragen Verletzten vom Krankenwagen ins Krankenhaus	G: ((HG: Schritte, Schreie)) R^m: der Polizist (.) fünfunddreißig Jahre alt, Vater von fünf Kindern kommt nicht mehr zu Bewusstsein
10 '7	HT: Raum mit vielen Männern, Verletzter auf Liege, F$^{v, li}$, Z^v Arzt bei Herzmassage, Arzt hebt den Arm des Toten und lässt ihn fallen	G: ((Stimmen '1sec laut dann HG)) R^m: die Ärzte im Krankenhaus können nur noch seinen Tod feststellen (.) das war heute Nachmittag um zwei Uhr

Liest man in diesem Transkript allein den von dem – in der Anmoderation der Sendung namentlich genannten – Korrespondenten Jörg Armbruster gesprochenen Text, so könnte man denken, dieser enthalte bereits alle relevanten Informationen über den berichteten Vorgang. So sehr dieser Kommentar aber auch unabhängig von den ihm unterlegten Bildern als Nachricht verstanden werden kann, geht der Filmbericht in seinen verbalen Mitteilungen keineswegs auf. Zunächst ist festzuhalten, dass der gesprochene Kommentar zu den im Bild sichtbaren Ereignissen eine deutlich andere Rolle spielt als derjenige am Beginn der besprochenen Sequenz aus *GoodFellas*. Dort wird – wie im Verlauf des Films immer wieder – die Stimme aus dem Off in das Geschehen der Spielhandlung eingeflochten, um ihr eine zusätzliche zeitliche Dimension zu geben und ihr vom Ende der erzählten Geschichte her eine vorgreifend melancholische Perspektive zu verleihen. Die kommentierende Rede fügt sich auf diese Weise in den Großrhythmus der fiktionalen (wenn auch auf *wahren Begebenheiten* basierenden) Erzählung ein (wie es mit anderen Mitteln durch die Klangkollage während der Fahrt durch Los Angeles in *Zabriskie Point* geschieht). In dem Magazinfilm dagegen wird nichts kunstvoll eingeflochten; der Bericht des Korrespondenten wird über das zusammengeschnittene Bildmaterial gesprochen. Anders als in *GoodFellas* wird genau das kommentiert, was in den Bildverläufen zu sehen ist. Jedoch bedeutet dies kein Weniger an Interaktion zwischen Bild und Ton.

Wir haben es hier lediglich mit *anderen* Korrespondenzen zwischen Bild und gesprochenem Text zu tun.

Für den Duktus dieser Kommentierung ist dabei zunächst die genaue Datierung äußerst wichtig. Der Film handelt von der gefährlichen Arbeit der Polizisten im Irak, „wie wir" – gemeint ist das Team des Korrespondenten, angesprochen sind aber auch die Zuschauer, die hiervon noch am selben Tag im Fernsehen erfahren – „heute Nachmittag miterleben können" (E 02). Am Ende dieser Passage wird diese Datierung noch einmal ausdrücklich wiederholt: Die Zuschauer sehen eine Szene, so der Reporter, die sich „heute Nachmittag um zwei Uhr" ereignet hat (E 10). Durch die genauen zeitlichen Angaben, das Präsens, mit dem der Bericht eingeleitet wird, und nicht zuletzt durch die Kameraführung – u. a. den sichtbaren Einsatz einer Handkamera (E 03, 05, 07, 09) – wird ein hoher Anspruch auf Authentizität erhoben: Der Journalist war dabei, als es auf dem Weg nach Bagdad zu tödlicher Gewalt gekommen ist. Der Umstand, dass der genaue Verlauf der Gewalthandlung in den Bildern nicht zu erkennen ist, widerspricht diesem Anspruch nicht, sondern bestätigt ihn vielmehr in ausgezeichneter Weise. Denn die plötzlich eingetretene Situation macht eine geordnete Darstellung ihres Verlaufs durch das von den Ereignissen überraschte und seinerseits bedrohte Team unmöglich. Man sieht einen Polizisten eine Straße entlangrennen (E 03), dann entnehmen weitere Polizisten Waffen aus ihrem Fahrzeug, einer von ihnen schießt eher planlos ins Weite (E 04), abseits der Straße sieht man einige Autos und Personen stehen (E 05), dann rückt der angeschossene Polizist ins Bild (E 06), über dessen blutigen Abtransport (E 07–09) in ein Krankenhaus und die dortige Feststellung seines Todes (E 10) abschließend berichtet wird.

Der entscheidende Punkt aber ist, dass es nach Kinostandards unbeholfene Bilder sind, die glaubhaft von einem Geschehen in der unmittelbaren Vergangenheit berichten. Die plötzlich eingetretene Situation, so kann jeder es am Bildschirm mitverfolgen, macht eine dramaturgisch wohlkalkulierte, aus dem Zentrum des Geschehens operierende Darstellung ihres Verlaufs unmöglich. Dass wir dies als Zuschauerinnen und Zuschauer dem Bildverlauf *ansehen* können, ist hier ein wesentlicher Teil der Botschaft, der das verbal Gesagte nicht allein illustriert, sondern mit großem Nachdruck visuell *bezeugt*. Auch hier, so meine ich daher, liegt ein nichthierarchisches Verhältnis von Bild und Ton vor. Der Korrespondent muss sich nicht auf das Hörensagen ungenannter Zeugen verlassen, sondern er hat mit eigenen Augen *gesehen*, was dort vorging, und er lässt es uns, die Zuschauerinnen und Zuschauer am Bildschirm, kraft der eingefangenen Bilder mit *unseren* Augen sehen. Diese *Übertragung* der Zeugenschaft leistet hier der bildliche *Verlauf*.

1.3 Die Einheit von Bild und Ton

Ich breche meine kleine Beispielreihe an dieser Stelle ab und komme zu meinen grundsätzlichen Überlegungen zurück. Ich habe zu Beginn die These vertreten, dass

Bild und Ton in filmischen Erzeugnissen jeglicher Art *gleichursprünglich* an der Konstitution der in ihnen präsentierten Gehalte beteiligt sind. Dies, so hatte ich gesagt, ist gerade auch dort der Fall, wo eines dieser Elemente den filmischen Verlauf zu dominieren scheint. Diesem Schein war insbesondere die Interpretation des letzten Beispiels gewidmet, aber auch die Analyse der Dialogszene in Scorseses Film. Dabei hat sich gezeigt, dass das, was dominant zu sein *scheint*, in diesen beiden Fällen das gesprochene Wort, gar nicht allein dominant *ist*, ja mehr noch, es gar nicht allein dominieren *kann*. Freilich: Wenn *dominieren* in Szenen wie diesen bedeutet, als Erstes aufzufallen, allein bereits wesentliche Informationen zu enthalten und in diesem Sinn die Führung der Wahrnehmungssteuerung zu übernehmen, dann kann man sagen, dass in dem Korrespondentenfilm und vielleicht auch in der kleinen Dialogszene aus *GoodFellas* das gesprochene Wort *dominiert*. Aber eben nur dann. Denn sobald man unter dem *Dominieren* des filmischen Tons gegenüber dem des filmischen Bilds – oder umgekehrt, dem des Bildgeschehens gegenüber dem des Klanggeschehens, wie es die Szene aus *Zabriskie Point* nahelegen könnte – eine Relation der einseitigen Abhängigkeit der einen gegenüber der anderen Dimension verstünde, läge man zuverlässig falsch. Erst recht läge falsch, wer ein solches Dominieren, wo es denn überhaupt gegeben ist, als ein Verhältnis der Determination begreifen würde. Denn so sehr Bild und Ton je für sich genommen *wesentliche Informationen* über das jeweils Dargebotene enthalten können, *die* Botschaft, Erzählung, Atmosphäre und Geste eines filmischen Produkts formulieren sie immer *zusammen*. Das ist es, was ich meine, wenn ich von einem nichthierarchischen Verhältnis von Bild und Ton im Kino und Fernsehen gleichermaßen spreche. Immer geschieht Modifikation des Bildes durch Text und Ton und umgekehrt; sobald wir von filmischen Prozessen sprechen, kann von einseitigen Abhängigkeiten keine Rede sein.

Doch gerade wenn dies zutreffend sein sollte, stellt sich sogleich eine andere Frage – diejenige nach dem Unterschied zwischen der Ästhetik des Kinofilms und derjenigen des Fernsehens. Denn die Standardauffassung lautet, dass die beiden Medien sich insbesondere an der Art der Dominanz von Bild und Ton unterscheiden. In einer Erörterung dieses Verhältnisses in seinem Buch über *Visible Fictions* beispielsweise geht John Ellis von einer „unterschiedlichen Ton/Bild-Balance" in Kino und Fernsehen aus. „Im Fernsehen verankert gewöhnlich der Ton die Bedeutung, im Film hingegen das Bild."[10] Dies klingt genau wie die Fehldeutung, die ich gerade kritisiert habe. Interessanterweise jedoch fährt Ellis fort:

---

10 Ellis (2001), S. 60.

In beiden Fällen handelt es sich um eine Frage der Gewichtung und nicht um einfache Abhängigkeiten des einen vom anderen. In beiden Medien existieren Bild und Ton in einem Wechselverhältnis, sie treten nicht als getrennte Einheiten auf.[11]

Diese für sich genommen einleuchtende Aussage ist allerdings mit dem zuvor geäußerten Gedanken einer konträren *Verankerung* der Bedeutung einerseits im Bild und andererseits im Ton nur schwerlich vereinbar.

Worin die strukturelle Differenz von Kino und Fernsehen stattdessen besteht, möchte ich abschließend kurz andeuten. Hier ist erstens der von Raymond Williams[12] wirkungsmächtig analysierte *Flow*-Charakter der Fernseherfahrung zu nennen. Dieser ist dadurch gekennzeichnet, dass das Fernsehen seinen Zuschauern die seit Längerem zunehmend genutzte Möglichkeit bietet, nicht so sehr einzelne Sendungen (einschließlich der gezeigten Spielfilme), sondern *Segmente* diverser Sendungen in einem beliebigen Wechsel zu verfolgen. Hier ist zweitens daran zu erinnern, dass das Fernsehen seinen Zuschauern stets – simultan wie sukzessiv – ein ganzes Kaleidoskop von Gattungen präsentiert, die in ausdrücklicher oder stillschweigender Interferenz auch dort miteinander verbunden bleiben, wo die Betrachter von Anfang bis Ende bei *einer* Sendung verweilen.[13] Drittens spielt – durchaus! – der Ton eine besondere Rolle in der Fernsehkommunikation. In einer subtilen Untersuchung über den „Television Sound" hat Rick Altman diesem die Funktion zugeschrieben, die oft durch vielerlei häusliche Aktivitäten abgelenkten Zuschauer „zum Bild zurückzurufen".[14] Das Fernsehen, sagt Altman, gibt den Zuschauern, auch wenn sie in der Küche oder anderswo im Haushalt zugange sind, „das Gefühl [...], alles wirklich Wichtige" werde im Fernsehen durch den Ton „angekündigt".[15] *Ankündigung* aber meint hier keineswegs, dass im Fernsehton tatsächlich alles „wirklich Wichtige" *zum Ausdruck* käme, dass also der Gehalt von Sendungen, die sich so bemerkbar machen, vorwiegend in ihrer akustischen Dimension *verankert* wäre. Vielmehr gilt der von Altman analysierte Lockruf des Fernsehtons gerade der *Einheit* von Bild und Ton, deren Attraktionen auch die vom Schauen abgelenkten Zuschauer erreichen sollen. In diesem Sinn – aber auch *nur* in diesem – macht der Ton weniger *im* als vielmehr *beim* Fernsehen durchaus eine besondere Musik.

---

11 Ebd., S. 60; vgl. auch S. 66: „Die unterschiedliche Gewichtung zwischen Sehen und Hören erzeugt eine qualitativ andere Beziehung zur Fernsehsendung. Nicht dass die Erfahrung weniger intensiv wäre als im Kino; sie hat vielmehr ihre eigene Form."
12 Vgl. Williams (1974).
13 Vgl. Keppler (2006a), S. 82ff.
14 Altman (2001), S. 400.
15 Ebd., S. 394.

2 Zeigen ohne zu sagen.
Zur Rhetorik des Fernsehbildes

Die Rhetorik des Fernsehbildes teilt viele Charakteristika der allgemeinen Rhetorik des Bildes, dies aber auf eine durchaus besondere Weise. Davon wird dieses Kapitel handeln. Ich gehe dabei von drei naheliegenden Parallelen zwischen dem allgemeinen Gestus von Bildern und dem des Fernsehbildes aus. Erstens: Für die Rhetorik (auch) des Fernsehbildes ist es kennzeichnend, dass es vieles zeigt, was weder in ihm noch über es gesagt wird. Zweitens: Was es jeweils zeigt, ist einer interpretativen Auslegung zugänglich, die freilich keinen Übersetzungsanspruch erheben kann. Jedoch steht – drittens – der innerbildliche Sinn (auch) jeweiliger Fernsehbilder in vielfältigen – sei es kontrastiven, sei es unterstützenden – Bezügen zu anderen Bildern und Bildformen, die oft schwer zu überschauen sind – und damit eine Grenze ihrer Interpretierbarkeit markieren.

Ich beginne mit einigen vorbereitenden Bemerkungen zum Verhältnis von Bild und Bildgebrauch. Im Hauptteil werde ich die komplexe Bildsprache eines berühmt-berüchtigten Fernsehereignisses analysieren. Am Ende steht ein methodisches Fazit zur Frage der Interpretierbarkeit von Nachrichtenbildern im Fernsehen.

2.1 Bild und Bildgebrauch

Bilder sind visuelle Darbietungen einer besonderen Art; auf ihrer Fläche zeigen sie eine Fülle von Erscheinungen, durch deren Gestaltung etwas zur Darstellung gebracht wird – was immer es sei, und wie komplex Darstellung und Dargestelltes auch immer sein mögen. Dieses von Bildern Dargebotene ist allein in ihnen selbst gegeben und bleibt in entscheidender Hinsicht unübersetzbar.[1] Diese Grundverhältnisse sind nicht etwa nur im Fall künstlerischer Bilder gegeben, sondern lassen sich auch und gerade an fotografischen oder filmischen Nachrichtenbildern verdeutlichen. Wie beispielsweise Roland Barthes in seinen Studien zur Fotografie betont hat, steht die ‚denotative' Leistung solcher Bilder (also ihr wie immer trügerischer Verweis auf einen externen Weltzustand) im Zuge ihrer Betrachtung stets im Zusammenhang mit einer ‚konnotativen' Deutung der in ihnen sichtbaren Konstellationen – einer Deutung durch Produzenten wie Rezipienten solcher Bilder.[2]

---

1 Vgl. hierzu Gottfried Boehms Theorie der „ikonischen Differenz" (Boehm 1994).
2 Barthes (1990a), S. 11–27; Barthes (1990b), S. 28–46; Keppler (2002), S. 89–99.

Somit entfaltet sich das spezifische Potenzial von Bildern nur in Kontexten ihres möglichen Gebrauchs *als* Bilder, in dessen Vollzug sie jeweils unterschiedlich angeeignet werden. In den Kontexten ihrer Verwendung unterliegen deshalb gerade auch Nachrichtenbilder, sei es in der Zeitung, im Internet oder im Fernsehen, stets einer Interpretation durch Erzeuger und Betrachter. Dabei bleibt das fotografische Bild, wie Roland Barthes geltend gemacht hat, insofern „eine Botschaft ohne Code", als es sich auf eine augenblickliche Konstellation von Dingen bezieht, deren Fixierung im Bild sich einer eindeutigen Decodierung immer auch entzieht.[3] Aus diesem Grund ist auch in fotografischen und filmischen Bildern eine strukturelle Differenz zwischen Bildreferenz und Bildsinn angelegt. Das, was das Bild in der Fülle seiner Aspekte *zeigt*, geht nicht notwendigerweise darin auf, was mit seiner politischen und/oder journalistischen Verwendung ‚gesagt' werden soll – und es kann der ihm politisch oder journalistisch zugewiesenen ‚Aussage' oder ‚Botschaft' mehr oder weniger stark widerstreiten. Es bleibt stets möglich, dass die *Situation*, auf das sich das jeweilige Bild bezieht, dem *Verständnis* dieser Situation, das durch sie nahegelegt werden soll oder das die Adressaten aus ihrer Betrachtung zunächst gewinnen, von Fall zu Fall – und in unterschiedlichem Ausmaß – widerstreitet.

Das journalistische Bild, mit anderen Worten, kann dem vordergründigen Gestus seiner Präsentation gelegentlich widersprechen, worin sich ein Eigensinn des bildlichen Zeigens meldet, der nicht in dem aufgeht, was mit ihm kommuniziert werden soll oder anfänglich mit ihm kommuniziert wurde. Es besteht somit immer eine *potenzielle* Differenz zwischen dem innerbildlich Dargebotenen und der ihm politisch oder journalistisch zugemuteten Botschaft, die sich freilich im jeweiligen *faktischen* Bildgebrauch keineswegs immer – und das heißt: häufig überhaupt nicht – bemerkbar macht. Wenn dies aber geschieht, kann die genannte Spannung wiederum unterschiedliche Formen annehmen. Widerständig können Nachrichtenbilder in Zeitung und Fernsehen in mehrerlei Hinsicht sein:

– gegenüber den Intentionen ihrer Produzenten: Die Betrachter sehen etwas anderes darin, als sie sehen sollen;

– gegenüber der Rahmung ihrer Präsentation: Es erweist sich, dass die mediale Gestaltung eines Bildes oder einer Bildsequenz etwas anderes suggeriert als das, worauf sich das Gezeigte tatsächlich bezieht;[4]

– gegenüber dem Verständnis der Rezipienten: Im Bild liegt etwas, das seine Rezipienten zunächst übersehen, aber zu einem späteren Zeitpunkt oder in einem anderen Kontext anders – und möglicherweise ‚gegen den Strich' seiner ursprünglichen Darbietung – wahrnehmen werden.

---

3 Vgl. Seel (1995) u. (2008).

4 Ein einschlägiges Beispiel ist die Präsentation des damaligen Umweltministers Jürgen Trittin als Teilnehmer an einer angeblichen Gewaltdemonstration durch die Bildzeitung am 31. Januar 2001; hierzu Keppler (2006a), S. 54–58.

Um diese Bildverhältnisse etwas genauer zu betrachten, habe ich ein Beispiel aus-gewählt, das geeignet ist, das komplexe Verhältnis von Bildgehalt und Bildge-brauch näher zu beleuchten: den Auftritt von George W. Bush am 1. Mai 2003 auf dem Flugzeugträger „Abraham Lincoln".

2.2 George W. Bush: „Mission Accomplished"

Sechs Wochen nach Beginn der unter Führung der USA erfolgten Invasion der soge-nannten „Koalition der Willigen" gegen das Regime des Saddam Hussein trat der damalige Präsident der USA vor die Fernsehkameras und erklärte den Krieg für beendet. „Mission Accomplished" prangte auf einem großen Banner an der Kom-mandobrücke des Schiffes (Abb. 2.2) – eine Botschaft, die freilich in der Zeit danach zu einem ironischen Schlagwort für das Scheitern des alliierten „Kampfes gegen den Terror" wurde.

Dieser feierliche Auftritt des US-amerikanischen Präsidenten hatte ein spekta-kuläres Vorspiel, das in allen Nachrichtenbildern von diesem Tag einen ebenso breiten Platz einnahm wie die Erklärung danach. Denn Bush landete mit einem Kampfjet auf dem Flugzeugträger und entstieg diesem in der Montur eines Armeepi-loten, so, als sei er unmittelbar aus dem Einsatzgebiet herbeigeeilt, um die frohe Botschaft zu verkünden. In Siegerpose mischte er sich in diesem Aufzug unter die Besatzung des Schiffes und nahm deren Ovationen entgegen. Da die originalen Nachrichtenbeiträge (trotz intensiver Recherchen[5]) weder aufzufinden noch zu be-schaffen sind, beziehe ich mich im Folgenden auf eine Montage dieser Aufnahmen aus Michael Moores dokumentarischem Filmessay *Fahrenheit 9/11*.[6] Die fragliche Passage ist dort von einer polemischen Musik[7] unterlegt und außerdem eingerahmt von aggressiven verbalen und bildlichen Kommentaren. Beides werde ich im Fol-genden ignorieren, da es mir allein auf den bildlichen Gestus der ursprünglichen, für die Fernsehnachrichten produzierten Aufnahmen ankommt. Für die Analyse greife ich einige Stills heraus, an denen die Dramaturgie der Bilder vom 01.05.2003 besonders deutlich wird.

---

5 In Moores *Fahrenheit 9/11* selbst gibt es keinen expliziten Hinweis darauf, woher die Bilder stam-men. Auf sämtlichen Videoportalen war 2009 kein TV-Beitrag zu finden, auf welchen sich Moore hätte beziehen können. Im Netz fanden sich nur veränderte, karikierte Fassungen der Szene aus dem Moore-Film. Es muss aber Nachrichtenfilme gegeben haben, die dieses Bildmaterial verwendet haben, z. B. auf CNN (siehe hier Online Archive CNN: http://edition.cnn.com/2003/ALLPOLITICS/ 05/01/sprj.irq.bush.speech/index.html), die aber auch auf Nachfrage bei CNN nicht mehr verfügbar waren (oder freigegeben werden sollten).

6 *Fahrenheit 9/11* (USA 2004; R: Michael Moore), Ausschnitt: 01:19:50–01:19:57.

7 *Believe it or not* ist die Titelmusik der Serie *The Greatest American Hero*, geschrieben von Stephen Geyer und Leland Postil, Gesungen von Joey Scarbury; Courtesy of Elektra Entertainment Group.

Abb. 2.1: *Fahrenheit 9/11*, USA 2004; R: Michael Moore; 01:19:51

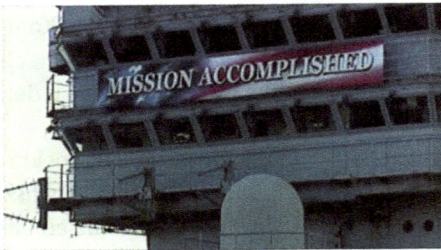

Abb. 2.2: *Fahrenheit 9/11*, USA 2004; R: Michael Moore; 01:19:56

Vor allem der Vorspann dieser für die Nachrichtensendungen in aller Welt produzierten Sequenz ist in seiner visuellen Dramaturgie einigermaßen spektakulär. Er ist es nicht allein, weil hier von einem außergewöhnlichen Ereignis berichtet wird, wie es in Nachrichtensendungen häufiger geschieht, und auch nicht nur, weil es ein ungewöhnlich inszeniertes – in diesem Fall politisches – Ereignis ist, von dem berichtet wird, sondern vor allem, weil der mediale Bericht selbst ein exzeptionelles Maß an visueller Inszenierung enthält. Dabei ist es freilich entscheidend, zu beachten, dass nicht der Inszenierungscharakter des Nachrichtenfilms als solcher hier das Besondere ist. Denn alle Filme, Filmbeiträge oder Fernsehsendungen, ganz gleich welchem Genre sie angehören mögen, folgen einer spezifischen audiovisuellen Dramaturgie und sind also das Ergebnis einer medialen Inszenierung. Bei den Nachrichtenbildern jedoch, die der Erklärung des US-amerikanischen Präsidenten über die siegreichen Kampfhandlungen im Irak vorausgehen, ist dieser Inszenierungscharakter deutlich auffälliger als in der üblichen Berichterstattung im Fernsehen. Zwar kann man jedem filmischen Produkt das kompositorische (und damit immer auch: ästhetische) Kalkül der eigenen Machart ansehen, zumal dann, wenn man ihm gegenüber eine analytische Einstellung einnimmt. Das Besondere an unserem Beispiel aber ist, dass hier das für einen propagandistischen Zweck – und für eine möglichst weltweite Verbreitung – Zurechtgemachte der Nachrichtenbilder beinahe unübersehbar ist. Man muss keine analytische Einstellung einnehmen, um zu se-

Abb. 2.3: *Fahrenheit 9/11*, USA 2004; R: Michael Moore; 01:19:03

Abb. 2.4: *Fahrenheit 9/11*, USA 2004; R: Michael Moore; 01:19:07

hen, dass es sich bei dem Auftritt von George W. Bush auf dem Flugzeugträger um eine medial zubereitete *Aufführung* handelt.

Nachdem man zuvor einen Kampfjet auf dem Flugzeugträger hat landen sehen, zeigt die nächste Einstellung den US-amerikanischen Präsidenten in der Uniform eines Kampfpiloten (Abb. 2.3, 2.4). Er steht leicht vor zwei anderen Piloten, die ihm rechts und links zur Seite stehen – eine Komposition, die suggeriert, dass es sich hier um die Kopiloten des Präsidenten handelt. Bush macht eine grüßende Geste in Richtung eines Publikums, das hier noch nicht sichtbar ist (und also zugleich das Fernsehpublikum umfasst). Seine mit angewinkeltem Arm erhobene Hand verleiht dieser Geste eine priesterliche Anmutung; das Publikum empfängt gleichsam den Segen des Präsidenten. Zugleich aber reiht die Aufnahme den Präsidenten mit nur leichter Vorrangstellung in das Corps seiner Soldaten ein. Er ist einer unter denen, die der Welt den Frieden bringen.

Die folgende Einstellung variiert diese Botschaft (Abb. 2.5). Es handelt sich um eine Art Familienfoto, wobei wie auch auf ähnlichen Bildern, die unmittelbar folgen, der Teil für das Ganze steht. Die Gemeinschaft des Militärs, ob Männer oder Frauen, ob Oberbefehlshaber oder einfache Dienstgrade, hat zusammengehalten und hält weiter zusammen. Das Bild zeigt aber auch ganz eindeutig, dass es sich hier nicht um eine spontan zustande gekommene Situation, sondern um eine ge-

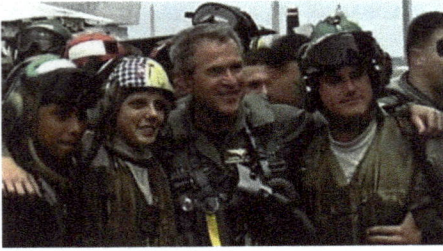

Abb. 2.5: *Fahrenheit 9/11*, USA 2004; R: Michael Moore; 01:19:21

Abb. 2.6: *Fahrenheit 9/11*, USA 2004; R: Michael Moore; 01:19:43

stellte Szene handelt. Der Blick aller Personen ist seitwärts und damit unverkennbar in das Objektiv einer weiteren Kamera gerichtet.

Dieses Bild (Abb. 2.6) steht in einem deutlichen Kontrast zu den vorherigen. Hier gibt der Präsident den Kommandanten, der weiß und zeigt, wo es langgeht, der über militärische Weitsicht und eine politische Vision verfügt und Führungskraft beweist. Dennoch gibt es eine klare Gemeinsamkeit zwischen den drei hier ausgewählten Stills. Durchweg bemüht der Hauptdarsteller stereotype, unmittelbar aussagekräftige Gesten, die eine eindeutige Lesbarkeit verbürgen. Der huldvolle Gruß, die familiäre Umarmung, der siegreiche Feldherr: Allein in der Gestik des Präsidenten greift die Ikonografie dieses Fernsehberichts auf ein traditionelles, aus Malerei, Fotografie und Film vertrautes Bildvokabular zurück.

Die jovialen Posen des Präsidenten, seine blitzsaubere Kleidung (die wie eine Verkleidung wirkt), der organisierte Frohsinn auf den Bildern (der an solchen der Werbung erinnert) sowie die (in dem Filmausschnitt sichtbare) Choreografie der Umringung Bushs durch verschiedenartige, durch die Farbe ihrer unterschiedlichen Kleidung repräsentierten Truppenteile – dies alles lässt den Showcharakter dieser Bilder erkennen. Eine entscheidende Pointe dieses bildlichen Zeigens besteht gerade darin, den hochgradig arrangierten Charakter des Gezeigten *nicht* zu verleugnen. Es handelt sich unübersehbar um eine militärisch-politische, *vor* den Augen der Welt ausgerichtete und zugleich *für* die Augen der Welt medial zubereitete *Feier*. Die

Ausrichter dieser Feier, auch dies ist zu beachten, sind nicht (mehr oder weniger) unabhängige Journalisten, die zum Ereignis eingeladen wurden, sondern die Administrationen des Pentagons und des Weißen Hauses: *Sie* liefern die Bilder, die in den Nachrichtensendungen vom Tage über die Bildschirme liefen. Wir sehen hier zwar keinen Triumphzug im klassischen Sinn, aber doch ein modernes Äquivalent dazu: die mediale Inszenierung der militärischen und moralischen Überlegenheit der USA und ihrer Alliierten. Zu diesem Zweck wird ein bildliches Narrativ konstruiert, das in seiner Konstruiertheit durchaus sichtbar werden darf: Der Präsident eilt zu seinen in der Ferne befindlichen Truppen, um diese und sich selbst für den Sieg über den Feind zu beglückwünschen. Da es sich hier um ein ostentatives politisches Schauspiel handelt, kann und darf diese Fiktion durchschaut werden, ohne dadurch zwangsläufig ihre Wirkung zu verlieren.

Dieser Showcharakter des Auftritts des Präsidenten auf der *Abraham Lincoln* ist *an den Bildern* von diesem Auftritt sichtbar, und zwar *ganz unabhängig* von speziellen Zusatzinformationen über Schauplatz und Akteure der Nachrichtenbilder, die vielen der Zuschauer an den Fernsehschirmen am 01.05.2003 nicht zur Verfügung standen. Denn, dass es sich hierbei um die Inszenierung eines möglichst weltweiten Medienereignisses handelte, werden auch diejenigen erkannt haben (oder hätten auch diejenigen erkennen *können*), die nicht darüber im Bilde waren, dass der jüngere Bush sich seinerzeit zeitweilig vor dem Militärdienst gedrückt hatte, dass er im Unterschied zu seinem Vater nie dafür ausgebildet wurde, einen solchen Kampfjet zu fliegen und dass der Flugzeugträger, auf dem diese reichlich voreilige Siegesparty stattfand, nur einige Seemeilen vor der amerikanischen Westküste unterwegs war.

Die bildliche Inszenierung, der das Fernsehpublikum beiwohnte, ist aber noch weit komplexer und auch raffinierter, als es die bisherige Interpretation nahegelegt hat. Denn sie operiert nicht allein mit offensichtlichen Elementen der Fiktionalisierung, sondern mit mehr oder weniger *verhüllten* – aber *analytisch* offensichtlichen! – Anleihen bei Fiktionen, zumal des Spielfilms. Die Szenen der Proklamation des Kriegsendes nämlich sind nicht nur erkennbar gestellt, sondern zugleich eindeutig *nachgestellt*. Es handelt sich um mehrfache *Zitate* der Ikonografie des Kinofilms – um jene Art von Zitaten, die rhetorisch umso wirksamer sind, je weniger es dem Publikum vor den Bildschirmen bewusst ist, dass hierbei auf Darstellungsformen zurückgegriffen wurde, die ihm aus anderen Kontexten vertraut sind.

Eine wichtige szenische Vorlage für die Bildarrangements des Auftritts von George W. Bush liefert der Film *Top Gun*[8]. Dieser Spielfilm handelt von der Ausbildung von Elitekampfjetpiloten, deren Bester, der von Tom Cruise gespielte Charakter des Lt. Pete ‚Maverick' Mitchell, am Ende gefeiert wird. Man sieht ihn nach er-

---

8 *Top Gun* (USA 1986; R: Tony Scott).

Abb. 2.7: *Top Gun*, USA 1986; R: Tony Scott; 01:36:00

Abb. 2.8: *Top Gun*, USA 1986; R: Tony Scott; 01:36:20

folgreicher letzter Bewährungsprobe aus seinem Flugzeug steigen, um sich von seinen Kameraden und Ausbildern feiern zu lassen (Abb. 2.7, 2.8).

Alle in dieser Bildsequenz sichtbaren Akteure sind ähnlich ausstaffiert wie George W. Bush. Maverick wird auf ähnliche Weise gefeiert, freilich mit einem signifikanten Unterschied: Er wird von Kameraden umringt, nicht von Untergebenen, was allein am Bildaufbau sichtbar ist. Dass die Öffentlichkeitsabteilung des Weißen Hauses bei den Botschaften vom Mai 2003 gleichwohl an einen solchen Film gedacht hat, wird zumal an den von ihr veröffentlichten Pressefotos (Abb. 2.10) deutlich, die fast detailgetreu entsprechenden Szenen aus dem Film *Top Gun* folgen (Abb. 2.9).

Die Fotografin dieses Präsidentenfotos ist Susan Sterner, eine Angestellte des Executive Office des Weißen Hauses.[9] Man kann hier unzweifelhaft erkennen, an welchen Bildformen sich die Umsetzung der Nachricht vom erfolgreichen Ende des jüngsten Irakkriegs orientiert hat. Aber mehr noch: Der Auftritt von George W. Bush auf der „Abraham Lincoln" ist überdies ein kaum verhülltes Remake des Finales aus dem Hollywood-Blockbuster *Independence Day* aus dem Jahr 1996[10]. In der Rolle des

---

9 Quelle: http://georgewbush-whitehouse.archives.gov/news/releases/2003/05/images/20030501-15_d050103-2-664v.html [zuletzt abgerufen am 14.03.2012].
10 *Independence Day* (USA 1996; R: Roland Emmerich).

Abb. 2.9: *Top Gun*, USA 1986; R: Tony Scott; 01:12:37

Abb. 2.10: George W. Bush

Präsidenten Thomas J. Whitmore führt dort Bill Pullman als Pilot eines Kampfflugzeugs die Fliegerschwadron an, die das Mutterschiff der zerstörungswütigen Aliens ausschalten soll. (Freilich wird dies in der Filmhandlung letztlich nur durch einen Kamikazeeinsatz – also ein Selbstmordattentat – eines anderen Piloten vollbracht, der aufgrund seines Vietnamtraumas im Leben gescheitert war und nun doch zum Helden wird.) Am 4. Juli, dem Unabhängigkeitstag der Vereinigten Staaten, gelingt die Befreiung auch des Rests der Welt von den außerirdischen Mächten des Bösen – und der Präsident kehrt aus dem von der Verdunklung durch die riesigen Ufos der Angreifer befreiten Himmel auf die Erde zurück. In Fliegermontur begibt er sich durch das Gedränge seiner begeisterten Mitstreiter zu seinem Hauptquartier (Abb. 2.11).

Abb. 2.11: *Independence Day*, USA 1996; R: Roland Emmerich; 02:16:07

Abb. 2.12: *Independence Day*, USA 1996; R: Roland Emmerich; 02:15:35

Man sieht hier den Kampfjet, dem der Präsident am Ende von *Independence Day* (in einer etwas unordentlicheren Umgebung als in den blitzblanken Siegesbildern des Weißen Hauses) entsteigt; auf dem Weg zum Hauptquartier bilden sich Gruppen um den erleichterten Präsidenten, die eine ähnliche Komposition aufweisen wie diejenigen von der „Abraham Lincoln".

Wieder nimmt der Präsident eine herausgehobene Stellung unter fast Gleichen ein, und wieder teilt er mit ihnen dieselbe Montur, die aber hier wesentlich legerer getragen wird (schließlich kommt dieser Präsident – in der Fiktion – aus einem echten Einsatz zurück, während Bush – in der Realität – nur einen PR-Termin wahrnimmt und als Kampfpilot agiert).

Über die politische Funktion dieser Anleihen beim populären Kino dürfte kaum ein Zweifel bestehen. Es ging den Produzenten der Bilder von Bushs Siegeserklärung darum, jene Bilder im kollektiven Bewusstsein vor allem des amerikanischen Publikums zu löschen oder doch zurückzudrängen, in denen nach den Anschlägen vom 11. September 2001 ein zunächst rat- und tatloser Präsident in der Rolle eines gedemütigten Opfers erschien. Man denke an die Aufnahmen, in denen ein paralysierter George W. Bush bei einem Besuch einer amerikanischen Grundschule die Nachricht der Attacken auf das World Trade Center empfing oder an jene, in denen er – in volksnaher Zivilkleidung – auf dessen Trümmern die Rettungsmannschaften (und mit ihnen die Nation) zu trösten und zu ermutigen versuchte. Die Siegerposen anderthalb Jahre später sollten all dies vergessen machen – und, kaum weniger wichtig, Material für die kommende Kampagne zur Wiederwahl im Jahr 2004 bereitstellen, das dann wegen der misslungenen ‚Befriedung' des Irak nicht zu gebrauchen war. Dennoch: Hier wurde, wie schon durch den *embedded journalism* während der ersten Phase des zweiten Irakkriegs, mit Bildpolitik Politik gemacht, mit dem von der Bush-Administration unterschätzten Risiko freilich, dass sich eine solche Bildpolitik über kurz oder lang auch gegen ihre Erfinder wenden kann. Nicht umsonst wurde der Slogan „Mission Accomplished" seither (auch in vielen, sei es dokumentarischen, sei es fiktionalen Filmen über den Irakkrieg) zu einem immer wieder ironisch zitierten Kommentar.

Aber keineswegs nur diese in Wort und Schrift formulierte Schlagzeile ließ sich gegen die Intentionen ihrer Erfinder verwenden. Es war vielmehr gerade die Bildregie, die eine widerständige Aneignung der Mission des visuell Dargebotenen provoziert hat. Der relativ offen propagandistische Charakter der Bilder macht diese für eine gegenteilige politische Instrumentalisierung verwendbar. Wenn es oben hieß, George W. Bush präsentiere sich in den für die Fernsehnachrichten produzierten Sequenzen mit stereotypen, unmittelbar aussagekräftigen Gesten, „die eine eindeutige Lesbarkeit verbürgen" sollen, so zeigt sich jetzt, dass eben darin das Risiko einer gegenläufigen Aufnahme der fraglichen Bilder liegt. Die prätendierte Eindeutigkeit der visuellen Botschaft lädt zu einer möglichen Umkehrung der erwünschten Konnotationen vonseiten des Publikums ein. *Dieselben* Bilder zeigen dann nicht den US-amerikanischen Präsidenten als Lenker einer Weltmacht, die sich von dem Trauma der Anschläge von 9/11 erholt hat, sondern den pompösen Auftritt eines Politikers, der den Sinn für die Realität verloren hat. Aber nicht nur in der Rezeption der Zuschauer, auch in der zitierenden Verwendung dieser Aufnahmen in anderen Kontexten lassen sie sich gegen die Absichten der Produzenten und ihrer damals tagesaktuellen Distribution mobilisieren. Auch die polemische Kontrafaktur durch Michael Moore ist eine Form des – diesmal nicht rezeptiven, sondern produzierenden – Bildgebrauchs, die dem im Bildverlauf Sichtbaren einen alternativen Sinn verleiht. Dem, was die Bilder zeigen, wird hier wie dort ein veränderter Sinn abgewonnen. Hierin beweist sich die potenzielle Widerständigkeit auch und gerade des politischen Bildes, von der zu Beginn die Rede war. Es geht häufig in seiner politischen und/oder journalistischen Funktionalisierung nicht – oder nicht ohne Weiteres – auf. Insofern bleiben solche Bilder immer auch unverfügbar gegenüber den Botschaften, die sie beglaubigen sollen.

2.3 Methodisches Resümee

In den Bildern von der Siegesfeier im Mai 2003 sieht man den US-amerikanischen Präsidenten als Darsteller seiner selbst agieren. Durch die visuelle Inszenierung wird ein erkennbar *fingiertes* Szenario entworfen, um eine *reale* Entwicklung feierlich zu verkünden. Die Anleihen bei der Fiktion werden in Dienst genommen für die Erzeugung einer möglichst wirksamen regierungsamtlichen Deutung der militärischen und politischen Situation seit dem alliierten Einmarsch in den Irak. Die in dieser Sequenz erkennbare Verschränkung von Dokumentation und Fiktion stellt ein markantes Lehrbeispiel einer Soziologie des politischen Bildes dar. Auf der einen Seite ist die dokumentarische Qualität der analysierten Bilder eindeutig. Dass die Siegesfeier auf dem Flugzeugträger tatsächlich stattgefunden hat, ist nicht allein durch den Rahmen der zahllosen Nachrichtensendungen verbürgt, in denen sie ausgestrahlt wurde, sondern gleichfalls durch die unübersehbare Anwesenheit des US-amerikanischen Präsidenten unter zahlreichen anderen Menschen. Diese könnten die Realität des Ereignisses bezeugen – wie denn auch der Nachrichtenwert von Berichten in Schrift und Bild stets auf eine potenzielle Zeugenschaft durch andere und seitens anderer Berichtsmedien verweist. Auf der anderen Seite wird durch die Art des Auftritts von George W. Bush ein Narrativ entworfen, das in mehrfacher Hinsicht fiktive Züge trägt. Auffällig ist bereits, dass man im Bild nicht erkennen kann (und auch in der Kommentierung dieser Bilder in den damaligen Nachrichtensendungen meist nicht erfahren konnte), wo genau sich der Flugzeugträger befindet. Allein damit wird mit einer basalen Regel der filmischen Dokumentation gebrochen – dem Gebot einer möglichst präzisen Angabe über Zeit und Ort des jeweiligen Geschehens. Durch diese Auslassung wird die Erzählung unterstützt, der Präsident sei aus dem Einsatz von der nahen Front herbeigeeilt, um seinen Getreuen den Sieg zu verkünden. Dass diese bildliche Minierzählung – wie oben beschrieben – offen fingierende Züge trägt, verstärkt zum einen ihren propagandistischen Wert, eben weil sie von der fraglichen Feier nicht nur berichtet, sondern diese vor den Augen des Publikums medial inszeniert. Sie provoziert aber zum anderen – bis hin zur Ridikülisierung – gegenläufige Lesarten des Dargebotenen, die die durch Anleihen bei der Bildsprache von Spielfilmen aufgeladene Botschaft ihrer Glaubhaftigkeit potenziell berauben.

Diese Ambivalenzen sind alle in dem bildlichen Verlauf unserer Sequenz enthalten. Dieser zeigt etwas, das in dieser Mehrschichtigkeit und Mehrdeutigkeit allein visuell präsent ist – und das sich in dieser Verschränkung von Bildebenen und Bildpotenzialen in keine Form des verbalen Sagens übersetzen lässt. Die *Bilder* führen eine politische Aufführung *aus* und führen sie zugleich *vor*. Wie immer sie vom ‚Sagen‘ (d. h. von Wort und Schrift) umgeben und umstellt werden, lassen sie das *Wie* eines Zustands oder Ereignisses auf unverwechselbare Weise hervortreten. Diese Autonomie des Zeigens gegenüber dem Sagen in der politischen Berichterstattung des Fernsehens gilt freilich niemals absolut. Sie bleibt immer relativ zu den Verständnissen, die Bildern oder Bildsequenzen jeweils zugeschrieben werden. Denn natürlich *bedarf* es eines Kontextwissens, um die politische Botschaft der Inszenierung der Siegesfeier auf der *Abraham Lincoln* mitsamt ihrer Ambivalenzen zu verstehen. Man muss z. B. mindestens wissen, dass es sich bei ihrem Hauptdarsteller um den Kriegsherrn der Invasion in den Irak handelt, die eine Reaktion auf die Ereignisse von 9/11 darstellte. Kontextlos sind kein Bild und erst recht kein politisches Bild verständlich. Bilder erhalten ihren Stellenwert stets im Zusammenhang mit Bild*praktiken*, unter denen die Herstellung, Verbreitung und Verarbeitung von Nachrichten im Fernsehen nur eine von vielen ist. Innerhalb dieser Praktiken aber behalten sie auf je unterschiedliche Weise einen Eigensinn, der ihnen *als Bildern* zukommt.

Dabei besteht eine signifikante Besonderheit von politischen und anderen Bildverläufen im Fernsehen darin, dass alles, was hier zu sehen und zu hören ist, von vornherein in einer Pluralität der vielfältigen Gattungen und Untergattungen des Mediums steht, die ein unüberschaubares und unaufhörliches Kontinuum filmischer Formate bilden.[11] Die Bildsprache einzelner filmischer Formen im Fernsehen gewinnt ihren Stellenwert stets im Kontrast mit der Sprache anderer solcher Formen, zwischen denen jederzeit gewechselt werden kann. Die Dramaturgie von Nachrichtenfilmen beispielsweise steht hier im direkten Umfeld der Dramaturgie von Spielfilmen, und dies auch und gerade dann, wenn die Gegenstände dieser Dramaturgien oder ihre Dramaturgie einander durchaus ähnlich sind, wie es in unserem Beispiel der Fall ist. Alles, was hier zu sehen ist, steht in einer strukturellen Konkurrenz zu dem, was gleichzeitig zu sehen wäre – und zu den jeweils spezifischen Konventionen und Traditionen der Formate des Mediums, die sich wechselseitig prägen und im Laufe der Zeit einer wechselseitigen Veränderung unterliegen. Hinzu kommt, dass Bilder wie diejenigen von der Erklärung über das erfolgreiche Ende des Irakkriegs nicht über einen Sender verbreitet, sondern – weltweit – in nahezu allen Nachrichtensendungen vom Tage ausgestrahlt werden, dies aber mit durchaus unterschiedlichen Arten der Rahmung und Kommentierung. Zusammengenommen bedeutet dies, dass es für die Rhetorik des Fernsehbildes maßgeblich ist, dass alle seine Bildverläufe direkt oder indirekt mit jeweils signifikanten anderen Bildverläufen nicht allein konkurrieren, sondern – stillschweigend oder ausdrücklich – mit ihnen kommunizieren. Ihr Sinn – auch und gerade ihr Eigensinn – ist gefärbt von der Bedeutsamkeit verwandter wie gegenläufig gepolter filmischer Formen.

Dies erleichtert ihr alltägliches Verständnis, da man sich immer auf einem durch Sendetypen und filmische Genres stets bereits markierten Gelände bewegt, aber es erschwert ihre wissenschaftliche Interpretation, da das Erfassen dieser Bezüge für die Fernsehanalyse eine große Herausforderung darstellt. Unmöglich aber, dies sollte mein Beispiel verdeutlichen, ist eine solche Analyse keineswegs. Der Eigensinn – z. B. von Nachrichtenbildern im Fernsehen – ist einer analytischen Deutung durchaus zugänglich, sofern man diese Deutung als ein *Aufzeigen des*

---

11 Keppler (2006a), S. 81ff.

bildlichen Zeigens versteht: als ein Aufzeigen der vielfältigen Bezüge *innerhalb* des Bildes, die häufig von vielfältigen Bezügen zu *anderen* Bildern, Bildformen und Kontexten des Bildgebrauchs leben. Dieses sprachliche Aufzeigen kann und soll (wie auch angesichts von Kunstwerken) keine Übersetzung des Bildes ins Wort leisten, wohl aber ein nachdrückliches Hinweisen auf die nichtsprachliche Logik der jeweiligen Bilder – also darauf, was sie am jeweiligen Ort ihrer Präsentation visuell darbieten. In diesem Sinn sind auch meine Interpretationsskizzen zu den Bildern von dem Auftritt des US-amerikanischen Präsidenten zu verstehen. Sie versuchen, Dimensionen, Konstellationen, Kräfte zu benennen, die dort, im bildlichen Verlauf bzw. in den analytisch eingefrorenen Stills, wirksam sind. Ihre Aufgabe war es nicht, *den Sinn* dieser Bilder verbal einzufangen, sondern vielmehr ihr Sinn*potenzial* zu vergegenwärtigen. Insofern hat die Hermeneutik einer soziologischen Bildanalyse *selbst* eine zeigende Funktion: Indem sie über Bilder – z. B. des Fernsehens – spricht, also möglichst Aufschlussreiches über sie *sagt*, versucht sie mit Worten zu zeigen, was diese – die Bilder – zeigen.

Die so oft beschworenen ‚Grenzen' der Bildinterpretation liegen daher nicht in einer mangelnden Übersetzbarkeit von Bildern in Sprache, da eine solche Übersetzung für ihr Verständnis weder nötig noch möglich ist. Sie liegen vielmehr in ihren vielfältigen und oft unübersehbaren Bezügen zu anderen Bildern und Bildformen, die in ihren inneren Bezügen wirksam sind: und damit in der Schwierigkeit, die Konkurrenzen und Korrespondenzen zu erkennen, die in *einem* Bild oder Bildtyp (gleich welcher Art) stillschweigend wirksam sind. Hier kann eine Bildanalyse realistischerweise nur aspektbezogen und aspektgebunden verfahren, in der Hoffnung freilich, dass das Aufzeigen *einiger* für Bildverständnis und Bildwirkung relevanter Aspekte zu der Entdeckung *weiterer* solcher Aspekte zu führen vermag.

3 Das Gleiche ist nicht immer gleich.
Gewaltdarstellungen in Film und Fernsehen

Dass das Gleiche, wenn wir an die Darstellung von Gewalt und Zerstörung im Fernsehen denken, nicht immer gleich ist, könnte als eine bloße Trivialität erscheinen. Denn es sind ja meist verschiedene Ereignisse der Gewalt, die quer durch die Formate und Sparten dieses Mediums zur Darstellung kommen – sei es in Nachrichten, in Reportagen und Dokumentationen, im Reality-TV, in Spielfilmen oder gelegentlich bei Liveübertragungen aus dem Bereich des Sports. Auch wenn gesagt wird, es seien „immer die gleichen Bilder" von Anschlägen in Afghanistan oder im Irak, die in den Nachrichtensendungen ausgestrahlt werden, so ist doch klar, dass es immer wieder andere Vorgänge sind, von denen jeweils berichtet wird. Diese Vorgänge werden jedoch als solche eines vergleichbaren *Typs* eingestuft – und mit ihnen die Bilder, durch die sie überliefert werden. Dabei dürften es aber, und vor allem das spricht die Redewendung von „immer den gleichen" Bildern aus, vorrangig die *Bildfolgen* sein, die als gleich (als solche desselben Typs) eingestuft werden – und zusammen mit ihnen die Vorgänge, von denen nach einem ähnlichen Schema berichtet wird. Denn die Art, wie Gewalt am Bildschirm wahrgenommen wird, ist geprägt durch die Art, in der sie dargeboten wird.

Hier aber gibt es nicht nur eine, sondern viele Arten. Je nachdem in welchem *Modus* Gewalt im Fernsehen zur Darstellung kommt, kommt Gewalt *anders* und kommt in gewissem Sinn eine *andere* Gewalt zur Darstellung. Dies ist eine nichttriviale Konsequenz aus der Beobachtung, dass das Gleiche, soweit Gewalt und Zerstörung sowie ihre Darstellung betroffen sind, nicht immer gleich ist. Wer über die Präsenz – oder wie manche meinen Omnipräsenz – der Gewalt im Fernsehen spricht, muss über die sehr verschiedenen Modi sprechen, in denen gewaltförmige Zustände und Vorgänge in diesem Medium präsentiert werden. Wer wissenschaftlich über diese Zusammenhänge spricht, darf von der audiovisuellen Dramaturgie der entsprechenden Formate nicht schweigen. Denn es kommt darauf an, zu untersuchen, welches *Bild der Gewalt* durch die Art ihrer Darstellung jeweils entworfen und dem Publikum angeboten wird. – Meine Analyse beginnt mit einem kurzen Blick auf Grundverhältnisse der Gewalt, die oft als solche bereits ein Verhältnis zu ihrer Zurschaustellung oder Darbietung enthalten. Anschließend werden einige zentrale Unterschiede zwischen fiktionaler und dokumentarischer Gewaltdarstellung markiert. Danach soll an vier Beispielen verdeutlicht werden, wie unterschiedlich eine audiovisuelle Vergegenwärtigung von Gewaltprozessen ausfallen kann.

3.1 Gewaltverhältnisse

Kulturen der Gewalt und Kulturen ihrer Darstellung hängen nicht erst seit heute, aber heute in besonderer Weise, miteinander zusammen. Das heißt freilich nicht, dass Gewalt und ihre Darstellung nicht oder nicht mehr voneinander unterschieden werden könnten. Denn nur, wenn wir über eine Unterscheidung zwischen der Ausübung und der Darstellung von Gewalt verfügen, können wir mit der nötigen begrifflichen Klarheit die Frage stellen, ob und inwiefern – und in welchen historisch-kulturellen Zusammenhängen – auch die Gewaltdarstellung eine Gewaltausübung sein kann. Und nur auf der Basis einer Unterscheidung von Gewalt und ihrer Präsentation kann man sich klarmachen, warum eine Selbst- und Fremdpräsentation zur inneren Logik bestimmter Arten der Gewaltausübung gehört.

In diesem Kontext ist es sinnvoll, Gewalt als einen wenigstens in ihren Wirkungen *sozialen* Vorgang zu verstehen: als eine Zufügung von Verletzungen, in der Absicht und/oder mit der Folge, wenn nicht das Leben, so doch die Lebensfähigkeit von Menschen vorübergehend oder dauerhaft zu beeinträchtigen oder zu zerstören. Diese recht weite Bestimmung umfasst auch Formen der Naturgewalt, soweit sie, obwohl nicht von Menschen verursacht, (oft erhebliche) soziale und politische Folgen zeitigen. Soziale Gewalt in einem engeren Sinn hingegen stellt einen von menschlichem Handeln ausgelösten Vorgang dar, der eine beabsichtigte oder zugelassene Störung oder Zerstörung der physischen und psychischen Integrität ihrer Opfer zur Folge hat.[1] Die solchen Gewaltphänomenen zugrunde liegende Relation ist dabei mindestens eine zweistellige; es gibt einen Täter und ein Opfer (oder entsprechende Parteien), zwischen denen sich der Vorgang der Gewalt abspielt. Diese Positionen können ihrerseits stabil oder unstabil sein, da die Positionen des oder der Täter beziehungsweise Opfer im Prozess der Gewalt gegebenenfalls wechseln oder bis zur Ununterscheidbarkeit verschwimmen können. In ihrer vollen sozialen Bedeutung zu verstehen ist Gewalt aber häufig nur unter Berücksichtigung eines *dreistelligen* Verhältnisses zwischen Tätern, Opfern und (potenziellen) Zuschauern. Denn nicht wenige Gewalthandlungen werden vor Zuschauern oder für Zuschauer vollzogen, wobei die Zuschauer in den Gang der Gewalt durchaus auch dann eingreifen können, wenn sie nicht in ihr Geschehen hineingezogen werden: sei es durch Beifall oder durch verschiedene Arten der Anteilnahme, des Protests oder der Verachtung. Selbst eine heimliche oder verheimlichte, ‚im Dunkeln‘ verübte (weil sozial geächtete oder auch rechtlich sanktionierte) Gewalt unter Menschen ist auf eine potenzielle Zuschauerposition hin ausgerichtet, die von der Beteiligung an ihrem Geschehen gerade ausgeschlossen werden soll.

Durch Medien wie Film und Fernsehen verändert sich die dreistellige Situation der Ausübung und Wahrnehmung von Gewalt. Das Fernsehen etwa, das in seinen

---

1 Vgl. Keppler (2006a), S. 144 und Hausmanninger (2002), S. 32.

Nachrichtensendungen von Ereignissen der Gewalt berichtet (und manchmal Szenen der Gewalt direkt ‚überträgt'), tritt nicht einfach als ein weiterer Zuschauer zu den Ereignissen realer Gewalt hinzu; durch seine Produktionen verändert es das Betrachten von Gewalt und nicht selten darüber hinaus ihr Entstehen und ihren Vollzug. Die Positionen der Zuschauer von Gewalt spalten sich hier auf eine signifikante Weise auf: Neben Tätern und Opfern gibt es aufseiten der (potenziell teilnehmenden) Beobachter von Gewalt

a)   die in der Situation *anwesenden* Zuschauer (nicht zuletzt aufseiten des Aufnahmeteams),

b)   eine – durch Aufnahme, Schnitt, Originalton und Kommentare erzeugte – *artifizielle Ansicht* der Gewaltaktion,

c)   die am Ort des Geschehens *abwesenden* Zuschauer, die von der Gewaltsituation (zeitlich, räumlich und auch emotional) unterschiedlich weit entfernt sind.

Die dreistellige Grundkonstellation eines Gewaltgeschehens verwandelt sich hier in eine fünfstellige. Zu dem basalen Paar Täter und Opfer gesellt sich nicht allein der Part leiblich *anwesender* Zuschauer, sondern auch derjenige leiblich *abwesender* Zuschauer, die aus sicherem Abstand an einer klangbildlich hergestellten *Sichtweise* der Gewalt teilhaben können.

Es ist bekannt, dass diese Konstellation medialer Gewaltpräsentation die Realisierung von Gewalthandlungen, sei es latent, sei es vor aller Augen, beeinflussen kann. Das schlagendste Beispiel hierfür sind bislang die Ereignisse von 9/11. Hier wurde terroristische Gewalt in einer primär kommunikativen Absicht eingesetzt, die gerade deshalb so erfolgreich war, weil durch die Dimension der Anschläge die Medien (aus politischem und ökonomischem Kalkül) nicht anders konnten, als ihnen eine weltweite Öffentlichkeit zu verschaffen.[2] Diese Reichweite des Gewaltverhältnisses in medialen Lebensverhältnissen ist auch in neueren Spielfilmen vielfach thematisiert worden, in einem Durchspielen von Situationen, in denen die genannten fünf Faktoren die Dynamik von Gewalthandlungen prägen.[3] Selbst dort jedoch, wo in Spielfilmen von medial gesteuerter oder aufgeheizter Gewalt erzählt wird, bleibt die Position der Zuschauer solcher Filme eine durchaus andere als diejenige von Betrachtern dokumentarischer Gewaltberichte. Spielfilme konzipieren und konstruieren eine andere Zuschauerposition als es dokumentarische Filme können und sollen. Spielfilme, heißt dies zugleich, präsentieren Gewalt in einer grundsätzlich anderen Weise als es etwa Nachrichtensendungen tun und sie tun

---

2 Hierzu Keppler (2006a), Kap. 8: „Terror als Medienereignis".

3 Man denke an Filme wie *Natural Born Killers* (USA 1994; R: Oliver Stone), *The Siege* (USA 1998; R: Edward Zwick), *Battle for Haditha* (UK 2007, R: Nick Broomfield) oder *Redacted* (USA/CAN 2007; R: Brian De Palma).

dies auch, wenn sie Fiktion und Dokumentation mischen (oder zu mischen scheinen).

Es ist diese Differenz in der medialen *Auslegung* der Trias von Tätern, Opfern
und Zuschauern (oder ihres Pentagramms, wenn man den erweiterten Begriff der
Gewalt in Betracht zieht), um die es im Folgenden gehen wird. Es soll exemplarisch
verdeutlicht werden, wie sehr – und doch in welch unterschiedlichen Formen – alle
mediale Gewaltpräsentation eine Auslegung *ist* – eine Auslegung, die man in ihrer
kulturellen Signifikanz *ihrerseits* auslegen muss, wenn man verstehen will, *welche*
Gewalt dem Publikum jeweils wie angeboten wird und welcher es jeweils wie ausgesetzt ist. Die ‚Schauspiele' der Gewalt im Fernsehen haben ein sehr unterschiedliches Gesicht. Sie verlangen daher eine eingehende Betrachtung der Sichtweisen, die
in ihnen auf Phänomene der Zerstörung angeboten werden.

3.2 Fingierte versus dokumentierte Gewalt

Zur Vorbereitung der nachfolgenden Analysen ist es hilfreich, die filmsprachlichen
Prozeduren der Gewaltdokumentation insbesondere in Nachrichtensendungen mit
solchen der Präsentation von Gewalt in Spielfilmen zu vergleichen, mit zwei Grund-
formen der Gewaltdarstellung also, die im Medium des Fernsehens permanent koexistieren. Im Kontrast dieser beiden Genres zeigt sich die spezifische Sicht einer
fingierenden gegenüber einer dokumentierenden Behandlung von Gewalt. In ihrer
ganzen Dramaturgie nehmen Spielfilme eine andere Stellung zu der in ihnen gezeigten Gewalt ein, und das heißt: Sie offerieren ihren Betrachtern eine durchaus andere
Stellung zu ihr als Nachrichtenfilme. Dies schließt natürlich nicht aus, sondern
vielmehr ausdrücklich ein, dass *einzelne* solcher Filme, sei es im Rahmen der Fiktion, sei es der Dokumentation (oder einer ihrer Hybridformen), jeweils *ihre* Sicht auf
das jeweils in *ihnen* festgehaltene Erscheinen von Gewalt präsentieren. Auch hier
gilt also, das Gleiche ist nicht immer gleich.

Spielfilme lassen den Zuschauer in einer Weise zu einem virtuellen Teilnehmer
an Gewaltereignissen werden als es Nachrichtenfilme weit weniger und in vielen
Fällen gar nicht leisten. Sie entfalten eine andere Choreografie der Gewalt. Spielfilme zeigen Gewalt in einer anderen Distanz und einer anderen Nähe zugleich. Zwar
stellt jeder Film eine Distanz zu der in ihm gezeigten und dadurch den Zuschauern
nahegebrachten Gewalt her, eben weil er eine filmische Darbietung ist; aber das
Verhältnis von Distanz und Nähe ist in unterschiedlichen Arten der Gestaltung von
Filmen ein durchaus anderes. Es ist eben dieses Verhältnis, durch das sich die
Großgattungen der Dokumentation und der Fiktion grundsätzlich voneinander
unterscheiden.

Der Spielfilm führt seine Zuschauer durch seine akustische und bildliche Regie
näher an die Situationen der Gewalt heran und in sie hinein; aber er hält sie auch
weiter von ihnen weg, indem er eine fortlaufende Geschichte erzählt, in deren Ver-

lauf die Gewalt zu einem (häufiger) guten oder (seltener) schlechten Ende kommt. Die Gewalt geht vorüber; irgendwann ist es mit ihr, vorläufig wenigstens, vorbei: Das ist in gewisser Weise *die* Fiktion der filmischen Präsentation von Gewalt, der auch die Minderheit der Filme formal noch anhängt, die sie zu durchbrechen versuchen. Gewalt steht nicht in dem Kontinuum eines immer wieder gewaltförmigen Weltlaufs, vielmehr stellen sich am Ende der Filme meist Epochen der Ruhe, der Befriedung oder sogar des Friedens ein. Gewaltvorgänge unterliegen einem gleichsam musikalischen Rhythmus von Exposition, Durchführung und Abschluss, wie ihn Nachrichtensendungen in ihrer ästhetischen Organisation nicht kennen. In diesen gibt es keinen epischen Rhythmus des Ausbruchs, der Steigerung und des schließlichen Erliegens der Gewalt. Die Gewalt in Spielfilmen hingegen bleibt, wie nahe sie den Betrachtern auch gehen mag, eine durch die Fiktion und ihre filmische Umsetzung *beherrschte* Gewalt; sie spielt sich immer im Kontext mehr oder weniger bestimmter Gattungen der filmischen Erzählung ab, die einen grundierenden Rahmen der Fiktion abgeben.

Diese von den Geschehnissen distanzierende Sicherheit eines Aufgehobenseins im Rahmen einer übergreifenden Narration gewähren die Gewaltdarstellungen in den Nachrichtensendungen des Fernsehens nicht. Die Geschichten von einzelnen Vorkommnissen und Personen, die auch hier durchaus erzählt werden, haben ein strukturell offenes Ende: Man weiß nicht, wie es an dem Ort, von dem berichtet wird, weitergehen wird. Die hier präsentierte Geschichte ist in der Regel noch keine abgeschlossene Geschichte (und noch nicht Geschichte), sondern wird sich auf eine noch unbestimmte Weise weiter vollziehen.

Zugleich aber nehmen die Präsentationen der Nachrichtenfilme grundsätzlich eine größere Distanz zu den gezeigten Gewaltvorkommnissen ein. Nur in Ausnahmefällen ist Gewalt hier aus der Mitte ihres Geschehens heraus zu sehen und auch dann nie so differenziert und durchkomponiert, wie dies in Spielfilmen der Fall ist. Hinzu kommt der optische und akustische Rahmen dieser Sendungen, der einen zusätzlichen Abstand zum Verlauf der Gewaltereignisse schafft. Dieser Rahmen dient wesentlich dazu, eine authentische Verortung des in den Bildern sichtbaren Geschehens zu garantieren: eine Verortung in Schauplätze außerhalb der filmischen Bilder, worauf die Bilder, Geräusche und Worte der Nachricht verpflichtet sind, zu verweisen. In Nachrichtensendungen wird die Gewalt, von der berichtet wird, in dem äußeren Raum der politischen und sozialen Welt lokalisiert, auch wenn dieser in den internen Anordnungen der Berichte nachkonstruiert wird. Spielfilme dagegen lokalisieren das Ereignis der in ihnen vorkommenden Gewalt stets innerhalb ihrer *eigenen* dramaturgischen Ordnung, auch wenn ihre Schauplätze mit Räumen und Zeiten der realen Welt verknüpft sein können. Die Gewalt, die sie zeigen, ist Gewalt, die sich *in ihnen* abspielt, wie sehr sie auch ein Widerhall der realen sein mag; die Gewalt in den Nachrichten dagegen ist Gewalt, die *in der Welt* geschehen ist oder geschieht, wie sehr sie auch manchmal nach dem Vorbild fiktionaler Erzählungen präsentiert werden mag.

Die folgenden vier Beispiele sind geeignet, diese komplexen Beziehungen anschaulich werden zu lassen. Sie repräsentieren unterschiedliche Pole der filmischen Gewaltdarstellung im Fernsehen. Ihre Interpretation soll zugleich daran erinnern, dass es sowohl im Spielfilm als auch in dokumentarischen Filmen zwischen diesen Polen eine erhebliche Variationsbreite gibt.

3.2.1 Erstes Beispiel: Saving Private Ryan

Ein vergleichsweise radikaler Versuch, Gewaltgeschehen – in diesem Fall ist es eine Kriegshandlung – von innen her zu vergegenwärtigen, ist die Anfangssequenz des Films *Saving Private Ryan*[4], in der die Landung der amerikanischen Truppen in der Normandie dargestellt wird (Abb. 3.1–3.3). Diese Sequenz ist 23 Minuten und damit auch für abgebrühtere Zuschauer einigermaßen quälend lang. Die Kamera bewegt sich ruhelos und unsicher inmitten eines mörderischen Geschehens. Diese ‚physische' Kameraführung lässt die Zuschauer dieses Geschehen aus einer imaginierten Mitte heraus erfahren. Die enorme Physis des Filmbildes durch Kameraführung und Montage wird unterstützt durch eine in Licht- und Farbgebung erkennbare Wochenschau-Ästhetik, die den augenfällig als *historisch* präsentierten Ereignissen ein hochgradig ‚realistisches' Erscheinen gibt: so, als wäre man sehend und spürend (wenn auch nicht leiblich) bei dem geschichtlichen Ereignis dabei.

Abb. 3.1–3.3: Stills aus *Saving Private Ryan*

Konstitutiv für die gesamte Sequenz ist ein Gegeneinander zweier Perspektiven: derjenigen der amerikanischen Soldaten und – immer wieder kurz dazwischengeschnitten – derjenigen ihrer deutschen Widersacher. Zunächst sind die einen, am Ende die anderen primär in der Position von Opfern. Die Kamerabewegungen sind durchweg unruhig; es wird nichts aus einer gesicherten Position heraus gezeigt. Mit

---

4 *Saving Private Ryan* (USA 1998, R: Steven Spielberg).

der Ausnahme einer einminütigen Sequenz, in der der Hauptdarsteller schon einmal vorbereitend individualisiert wird, erfolgt die Darstellung aus dem Inneren der chaotischen Gewaltsituation heraus. Sie wird nicht aus der Perspektive eines *bestimmten*, sondern eines *unbestimmten* Beteiligten gezeigt, dessen Position der Zuschauer imaginierend einnehmen kann. (Auffällig ist allerdings eine Szene, in der ‚Blutspritzer' auf das Objektiv der Kamera treffen, was der Logik ihrer weitgehenden Verwendung als subjektive Kamera widerspricht.) Darüber hinaus gibt es in der 23-minütigen Sequenz keine über die Situation hinausweisende, sie abmildernde oder kommentierende Musik: Es sind nur Schüsse, Schreie, Explosionen, Motoren- und Meeresgeräusche zu hören (eine elegische Musik setzt erst nach dem Ende der ersten Kampfhandlungen ein). Die Akustik wird jedoch zusätzlich zur Konstruktion eines virtuellen Innenstandpunkts eingesetzt, solange die Kamera unter Wasser agiert und alle Geräusche nur gedämpft zu hören sind. Nach und nach, gegen Ende der Passage, werden die Bild- *und* Handlungsabläufe strukturierter, verständlicher und ruhiger, bis in einer Parallelsequenz der dramatische Knoten des Films geschnürt wird und dieser sich für die nächsten zwei Stunden als eine weitgehend lineare *Geschichte* auflösen kann.

In der gesamten Sequenz werden die Zuschauer zunächst in die Rolle eines anonymen, nicht individualisierten Täters oder Opfers der Kampfhandlungen gerückt. Sie haben fast ebenso wenig Überblick über den Gang der Dinge wie die Akteure, die im Bild zu sehen sind. Sie haben zuvor einen vierminütigen Vorspann verfolgt, der auf einem amerikanischen Soldatenfriedhof spielt, über dessen Bedeutung sie sich beim ersten Sehen des Films noch nicht im Klaren sind. In der knappen ersten halben Stunde dieses Films gibt es noch keinen roten Faden und keine Rollenbilder, an die sich die Zuschauer halten könnten. Sie wissen nur, dass sie fiktive Szenen eines historischen Ereignisses, der Landung der amerikanischen Truppen in der Normandie, verfolgen; ansonsten bleiben sie im Ungewissen über die Geschichte, die sich vor ihren Augen abzuspielen beginnt. Einen entscheidenden Unterschied freilich gibt es: Schon hier enthält der Film das Versprechen, dass es bald die eindeutige Linie einer ergreifenden Geschichte geben wird, die, Krieg und Chaos hin oder her, ihre Helden haben wird. Dieses formale Versprechen steht für Kinozuschauer im Gesicht von Tom Hanks geschrieben, das schon hier als das des tragenden Charakters in den Vordergrund rückt – zusammen mit einem schrittweisen Sich-Herausschälen weiterer Hauptfiguren (und mehr oder weniger bekannter Schauspielergesichter), die hier ebenfalls dafür stehen, dass der Film ein zwar vielfach tödliches, aber doch irgendwie gutes Ende nehmen wird.

3.2.2 Zweites Beispiel: Vlora

Eine in all diesen Hinsichten gänzlich andere Dramaturgie und Ästhetik beherrscht einen kurzen Nachrichtenfilm, der wie viele seiner Art über einen Aufruhr außer Landes informiert. Zwar sehen die Zuschauer vor dem Bildschirm auch hier eine mediale Darbietung von Ereignissen, die durch Aufnahme, Schnitt, Originalton und Kommentare erzeugt wurde – und insofern auch ebenfalls eine filmische *Konstruktion* des Wirklichen. Allein durch die Rahmung einer Nachrichtensendung aber wird eine solche Sequenz als ein Bericht über Ereignisse präsentiert, die an einem bestimmten Ort der Welt tatsächlich stattgefunden haben und denen nun kommentierend eine politische Deutung gegeben wird. Dies ist eine in vielen Nachrichtensendungen des Fernsehens übliche Praxis der Bebilderung von Kurznachrichten, die von einem Sprecher im Studio verlesen werden. Die Meldung über gewalttätige Proteste in Albanien, wie sie in der Nachrichtensendung *Tagesthemen* auf Das Erste zu sehen war, dauert insgesamt 47 Sekunden.[5]

Die dem längeren Teil dieser Nachricht unterlegten Bilder unterstützen und kommentieren ihrerseits einen Text, der über das Geschehen in der Stadt Vlora informiert. Rein für sich genommen zeigen sie lediglich eine Folge von Szenen, deren Zusammenhang nicht aus der Folge der Bilder selbst zu erkennen ist. Sähe man sie ohne den verbalen Kommentar, wüsste man nichts Konkretes über das tatsächlich Vorgefallene – ‚wieder irgendwo ein Aufruhr' könnte man sich allenfalls denken. Die Folge der Bilder belegt etwas, das allein aus dem gesprochenen Text ersichtlich wird. Das Verfahren der Montage ist rein additiv, es gibt keine erkennbare Rhythmisierung oder Kontrastierung der Bilder und auch keine Musik. Allerdings fallen die bildsynchronen Geräusche auf, die die Stimme des aus dem Off zu hörenden Nachrichtensprechers permanent begleiten. Diese situationszugehörigen beziehungsweise als situationszugehörig montierten Geräusche, die von unartikuliertem Schreien und Rufen über die einzelnen Rufe und rhythmischen Sprechchöre bis hin zu den Faustschlägen der gegen ein Tor ‚hämmernden' Demonstranten reichen, tragen wesentlich dazu bei, dass der Klangbildverlauf dem Gesagten eine erhöhte Glaubwürdigkeit verleiht. Er gibt das – oder genauer: von dem etwas – zu sehen und zu hören, was der Nachrichtensprecher den Zuschauern zur Kenntnis gibt.

---

5 *Tagesthemen* (Das Erste, 10.02.1997, Sprecher: Jan Hofer).

Abb. 3.4–3.6: Stills aus *Tagesthemen* (Das Erste)

Doch nicht nur in dieser Beglaubigung des Gesagten liegt die Funktion der Bilder eines solchen Films. Auffallend ist die in diesem Bericht – wie in vielen anderen auch – sichtbar situationsbildende Rolle der Kamera. Sieht man genau hin, so zeigt sich, dass nicht wenige Handlungen *an die Kamera adressiert* sind, wie es in Spielfilmen höchstens in ironischen oder selbstreflexiven Operationen geschieht. Wenn etwa Demonstranten lächelnd in die Kamera blicken und damit ihre Siegesgewissheit demonstrieren oder sie ein Polizeischutzschild und einen Polizeihelm als erbeutete Trophäen in die Kamera halten und dies von Siegesposen der anderen um sie herum begleitet wird, dann sind dies allesamt Handlungen, die (zumindest auch) *für* die fernen Zuschauer von Nachrichtensendungen ausgeführt wurden (Abb. 3.4–3.6). Ein Moment der *realen*, in das faktische Geschehen *eingreifenden Inszenierung* ist hier gegeben, sei es durch die bloße Präsenz der Kamera, die die Handlungen der Demonstranten verändert, die ihre Beutestücke in die Kamera halten. Die Demonstranten agieren nicht mehr allein gegenüber den Vertretern der Staatsmacht, sondern auch gegenüber den Apparaten und Vertretern der Medien und damit indirekt gegenüber einer ausländischen Öffentlichkeit. Die Zuschauer vor dem Bildschirm werden hier in die Position von Zeugen versetzt, die Zeugen eines entfernten Geschehens dabei beobachten können, wie sie sich als Akteure *und Zeugen* eines gewaltsamen politischen Vorgangs in Szene setzen.

Dies bedeutet zugleich, dass die Aufnahme hier einen Teil der Situation *schafft*, die durch die Bilder der Kamera dokumentiert wird. Dies wirkt sich auf den Bericht im Ganzen aus, insofern die Revoltierenden vor und für das Auge der Kamera eine aufgesetzte Zuversicht zur Schau stellen, wie sie nur in den Bildern, nicht aber an der verbalen Nachricht zu erkennen ist. Diesen zusätzlichen Gehalt gewinnen die Bilder jedoch allein zusammen mit dem verbalen Text, der angibt, von welchem Geschehen sie eigentlich handeln. Der Text, so könnte man sagen, erlaubt eine Sicht auf die Bilder, durch die diese eine zusätzliche Sicht auf das in ihnen sichtbare Geschehen erlauben.

Was so sichtbar wird, kommt freilich zu keinem dramaturgischen Ende. Die Zuschauer werden nicht in die Mitte eines Geschehens geführt, so, *als ob* sie dabei wären; es werden ihnen Ausschnitte und Spuren eines gewaltsamen Vorgangs audiovisuell präsentiert, die durch die Sprach- und Bildführung eine komplexe, stets beschreibende und bewertende *Einordnung* in den Gang der Dinge am Ort dieser Aufnahmen leisten. Gerade diese Einordnung ist ein wichtiges Merkmal von Nachrichtensendungen, Reportagen und Dokumentationen; ihr Anspruch ist es, etwas wiederzugeben, das eine angebbare Stelle im bekannten historischen Gang der Geschichte hat – im Unterschied zu bloßen Erzählungen, bloßem Hörensagen, Gerüchten, Propaganda und dergleichen mehr. Dies aber ist wiederum nicht allein eine Eigenschaft des in solchen Reportagen *Gesagten*, sondern vielmehr der gesamten Dramaturgie solcher Beiträge. Kraft dieser Dramaturgie lassen sie Unbekanntes, Unvertrautes und Sensationelles meist im Gewand des Bekannten und Vertrauten erscheinen – im Format der *Konventionen* von Nachrichtensendungen und politischen Berichten, die sich in den jeweils aktuellen Themen relativ konstant wiederholen. Ein Bild der Ereignisse wird gegeben, das in bereits existierende – durch das Medium erzeugte – Muster der Erwartungen passt, sodass der Zuschauer stets das gezeigt bekommt, was er zu sehen gewohnt ist. Obwohl der Zuschauer nicht weiß, was ihn inhaltlich erwartet, ist die Zuverlässigkeit des zu Erwartenden immer schon garantiert.

3.2.3 Drittes Beispiel: Zweierlei Tsunami

Der Unterschied zwischen einer fiktionalen und einer dokumentarischen Darstellung von Gewaltereignissen lässt sich besonders gut verdeutlichen, wenn in beiden Genres derselbe Typus von Ereignissen zur Darstellung kommt. Die Filmberichte, die nach den Verwüstungen durch den Tsunami in Japan am 11.03.2011 um die Welt gingen, boten ein besonderes – und besonders grausames – Schauspiel der Zerstörung dar. Hier war es keine zunächst einmal soziale, sondern eine Naturgewalt, die über eine ganze Zivilisationslandschaft hereinbrach. Die Position des Täters war hier nicht von Akteuren besetzt, sondern von einer durch ungeheure tektonische Kräfte ausgelösten Flutwelle. Zum Opfer wurde eine vorerst namenlose und unbekannte Zahl von Menschen. Mit der Kernschmelze in den Reaktoren von Fukushima kam freilich eine von menschlicher Technik und Ökonomie zu verantwortende Folge des Erdbebens in den Blick. Zugleich aber wurde dieser Gewaltvorgang (bereits vor dem Bewusstsein der mit ihm verbundenen Katastrophe in den Atomreaktoren) umgehend zu einem weltweiten Medienereignis, das die öffentliche Aufmerksamkeit weit mehr in den Bann schlug als die gewohnten Berichte über lokale Gewaltkonflikte oder noch so erfolgreiche Blockbuster im Kino. Wie immer bei solchen Ereignissen der Zerstörung – seien sie durch Natur, Krieg oder Terror ausgelöst – folgte tage- und wochenlang eine umfangreiche journalistische Berichterstattung, bei der viele Zeugen befragt und die sozialen, politischen, ökonomischen und ökologischen Folgen ausführlich behandelt wurden. Insofern bildeten sich auch hier rasch die charakteristischen Pole der medialen Inszenierung aus. Die Gewalt der Natur und ihre Folgen wurden wieder und wieder ins Bild gerückt, direkt und indirekt betroffene Zeugen kamen zu Wort, Experten und Korrespondenten wurden befragt – woraus sich eine klangbildliche Sicht auf das Geschehen ergab, die dieses mit einer spezifischen Deutung versah.

Vor allem in den ersten Fernsehnachrichten über das Erdbeben in Japan und den anschließenden Tsunami, der die Küste im Nordosten des Landes verwüstete, gewannen die Bilder von diesem Ereignis eine eigene Macht. Sie traten in einer Weise in den Vordergrund und sprachen in einer Weise für sich, wie es in Nachrichtensendungen sonst nur selten geschieht.

Am 11.03.2011 um 21:58 Uhr begann das *heute-journal* im ZDF mit einer 16 Sekunden langen Bildsequenz (Abb. 3.7, 3.8).[6] Sie war, wie aus den Schriftzeichen eines Inserts hervorging, aus dem japanischen Fernsehen übernommen. Nur im Vorspann der Sendung waren in einer Totalen das Moderatorenteam Marietta Slomka und Heinz Wolf im Studio zu sehen. Unmittelbar darauf folgten die Bilder von den Wassermassen, die sich auf das Land zubewegten und es überschwemmten. In dieser Sequenz sieht man zunächst – von links nach rechts – die Bewegung der Welle, die sich auf dem Meer aufgetürmt hat. Schnitt. Von rechts nach links wälzt sich eine braune, von Flammen gekrönte Masse aus Schutt und Geröll über Felder und Ansiedlungen hinweg in Richtung einer von Autos befahrenen Straße. Schnitt. Wiederum in Gegenrichtung bewegt sich eine schwarze Wasserwand über das Land, in der Gebäudeteile schwimmen. Schnitt. In derselben Bildrichtung überflutet eine braune Masse, in der Schiffe und Autos erkennbar sind, eine Straße. Vier unterschiedliche Luftaufnahmen, erzeugt durch Kameras, die durch Zooms und Schwenks dem Aufruhr der Erde zu folgen versuchen, stellen hier eine erste Kartografie der Zerstörung her. Zu dieser verdichtenden Bildmontage ist aus dem Off die Stimme der Nachrichtenmoderatorin Marietta Slomka zu hören:

> Erst bebte die Erde, dann kam die Welle. Eine haushohe Wasserwand raste auf Japans Küste zu – nach dem stärksten Erdbeben in der Geschichte des Landes. Das ganze Ausmaß der Katastrophe ist noch nicht absehbar. Zum jetzigen Zeitpunkt ist von über 1.000 Toten die Rede.

Auch an den folgenden Tagen waren Bilder dieser Art immer wieder zu sehen – und es kamen immer wieder neue hinzu.

Zwei Tage nach dem Ereignis wurde in der *Tagesschau* auf Das Erste über die Lage in Japan eine weitere Aufnahme präsentiert, die ebenfalls von nahezu allen Sendern oftmals wiederholt wurde (Abb. 3.9).[7] Wieder handelt es sich um Fremdbilder, wie das Insert „ANN" am rechten oberen Bildrand deutlich macht. In zwei Ein-

---

6 *heute-journal* (ZDF, 11.03.2011, Sprecherin: Marietta Slomka).
7 *Polizei befürchtet 10.000 Tote in Provinz Miyagi* (*Tagesschau*, Das Erste, 13.03.2011, Beitrag von Anja Martini).

stellungen von insgesamt 14 Sekunden sieht man eine riesige schwarze Woge, auf deren Kamm Autos und ein Schiff schwimmen, die sich auf eine Straße stürzt und die dort stehenden Autos wegspült. Im begleitenden Kommentar heißt es: „Immer mehr Aufnahmen vom Tag des Tsunamis tauchen auf. Sie zeigen, wie gewaltig die Welle war." An diesem Kommentar ist bemerkenswert, dass er sich explizit auf die Bilder bezieht, zu denen er gesprochen wird. Hier wird nicht, wie es sonst in Nachrichtensendungen zumeist der Fall ist, das im Bild sichtbare Ereignis erklärt oder eingeordnet. Hier unterstützt nicht das Bild eine verbal gegebene Information. Hier verhält es sich umgekehrt. Hier soll das Bild eine Anschauung davon und ein Gefühl dafür vermitteln, welche ungeheuren Kräfte auf die japanische Küstenlandschaft eingewirkt haben.

Abb. 3.7–3.9: Still 7 und 8 aus *heute-journal* (ZDF); Still 9 aus *Tagesschau* (Das Erste).

Diese kurzen Einspieler versuchen auf ihre Weise das Unvorstellbare vorstellbar zu machen. Sie weisen einen erheblichen Schauwert auf, der manche Kommentatoren auch diesmal – wie schon anlässlich der Bilder vom 11.09.2001 – zu der Diagnose verleitet hat, die Aufnahmen der Zerstörung vom 11.03.2011 seien durch das Katastrophenkino unterschiedlicher Spielart längst vorweggenommen worden. Sie seien daher im kollektiven Unterbewussten gleichsam schon gespeichert gewesen und nunmehr nur wieder wachgerufen worden. Diese These freilich steht und fällt mit der Behauptung, dass den Zuschauern *die Bilder* vom Einsturz der Twin Towers in New York oder der Flutwelle in Japan durch diejenigen des Kinos bereits im Voraus vertraut waren. Diese starke Behauptung darf nicht mit dem weit harmloseren Hinweis verwechselt werden, katastrophale historische *Ereignisse* seien in der filmischen (und literarischen) Fiktion vorweggenommen worden. Denn, obwohl dies zutrifft, folgt daraus keineswegs, dass die durch filmische Fiktion und Dokumentation erzeugten *Ansichten* der Zerstörung einander zum Verwechseln ähnlich seien – auch und gerade dann nicht, wenn es sich um dieselbe *Art von Ereignissen* handelt, die jeweils zur Darstellung kommen.[8] Dies aber folgt nicht nur nicht, es lässt sich im Blick auf die fraglichen filmischen Formen eindeutig widerlegen.

---

8 Dem Fehlschluss, der im Folgenden kritisiert wird, so könnte man auch sagen, liegt ein Kategorienfehler zugrunde: Er setzt Typen von Ereignissen mit Tokens ihrer Darstellung gleich, oder an-

Für das Kino produzierte Katastrophenfilme kulminieren immer wieder in Sequenzen, in denen die Welt der menschlichen Zivilisation durch Naturgewalten in einen tödlichen Aufruhr gerät. Sie laden ihre Zuschauer ein, sich einem Spektakel aufwendig inszenierter Fantasien der Zerstörung zu überlassen. Auf ihre Weise erschreckend und faszinierend sind gewiss auch die soeben kommentierten Nachrichtenbilder von der Flutwelle in Japan. Aber die sind es auf *ihre Weise*, weil sie *als Bildverläufe* eine durchaus andere Sprache sprechen. In dem Film *The Day after Tomorrow*[9] kommt aufgrund eines weltweiten Klimazusammenbruchs eine riesige Flutwelle auf New York City zu. Dramatisch sich aufwölbende Wassermassen greifen bereits nach einem Drittel des Films Manhattan an (Abb. 3.10–3.12).

Abb. 3.10–3.12: Stills aus *The Day after Tomorrow*

So sehr aber die Situationen hier wie dort einander ähnlich sind, ihre Darstellung ist es nicht. Das Gleiche ist auch hier nicht gleich. Die Machart der betreffenden Sequenzen weicht erheblich voneinander ab. In den ersten Nachrichtenfilmen aus Japan bewegt sich die Flutwelle in *jump cuts* mal von rechts, mal von links auf das Ufer zu, der Kinofilm bietet die entsprechenden Sequenzen in kontinuierlicher Einstellung und Schnittfolge dar. In den Nachrichten wird *gesagt*, Wassermassen seien auf das Land zugerast, obwohl sie sich wegen der großen Distanz der Aufnahmen eher gemächlich bewegen, in der fiktiven Darstellung *sieht* man sie rasen. Im Kinofilm kommt die riesige Welle mehrmals in sichtbar (und teilweise mehr als) ‚haushoher' Dimension frontal auf die Kamera zu, während ihre Höhe in den Nachrichtenbildern wesentlich geringer erscheint. Die Wassermassen im Spielfilm haben eine durchweg homogene Färbung, ganz anders als in den dokumentarischen Berichten. Dort ist das Wasser weitgehend sauber, hier ist es von Erde und Schutt verdreckt. Im Spielfilm wird das Geschehen von einer düster getragenen Musik kommentiert, in der Dokumentation sind es nüchterne und dürre Worte. Zudem werden

---

ders gesagt: Er missachtet den gravierenden Unterschied zwischen Drehbuchfantasien oder Plotkonstruktionen, die historisch erst später auftretende Ereignisfolgen imaginieren, und der individuellen *Art der Darstellung* dieser Ereignisse in einem jeweiligen Medium und Genre. Siehe ausführlich Keppler (2006a), S. 292ff.

9 *The Day after Tomorrow* (USA 2004; R: Roland Emmerich).

in *The Day after Tomorrow* die Folgen des Aufstands der Natur wiederum – wie in *Saving Private Ryan* – aus der Mitte der Situation heraus gezeigt, die sich in den Straßenschluchten Manhattans ereignet. Die Aufnahmen, die den Tsunami zeigen, bilden nur das Vor- und Zwischenspiel zu dem Drama, das sich unter den betroffenen Menschen ereignet. Dieses Drama spielt sich zugleich in den Gesichtern und Handlungen der von ihm betroffenen Personen ab, seien es Passanten, die ihr Leben vergeblich zu retten versuchen, seien es Gruppen von Personen, die sich vorerst in Sicherheit bringen können. Alles, was hier geschieht, ist in den Verlauf einer überschaubaren Geschichte eingebunden, die sich über zwei Stunden hinweg auf ein – zumindest was die Hauptfiguren betrifft – glimpfliches Ende zubewegt. In den ersten Nachrichtenfilmen über den Tsunami in Japan und auch in den zahlreichen dokumentarischen, seine Ursachen und Folgen miteinbeziehenden filmischen Recherchen, die auf ihn folgten, gibt es einen solchen roten Faden nicht. Die Komposition dieser Bilder führt nicht durch eine nach eigenen narrativen Gesetzen geformte – und darum fiktionale – Welt. Sie vergegenwärtigt eine dramatische Folge von Ereignissen in der natürlichen und sozialen Welt, deren Fortgang und Ausgang in fast jeder Hinsicht offenbleibt.

3.2.4 Viertes Beispiel: Eine Reise nach Bagdad

Die soeben markierte Differenz zwischen fiktionalen filmischen Erzählungen und journalistischen Filmberichten darf jedoch nicht vorschnell als ein generelles Distinktionsmerkmal zwischen Fiktion und Dokumentation verstanden werden. Denn vor allem im Rahmen von Magazinsendungen des Fernsehens gesendete Filmbeiträge verfolgen häufig ihrerseits erzählende Strategien. Dies wird an einem vierten Beispiel deutlich, jenem Korrespondentenfilm über die Sicherheitslage im Irak, der aus einer anderen Perspektive heraus schon im ersten Kapitel untersucht wurde.[10] Narrative Strukturen, so zeigt sich hier, sind keineswegs ein Privileg der fiktionalen Darstellung, gerade wenn es um ein gewaltförmiges Geschehen geht. Denn wo Gewalt auftritt, *kann* immer auch erzählt werden, und zwar insbesondere dann, wenn eine *faktische* Folge von Ereignissen berichtend festgehalten werden soll. Wiederum aber kennt das Gleiche – die Gewalt*erzählung* – höchst unterschiedliche Formen; und wiederum macht die Form des filmischen Erzählens einen erheblichen Unterschied für den Gehalt des Erzählten.

Der erste Teil dieses Korrespondentenfilms schildert Szenen und Vorfälle während einer gefahrvollen Reise von Jordanien nach Bagdad. Dieser Reisebericht ist weitgehend in der Perspektive der ersten Person gehalten; immer wieder ist davon

---

10 Gesendet im *Weltspiegel* auf Das Erste am 07.09.2003; der erste Teil des Films *Mit US-Soldaten in Bagdad auf Patrouille*, auf den es hier allein ankommt, stammt von Jörg Armbruster.

die Rede, was „wir" gesehen haben oder „uns" begegnet ist. Hieraus ergibt sich ein durchgängig erzählender Duktus, der entscheidend von den Bildern und Bildsequenzen getragen wird, und der auch dann noch erhalten bliebe, wenn der Text ausgeblendet würde. Der Bericht wird nicht allein sowohl in der Anmoderation als auch im begleitenden Kommentar ausdrücklich als ein Reisebericht deklariert, er fängt auch beinahe wie ein *Roadmovie* an. Ein Flüchtlingslager, der Grenzposten, ein Café, eine Raststätte sind die ersten Stationen der Reise, in denen der Film gleichsam Anlauf nimmt, um sich seinem dramatischen Höhepunkt zu nähern. Es wird viel aus dem fahrenden Auto gefilmt; dazwischen sind Statements von Einheimischen geschnitten; dies verleiht der Eröffnung einen leicht epischen Rhythmus. Dann geht es weiter in Richtung Falludscha, der, wie es in dem Bericht schon vorher geheißen hatte, „Hochburg des Widerstands der Saddam-Anhänger gegen die Amerikaner und die Hochburg der Wegelagerer entlang dieser Autobahn." Auf diesem Weg gerät das Fernsehteam nach den Worten des Korrespondenten in eine Schießerei zwischen der Polizei und einer Bande von Autodieben, bei der ein Polizist verwundet wird, der wenig später auf dem Weg zum Krankenhaus stirbt (Abb. 3.13–3.15). Der Tod dieses Polizisten bildet das Ende dieser Episode, unterstrichen durch das bittere Statement eines irakischen Polizeioffiziers. Trotz dieser formalen Analogien zu Techniken des fiktionalen Erzählens aber erscheint die zentrale Gewalthandlung in einer völlig anderen Form, als es im heutigen Kino gang und gäbe ist. Denn sie erscheint als eine blutige Realität, vor der die Kameraführung gleichsam erschrocken stehenbleibt, sodass auch die Zuschauer außen vor bleiben müssen.

Abb. 3.13–3.15: Stills aus *Mit US-Soldaten in Bagdad auf Patrouille* (Das Erste/*Weltspiegel*).

Was man von dieser Gewaltaktion zu sehen bekommt, sind hier nur optische Splitter und akustische Spuren derselben – und ihre Folgen. Die in ihrem Resultat – dem blutigen Körper des sterbenden Polizisten – höchst manifeste Gewalt wird hier nicht als ein Geschehen aus Aktion und Gegenreaktion erfahrbar, wie man es aus dem Kino gewohnt ist; zu sehen sind vielmehr Fragmente einer gewaltförmigen Situation, die sich durch die Flucht der Gangster ebenso schnell aufgelöst hat, wie sie entstanden ist. Was vorfällt, wird aus einer gewissen, gleichsam flüchtigen Distanz ins Bild gesetzt, bleibt dadurch aber in seinem konkreten Ablauf ungreifbar; auf diese Weise wird etwas von der ortlosen, nicht einzuordnenden, nicht vorhersehba-ren Gewalt im Irak sichtbar und spürbar.

Darin zeigt sich erneut die Dialektik von Nähe und Ferne, von der fiktive wie dokumentarische Filme gleichermaßen, wenn auch mit vertauschten Akzenten, betroffen sind, und zwar auch dann, wenn die letzteren in einem narrativen Gestus dargeboten werden. Dokumentarische Berichte im Fernsehen bringen ihren Zu-schauern durch die konventionalisierte Form der Berichterstattung Vorgänge realer Gewalt nahe, indem sie diese zugleich durch ihre formale wie inhaltliche, ihre äs-thetische wie politische Einordnung von ihnen fernhält. Spielfilme hingegen führen ihre Zuschauer visuell und akustisch in die Situationen des präsentierten Gewaltge-schehens hinein, aber sie tun dies im Rahmen einer rhythmisierten Erzählung, d. h. durch eine Entfaltung von Ereignissen, die sich so gerade nicht zugetragen haben. Sie konfrontieren ihre Betrachter sehr viel stärker mit der Unübersichtlichkeit und Unbeherrschbarkeit eines Gewaltgeschehens, aber sie versetzen sie zugleich in einen Raum der Imagination, in dem die Grausamkeit des Gezeigten selbst dann in einem Raum des bloß Möglichen oder Denkbaren verbleibt, wenn reale Ereignisse – wie die Landung in der Normandie – höchst anschaulich inszeniert werden. Wäh-rend Nachrichtenfilme vor aller Augen in den Blick rücken, *was* an Gewalt sich ab-gespielt *hat*, führen Spielfilme vor Augen, *als was* sie sich abspielen *kann* oder *mög-licherweise* abgespielt hat. Gewalt in Spielfilmen, wie der Name schon sagt, bleibt – so ernsthaft diese Filme auch gelegentlich sein mögen – immer ein Spiel *mit* der Gewalt, während die filmische Dokumentation von Gewaltereignissen den Ernst von Gewalt und Zerstörung bezeugt, die sich an einem bestimmten Ort außerhalb von Bildschirm und Leinwand zugetragen hat. Um ein der Öffentlichkeit dargebotenes klangbildliches *Schauspiel* der Gewalt aber handelt es sich in beiden Fällen glei-chermaßen: um eines, das es seinen Betrachtern durch seine unterschiedliche insti-tutionelle Rahmung, durch seine unterschiedlichen Arten des Bezugs auf äußere Realitäten und durch seine unterschiedlichen Strategien der Inszenierung aufgibt, ein jeweils unterschiedliches Verständnis und eine jeweils unterschiedliche Bewer-tung der ins Bild gesetzten Vorgänge zu gewinnen.

3.3 Resümee

Eine wissenschaftliche Untersuchung medialer Gewaltverhältnisse, so hat es oben geheißen, vollzieht sich notwendigerweise als das Verfahren einer Interpretation der Interpretationen, die Filme (oder auch andere Bilder) der einen oder anderen Art der in ihnen Sichtbaren klangbildlichen (oder auch nur: bildlichen) Inszenierung *geben.* Der exemplarische Durchgang in diesem Beitrag hat gezeigt, wie dies ge-schehen kann. Es kann – und sollte – geschehen durch eine Analyse des unreduzierten Gehalts, den die jeweiligen Filme in ihrer gesamten audiovisuellen Dramaturgie ausbilden. Denn es ist diese Dramaturgie, durch die den Zuschauern eine bestimmte *Sicht* der fraglichen Situationen angeboten wird. So legt der Bericht über die Ereignisse in Vlora nahe, dass es sich bei den Protesten um wenigstens verständliche, wenn nicht berechtigte Reaktionen auf ein korruptes ökonomisch-politisches System handelt; der Korrespondentenbericht über die Reise nach Bagdad führt eine strukturell unbeherrschbare Gewalt im Irak nach der alliierten Invasion und damit deren vorläufiges Scheitern vor Augen; die Bilder von der die japanische Küste zerstörenden Flutwelle machen die auch von einer hochtechnisierten Gesellschaft unkontrollierbare Macht von Naturgewalten bewusst; die Sequenz aus *The Day after Tomorrow* spielt die Folgen einer möglichen Klimakatastrophe für eine der westlichen Metropolen durch; die lange Anfangssequenz in *Saving Private Ryan* führt vor, wie grausam, unkontrollierbar und schicksalhaft sich das Geschehen auch eines gerechten, von aufrechten Männern geführten Krieges vollzieht.

Zudem sollten meine Ausschnitte in einem exemplarischen Kontrast zeigen, dass – und wie sehr – Nachrichten- und Spielfilme ein jeweils anderes Dreieck der Gewalt entwerfen. Das Gleiche, gerade wenn es sich im einen wie im anderen Fall um kriegerische oder kriegsähnliche Zustände oder den Ausbruch von Naturgewalten handelt, bietet sich hier keineswegs auf die gleiche Weise dar. Nicht nur vergegenwärtigen die einen (eher) ein reales Sein, die anderen hingegen (eher) ein mögliches Erscheinen von Gewalt. Sie bringen die Zuschauer auch in eine grundsätzlich andere Position. Der dokumentarische Filmbericht hält seine Zuschauer aus der Situation der Gewalt weitgehend heraus, während der fiktionale Film sie weit näher und oft so weit wie imaginativ möglich in sie hineinführt.

Zu diesem Grundunterschied kommen weitere Differenzen und Differenzierungen hinzu. Die durch computergestützte Animation in *The Day after Tomorrow* erzeugte Bildbewegung beispielsweise führt die Betrachter hautnah an das fingierte Erleben der von einer Sturmflut betroffenen Figuren heran. Die ersten Aufnahmen von den Folgen des Erdbebens in Japan geben eine distanzierte, aber gerade durch das Anonymbleiben der Opfer erschreckende Topografie der Zerstörung wieder. Das durch Farbgebung, Unruhe der Kameraführung und Unschärfen erzeugte Element einer Wochenschau-Ästhetik in *Saving Private Ryan* macht das Geschehen, das sich gleichsam innerhalb des Klangbildraums des Kinos vollzieht, zugleich als ein historisch entferntes kenntlich. Dagegen wird der Tod eines Polizisten in dem Korrespondentenfilm aus dem Irak als ein in der unmittelbaren zeitlichen Gegenwart sich spontan ereignendes Drama präsentiert, das von professionellen Beobachtern in vergleichsweise unprofessionellen Bildern eingefangen wurde (und nur so eingefangen werden konnte). Der Bericht aus Vlora wiederum bringt ein komplexes Changieren der Rollen von Tätern, Opfern und Zuschauern zum Vorschein, das den Zuschauern fast wie auf einer Bühne vorgeführt wird. Dabei wird die Kamera und das hinter ihr agierende Aufnahmeteam als ein Akteur im politischen Raum kenntlich, das die Protestierenden zugleich gegenüber einer von ihnen erhofften politischen Öffentlichkeit agieren lässt. Auf diese Weise *modifiziert* die mediale Beobachtung hier die für Gewaltvorkommnisse dieser Art konstitutive Trias aus Tätern, Opfern und Zuschauern, gerade indem sie die Position des Zuschauers sichtbar *pluralisiert*.

In diesen Beobachtungen schließlich liegt eine vielleicht überraschende, aber doch für eine Bildanalyse des Fernsehens entscheidende Konsequenz. Denn obwohl man mit gutem Recht sagen kann, dass Filme wie *Saving Private Ryan* oder *The Day after Tomorrow* eine deutlich artifiziellere und raffiniertere Filmsprache sprechen als die verschiedenen Nachrichtenfilme zu vergleichbaren Themen, erweisen sich diese im Zuge einer eingehenden Interpretation als kaum minder komplex als jene – und zwar auch und gerade in formaler Hinsicht. In dieser Hinsicht, so muss man daher sagen, ist sich das Nichtgleiche durchaus gleich: In ihrer jeweiligen Art der Dramaturgie und Inszenierung artikulieren sie eine spezifische Sicht auf die jeweils präsentierten Ereignisse, die in die Form ihrer Darbietung eingebaut ist. Diese Sichtweisen aber stellen weder eine Zugabe, noch ein bloßes Beiwerk zu ihrem tatsächlichen oder vermeintlichen Informationsgehalt dar. In ihnen vielmehr liegt der entscheidende, zugleich deskriptive wie normative Gehalt der entsprechenden filmischen Formate. Eine Erforschung unserer medial durchwirkten Lebensverhältnisse am Beispiel des Fernsehens steht deshalb vor der Aufgabe, die Komplexität noch der vermeintlich schlichtesten Form der filmbildlichen Darstellung methodisch ernst zu nehmen. Daher steht sowohl die wissenschaftliche Untersuchung als auch der alltägliche Gebrauch dieser Medien vor der beständigen Herausforderung, sich nicht täuschen zu lassen durch das, was sich täuschend ähnlich ist – eine Herausforderung, die der alltägliche Mediengebrauch alles in allem bislang kaum schlechter bestanden hat als die Forschung in diesem Feld.

4 Vom Unterhaltungswert der Werte. Über die Konjunktur der Tugendethik im Fernsehen

In kulturkritischen Diagnosen unterschiedlichster politischer Couleur gilt das Fernsehen als ein Medium, dessen oberste Maxime die Zerstreuung des Publikums ist und das eben darum den periodisch beklagten Verfall der Werte nach Kräften befördert. Aus dieser Sicht verhalten sich die Pflege und Vermittlung ethischer Werte und das Gesetz der massenwirksamen tagtäglichen Unterhaltung zueinander wie Hund und Katze. Wäre das so, hätte jeder in Wort und Bild, Erzählung und Rechtfertigung vollzogene Diskurs über Normen als Quotenkiller reinsten Wassers zu gelten. Tatsächlich aber verhält es sich umgekehrt. Es sind gerade die Werte, denen ein erheblicher Unterhaltungswert zukommt. Vor allem dort, wo in diversen Formaten des Fernsehens – gleich welcher Qualität – eindeutig das Gebot der Unterhaltung im Vordergrund steht, geht es den fraglichen Sendungen vielfach um normative Konflikte. Es werden dabei stets zugleich Einstellungen zu diesen Konflikten präsentiert, die den Zuschauern, sei es zur Übernahme anempfohlen, sei es zur Vergegenwärtigung, anheimgestellt werden. Die lobende und tadelnde Anrufung von Tugenden und Lastern, also von positiven und negativen Werthaltungen, denen lange Zeit eine Aura des Verstaubten anzuhaften schien, erlebt dieser Tage eine erstaunliche Wiedergeburt als dramaturgisches Prinzip. In vielen seiner Unterhaltungssendungen, aber keineswegs allein dort, erweist sich das Fernsehen als eine moralische Anstalt – und somit als eine wirkungsmächtige, wenn auch nicht über jeden Verdacht erhabene Nachfolgerin des Theaters, dem Friedrich Schiller und andere eine solche Mission seinerzeit zugedacht haben.

Dieser möglicherweise überraschende Befund erscheint weniger seltsam, wenn wir uns die Stellung des Fernsehens als einer Instanz der Sinnproduktion vor Augen führen. Dabei konzentrieren sich meine Überlegungen darauf, einen Zugang zu skizzieren, der die besondere Stellung des Fernsehens unter den gesellschaftlichen Instanzen der Sinnproduktion verdeutlichen soll. Dabei wird es in erster Linie darum gehen, was das Fernsehen im Spektrum vieler seiner Sendungen in dieser Sache *anzubieten* hat. Die *Aneignung* dieses Angebots vonseiten der Zuschauer wäre ein weiterer zentraler Aspekt des Themas, der hier jedoch nicht weiter verfolgt werden wird. Auch seine Behandlung aber bliebe in methodischer Hinsicht abhängig von einer Analyse der medialen *Präsentationen*, die vom Publikum auf die eine oder andere Weise aufgenommen werden – und somit von einer Untersuchung der besonderen *Art* der Sinnproduktion, die für das Fernsehen typisch ist.

4.1 Eine Instanz der Sinnproduktion

Das Fernsehen ist bei Weitem nicht die einzige Institution der Produktion gesellschaftlichen Sinns. Außerdem ist und bleibt es in seinen Orientierungsleistungen, wie alle solche Institutionen, von den tagtäglichen – zumal kommunikativen – Praktiken des sozialen Verkehrs abhängig, in denen handlungsleitende Verständnisse generiert und transformiert werden. Seit jeher aber bedürfen die Bestände des kulturellen Wissens einer zusätzlichen Stabilisierung. In einer Abhandlung mit dem Titel *Modernität, Pluralismus und Sinnkrise. Die Orientierung des modernen Menschen* aus dem Jahr 1995 haben Peter Berger und Thomas Luckmann die grundlegende Bedeutung einer institutionellen Ausgestaltung dieses Wissens hervorgehoben.

> Gesellschaftlich objektivierte und bearbeitete Sinnbestände werden in historischen Sinnreservoirs „bewahrt" und von Institutionen „verwaltet". Objektiver Sinn, bereitgestellt von gesellschaftlichen Wissensvorräten und vermittelt durch den Verbindlichkeitsdruck, der von Institutionen ausgeht, prägt das Handeln des einzelnen.[1]

Jedoch sind moderne Gesellschaften durch eine starke Diversifikation gekennzeichnet. In ihnen ist nicht mehr eine Ordnung des Wissens und der Werte verbindlich. Nicht mehr eine oder einige wenige Institutionen wachen über den Erhalt moderner Gesellschaften, sondern viele. Dadurch stellt sich beständig die Frage nach der Art, dem Grad und dem Verhältnis ihrer Verbindlichkeit, weswegen die „Sinngemeinsamkeit in Lebensgemeinschaften" und mit ihr die „gesellschaftlich garantierte Gleichsinnigkeit in der Ausbildung personaler Identität" bedroht seien.[2] Jedoch habe die moderne Gesellschaft eine Reihe spezialisierter Institutionen der Sinnproduktion und Sinnvermittlung geschaffen, die zwischen den verschiedenen gesellschaftlichen Subsystemen, den verschiedenen sozialen Gemeinschaften und den Einzelnen zu vermitteln vermögen. Diese „neuen Institutionen der Sinnproduktion", so die Autoren, „müssen zwar von vorn anfangen, haben aber den ‚Vorteil‘, dass sie unbekümmert auf die Sinntraditionen der verschiedensten Kulturen und Epochen zurückgreifen können" und daher „fast durchweg durch einen hohen Grad an Synkretismus gekennzeichnet"[3] seien.

Dass es sich bei den Massenmedien und allen voran beim Fernsehen um Sinnvermittlungsanstalten handelt, die sich mit ihren Sinnprodukten in einem Wettbewerb mit anderen (alten und neuen) Angeboten und Anbietern behaupten müssen, scheint auf den ersten Blick einleuchtend. In diesem Sinn sind die Massenmedien – nach Arnold Gehlen[4] – als „Sekundär-Institutionen", zu verstehen, die kompensato-

---

1 Berger/Luckmann (1995), S. 19.
2 Ebd., S. 66.
3 Ebd., S. 57.
4 Gehlen (1957).

risch an die Stelle der entzauberten Primärinstitutionen früherer Zeiten treten. Berger und Luckmann, die sich auf Gehlens Analyse beziehen, unterscheiden jedoch zwei Formen dieser Sekundär-Institutionen. Auf der einen Seite stehen solche, die ihren Teilnehmern die Möglichkeit geben, etwas zur Erstellung und Bearbeitung des gesellschaftlichen Sinnvorrats beizutragen, auf der anderen Seite hingegen solche, „die den einzelnen als mehr oder weniger passives Objekt ihrer symbolischen Dienstleistung behandeln."[5] Den Ehrentitel einer „intermediären Institution" im Sinn Durkheims verleihen Berger und Luckmann allein den Ersteren. Nur hier handle es sich um Institutionen, „die es dem einzelnen möglich machen, seine persönlichen Werte aus dem Privatleben in verschiedene Bereiche der Gesellschaft zu tragen und sie so zur Geltung zu bringen, dass sie doch noch zu einer die Gesamtgesellschaft mitformenden Kraft werden."[6]

Damit ist eine Alternative vorgezeichnet, zu der sich eine soziologische Theorie des Fernsehens verhalten muss. Entweder ist das Fernsehen als eine intermediäre Institution im Sinn von Berger und Luckmann zu verstehen, die es ermöglicht, „den vorhandenen Sinnbestand nicht als etwas autoritativ Vorgegebenes und Vorgeschriebenes zu erfahren, sondern als Angebot, das von den einzelnen Gesellschaftsmitgliedern mitgeprägt wurde und weiterer Veränderung zugänglich ist."[7] Oder aber es ist als eine der „sekundären Instanzen und Institutionen" zu begreifen, von denen Ulrich Beck in seiner Analyse der „Risikogesellschaft" spricht – Instanzen und Institutionen die, wie er sagt, „den Lebenslauf des Einzelnen prägen und gegenläufig zu der individuellen Verfügung, die sich als Bewusstseinsform durchsetzt, zum Spielball von Moden, Verhältnissen, Konjunkturen und Märkten" macht.[8] Entweder, mit einem Wort, fördert das Fernsehen die individuelle Verbindlichkeit gemeinsamer sozialer Orientierungen oder aber es untergräbt sie. Entweder ist es ein Motor der *Stabilisierung* oder aber der *Destabilisierung* der übrigen Institutionen zumal einer demokratischen Gesellschaft.

Diese Alternative aber ist in doppelter Hinsicht irreführend. Zum einen wird das Fernsehen in der Rolle eines mehr oder weniger funktionalen oder dysfunktionalen *Ersatzes* herkömmlicher (und pluralisierter) Instanzen wie Religion, Familie, Politik oder Vereinsleben gesehen. Diese Beschreibung aber wird seiner spezifischen gesellschaftlichen Stellung keineswegs gerecht. Zum anderen verzeichnet diese Alternative die tatsächliche Situation, indem das Fernsehen als eine, sei es partizipative, sei es manipulative *Vermittlungsinstanz* eines *anderweitig* generierten Wissens dargestellt wird. Durch diese Betrachtung werden die erheblichen Transformationen missachtet, denen die heterogenen Wertorientierungen heutiger Gesellschaften in

---

5 Berger/Luckmann (1995), S. 59.
6 Ebd.
7 Ebd.
8 Beck (1986), S. 211.

den Sendungen des Fernsehens unterliegen. Es ist längst zu einem unter anderen maßgeblichen Sinn*produzenten* geworden. Bei dieser Produktion aber spielt es sein eigenes Spiel. Die Regeln dieses Spiels müssen wir zu verstehen versuchen, wenn wir wissen wollen, wie es zur Identitätsbildung in unseren Gesellschaften beiträgt.[9]

4.2 Eine Instanz der Identitätsbildung

Gerade ein unbefangener Blick auf viele der populären Unterhaltungsformate des Fernsehens macht dies deutlich. Es ist ein manchmal lauthals, manchmal stillschweigend erhobener Anspruch einer nicht geringen Zahl von Sendungen des Fernsehens, einen konstruktiven Beitrag zur Selbstverständigung und Selbstfindung sowohl des allgemeinen Publikums als auch der an ihnen beteiligten Akteure beizutragen. Die betreffenden Formate enthalten das Versprechen, die Menschen, für die sie gemacht sind, in ihren Sorgen, Nöten und Wünschen ernst zu nehmen: Es gibt ihnen Rat bei der Befreiung von ihren Schulden, vermittelt bei Nachbarschaftskonflikten, verschafft ihnen per *Frauentausch* Klarheit über ihre Rolle als Eltern und Ehepartner, bietet Streetworker zum Einfangen ausgerissener Jugendlicher auf, offeriert in Daily Talks mehr oder weniger turbulente Gesprächstherapien und vieles andere mehr. Allerorten macht sich das Fernsehen auf diese Weise zum Helfer der Zukurzgekommenen, Entrechteten oder auf Abwege Geratenen. Es wirbt um seine Kundschaft mit der Möglichkeit kurzfristiger Berühmtheit, der Chance, zum Millionär zu werden oder doch auf bescheidenere Weise die eigenen Wünsche zu erfüllen, es schreibt Karrieren als Musiker oder Model aus – und schafft einer größeren Öffentlichkeit die Gelegenheit, sich mit dem Scheitern oder Reüssieren der Kandidatinnen und Kandidaten am Bildschirm zu unterhalten.

Der Erfolg nicht weniger dieser Sendungen zeigt, dass sie auf ein verbreitetes Bedürfnis treffen: sich der eigenen Identität im Spiegel des normativen Selbstverständnisses anderer zu versichern. Denn auch in einer pluralistischen Wertewelt muss und will der Einzelne jemand Bestimmtes sein. Bei aller Vielfalt der Rollen, die wir in unterschiedlichen Lebenszusammenhängen einnehmen, sind wir doch *ein* Selbst, das sich jeweils auf eine für es selbst und für andere verständliche Weise zu verhalten versucht – und dies nach Standards, an deren Anerkennung seine Selbstachtung gebunden ist. Eine durch und durch „relativistische Grundhaltung", mit der der Versuch aufgegeben würde, sich überhaupt an geteilten oder doch teilbaren gemeinsamen Werten und Sinnbeständen zu orientieren, würde, wie Berger und Luckmann wiederum einleuchtend sagen, zwangsläufig zu einer „Entgesellschaftung des einzelnen" führen.

---

9 Vgl. hierzu auch Krotz (2003).

Denn eine Person, für die die verschiedensten, auch einander widersprechenden Normen gleich gültig und daher auch gleich ungültig wären, wäre kaum noch zu einem kohärenten Handeln fähig, für das sie selbst Verantwortung übernähme. Denn sie könnte keinerlei Gründe dafür angeben, warum sie sich so und nicht anders entschieden hat; ihr Verhalten müsste ganz und gar willkürlich erscheinen, und niemand könnte sich darauf verlassen, dass es nicht schon im nächsten Augenblick seinen Charakter verändert. [...] Das Minimum an wechselseitigem Vertrauen, das für den Bestand von Lebensgemeinschaften und damit einer ganzen Gesellschaft vorausgesetzt werden muß, ginge verloren.[10]

Im eigenen Interesse an einer für es selbst sinnvollen Lebensführung muss das Individuum Wertorientierungen ausbilden, die es mit anderen teilt und über die es anderen gegenüber Rechenschaft geben kann. Diese Verständlichkeit und Verlässlichkeit handelnder Personen hört traditionellerweise auf den Namen der Tugenden. Diese sind Charaktereigenschaften, die es einem Menschen ermöglichen, das Streben nach einem für ihn selbst guten Leben mit der Rücksicht auf die Möglichkeit eines gedeihlichen Lebens anderer zu verbinden.

Hier setzt der Gestus der Lebenshilfe in den genannten Bereichen des Fernsehens an. Es sollen die Koordinaten eines subjektiv sinnvollen und sozial akzeptablen Daseins herausgestellt und gegebenenfalls zurechtgerückt werden. Entscheidend ist aber die *Realisierung* dieses Anspruchs. Zumal in den ‚Beratungssendungen' des Fernsehens wird dabei nicht nur anderweitig erworbenes oder eigens in Auftrag gegebenes Expertenwissen, sei es aus der Pädagogik, der Psychologie, der Rechtslehre oder der Finanzberatung, verbreitet. Durch die Inszenierungsweisen der entsprechenden Sendungen wird vielmehr eine *eigene Art* des Orientierungswissens erzeugt. Durch das Wie der Darstellung wird dem Was der vermittelten Inhalte nicht nur etwas Äußerliches hinzugefügt. Zwar verwendet das Fernsehen, mit den Worten von Jan Dietrich Reinhardt gesagt, Personensemantiken, die außerhalb des Mediensystems kursieren. Aber durch „die selektive Modifikation, Bewertung und Neukombination von Personen-Eigenschaften bringen die Massenmedien dann auch neue Personensemantiken hervor.“[11] Es werden oft bereichsspezifische Normen des individuell guten und sozial richtigen Lebens propagiert, die in einer undurchsichtigen Welt pluralistischer Wertvorstellungen durchaus so etwas wie einen gemeinsamen Bezugspunkt einzelner Lebens- und Sozialgemeinschaften darstellen können – oder doch könnten.

Die spezifische Ästhetik des Fernsehens freilich verleiht dieser Werbung für das gute, gerechte oder sonstwie angemessene Leben und Handeln einen besonderen Charakter.[12] Sie hebt den Nachdruck, mit dem sie die jeweiligen Normen betont, durch den Ausdruck, den sie ihnen in ihren Inszenierungen verleiht, teilweise wie-

---

10 Berger/Luckmann (1995), S. 67f.
11 Reinhardt (2006), S. 198.
12 Vgl. Keppler (2003).

der auf. Der Ausdruck verleiht der Verbindlichkeit der Richtlinien, die für ein gelungenes Selbstverhältnis und Sozialverhalten entworfen werden, zugleich eine Aura der Unverbindlichkeit. Der Schauwert der betreffenden Formate liegt gerade in einem strukturellen Konflikt mit ihrer ethischen Mission. Dieser Konflikt ist alles andere als Zufall oder ein Versehen: Er ist wohlkalkuliert. Die Identitätsangebote des Fernsehens bleiben absichtsvoll diffus. Sie stellen Spielformen möglicher normativer Einstellungen her und stellen Spielräume ihrer Veränderung aus, die das Publikum zu einer Variation ihres Selbstverständnisses einladen, ohne es auf eine eindeutige Moral festzulegen. Durchaus bestimmte Normen werden der Selbstbedienung des Publikums zur eigenen Übernahme anheimgestellt. Eben darin liegt die Botschaft. Das Fernsehen unterhält seine Kundschaft mit dem ihr eigenen Bedürfnis nach moralischer und sonstiger Orientierung, ohne es eindeutig zu befriedigen. Schließlich muss die Show weitergehen. Damit jedoch *erfüllt* das Fernsehen eine zwar nicht unbedingt noble, aber durchaus nützliche gesellschaftliche Funktion: Die Möglichkeiten und Grenzen sozial teilbaren Sinns öffentlich im Gespräch zu halten.

4.3 Germany's Next Topmodel

Die Ambiguität der fernsehspezifischen Sinngebung und Wertevermittlung möchte ich nun am Beispiel einer Sendung verdeutlichen, die auf den ersten Blick eine erstaunlich konventionelle Tugendethik für junge Frauen propagiert. Dieses Beispiel soll klären helfen, welche Spielräume der Identitätsbildung in gegenwärtigen Unterhaltungssendungen bereitgestellt werden.

Seit 2006 gibt es die Realitysoap *Germany's Next Topmodel* im deutschen Fernsehen. Angelehnt an das US-amerikanische Vorbild *America's Next Top Model* wird sie von dem privaten Sender ProSieben produziert und ausgestrahlt. Das amerikanische Original wird von dem erfolgreichen Model Tyra Banks moderiert, die deutsche Version von der ebenso bekannten Heidi Klum. Das erklärte Ziel der Sendung ist es, am Ende ein „neues deutsches Supermodel" zu küren.[13]

Eine derartige Realitysoap gehört zum Typus des von mir so genannten ‚performativen Realitätsfernsehens'.[14] Dieses stellt eine Bühne für nichtalltägliche Inszenierungen unter Beteiligung alltäglicher Menschen bereit, die deren alltägliches Selbstverständnis sehr unterschiedlichen Prüfungen unterziehen. Für eine Realitysoap konstitutiv ist nun die Tatsache, dass die Protagonistinnen, im Fall von *Ger-*

---

13 Der durchschnittliche Marktanteil der Sendung *Germany's Next Topmodel* liegt bei 10,4 %, also sahen durchschnittlich 3,53 Millionen Zuschauer diese Sendung. Quelle: AGF in Zusammenarbeit mit der GfK/TV Scope 5.2/media control GmbH.

14 Keppler (1994b); für eine systematische Analyse der Eigengesetzlichkeiten des Reality-TV s. Kap. 9.

many's Next Topmodel „ganz normale Mädchen" im Alter von 14 bis 21 Jahren, für eine bestimmte Zeit ihre natürliche Umgebung verlassen und sich in ein künstliches soziales Setting begeben, das in aller Regel durch ungewöhnliche bis extreme Belastungen geprägt ist. Den Reiz solcher Sendungen machen nicht zuletzt die dadurch entstehenden Spannungen und Probleme unter den Teilnehmerinnen dieser Sendungen aus, die oft um den Gewinn eines erheblichen Preises konkurrieren. Melodramatik, Streit, Neid, Rivalität sowie Versöhnung und Verbrüderung werden somit zu zentralen dramaturgischen Elementen. Wie fiktive Fernsehserien – die Soap-Operas – haben Realitysoaps darüber hinaus eine klare serielle Struktur. Die einzelnen Serienfolgen sind abgegrenzte Einheiten, die aber auf vielfältige Art und Weise sowohl an die vorhergehenden Folgen anknüpfen wie bereits Anknüpfungspunkte für die kommenden bieten. Die Zuschauer müssen „aus den vergangenen Folgen Wissen akkumulieren und mit der Erwartung leben, dass das Geschehen in die Zukunft noch verlängert wird."[15]

In den einzelnen Staffeln von *Germany's Next Topmodel* bekommen anfangs noch zwischen zwölf und 19 Bewerberinnen in jeder Folge von neuem verschiedenste Aufgaben gestellt. Sie werden in unterschiedlichen Weltgegenden – bevorzugt aber an illustren Orten wie Los Angeles, New York oder Haiti – unterschiedlichen Prüfungen unterworfen, die ihre Fähigkeiten auf die Probe stellen und fördern sollen. Unter teilweise extremen Bedingungen gibt es Fotoshootings mit berühmten Fotografen sowie Castings für Model- oder Werbeaufträge bei bekannten Firmen und Designern. Am Ende jeder Folge entscheidet eine Jury – angeführt von Heidi Klum – wer in dieser Woche nach Hause gehen muss und wer weiter dabeibleiben und darauf hoffen darf, am Ende zu einem „Topmodel" gekürt zu werden, dem, so das werbeträchtige Versprechen der Sendung, lukrative Aufträge winken.

Was die Zuschauer hierbei zu sehen bekommen, ist kein in ‚Echtzeit' sich abspielendes Geschehen, sondern eine hochartifizielle Montage von Szenen, die stets nach einem Prinzip der Zuspitzung erfolgt. Dabei werden „Heidis Mädchen", wie die Protagonistinnen der Sendung oft genannt werden, weitgehend auf bestimmte ausgewählte Charakterzüge reduziert. Ganz im Sinn des für das Reality-TV insgesamt konstitutiven Elements der Stereotypisierung gibt es hier recht unterschiedliche Identitätsangebote. Und nicht nur das. Es gibt die *guten* Mädchen auf der einen und die *schlechten* auf der anderen Seite. Die Bewertung des Charakters der Kandidatinnen durchzieht die gesamte Inszenierung der Sendungen. Durch die Länge der Darstellung einzelner Kandidatinnen, verschiedene Aufnahmetechniken sowie das Mittel der Kontrastmontage wird auf der visuellen Ebene ein bestimmtes, stets moralisch gefärbtes Bild der Konkurrentinnen erzeugt. Diese Typisierung wird unterstützt und verstärkt durch verbale, gestische und mimische Kommentare vonseiten

---

15 Faulstich (2008), S. 8.

der professionellen Akteure sowie durch einen gezielten Einsatz von Musik (deren Verwendung eine eigene Betrachtung wert wäre).

In der vierten Staffel etwa gab es das ‚bad girl‘, die schwierige, weil unangepasste Larissa, die sich – skandalöserweise – einem „Umstyling“ ihrer Haarlänge verweigert und dafür entsprechend gescholten wird. Es gab das ‚good girl‘, die natürliche, fröhliche, nette und darum vorbildliche Marie, die am Ende dennoch nur Dritte wurde, weil sie als *zu* nett, hübsch und angepasst und damit für potenzielle Kunden als zu langweilig eingestuft wurde. Es gab das hübsche (blonde) ‚Dummchen‘ Sabrina, das nicht einmal die einfachsten Begriffe verstand und daher von Anfang an ersichtlich keine Chance hatte, es aber dennoch fast bis zur letzten Runde schaffte. Es gab die extravagante Maria, „ein toller Typ“ „mit einer super Einstellung“, die sich schließlich aber doch als „zu speziell“ erwies. Positive und negative Bewertungen dieser Art durchzogen die gesamten Folgen der Sendung. Sie kulminierten jeweils am Ende jeder Episode: in den Richtersprüchen der Moderatorin, durch die das Urteil darüber fiel, wer bleiben durfte oder gehen musste.

Zwei Beispiele zur Verdeutlichung: Beide Male sehen wir Heidi Klum in der Rolle einer Hohepriesterin des Modelgewerbes. Sie hält kardinale Tugenden hoch und geißelt die entsprechenden Sünden – Tugenden und Laster, die aber keineswegs allein im Beruf eines Models eine Rolle spielen. Vielmehr wird in der dramatischen Schlussphase jeder Episode ein Katalog durchaus klassischer Mädchentugenden rezitiert.[16]

Transkr. 4.1: *Germany's Next Topmodel* (Staffel 04/Episode 05) (ProSieben), 13.03.2009: Ausschnitt „Tessa"

Nr. Zeit	Bild	Ton
01 ′2	HT(AS): Heidi Klum (HK), steht vor einem Pult, hinter dem Pult sitzen: Melanie Brown (MB), Rolf Scheider (RS), Payman Amin (PA); HG: in rosa und weiß gehaltene Wände, Schriftzug „GERMANY'S NEXT topmodel *by Heidi Klum*", BE[u, li] Insert: Frauensilhouette, Schriftzug *GERMANY'S NEXT topmodel by Heidi Klum*, BE[o, re] Senderlogo ProSieben (über alle Einstellungen)	HK: .hhh

---

16 Zu dem hier verwendeten Transkrptionsverfahren vgl. den Anhang dieses Buches.

Nr. Zeit	Bild	Ton
02 '2	N: HK hat ihre Augen etwas zusammen- gekniffen und blickt starr nach re	Mu: ((HG: einzelne Klaviertöne)) HK: diszipliniert, <div align="center">(1.0)</div>
03 '2	G: Tessa Bergmeier (TB) blickt nach li	Mu: ((HG: einzelne Klaviertöne)) HK: sympathisch, <div align="center">(1.0)</div>
04 '5	N: HK lächelt schwach, bewegt den Ober- körper	Mu: ((HG: einzelne Klaviertöne)) HK: fröhlich, <div align="center">(2.0)</div>kontrolliert, <div align="center">(1.5)</div>verwandelt
05 '6	HN: BH^{re} TB im li Profil	Mu: ((HG: einzelne Klaviertöne)) HK: ba:; <div align="center">(1.5)</div>natü:rlich; <div align="center">(3.5)</div>
06 '2	N: HK hebt den Kopf	Mu: ((HG: einzelne Klaviertöne)) HK: So,=sollte ein Topmodel sein; <div align="center">(--)</div>
07 '3	G: TB nickt mit geschlossenen Augen, öffnet die Augen, hebt den Kopf, blickt nach li	Mu: ((einzelne Klaviertöne))
08 '4	N: HK blickt ernst, zieht die Augenbrauen hoch, neigt ihren Kopf leicht nach re, zieht die Mundwinkel kurz nach außen, neigt den Kopf	Mu: ((HG: einzelne Klaviertöne)) HK: .hh (--) wenn=wir an dich denken (--) dann falln uns leida (---) diese Adjektive ein
09 '3	HN: BH^{re} TB im li Profil, blickt mit leicht gesenkten Mundwinkeln nach li	Mu: ((HG: einzelne Klaviertöne)) HK: .hh
10 '2	N: HK blickt starr leicht nach re, neigt den Kopf etwas nach u	Mu: ((HG: einzelne Klaviertöne)) HK: undiszipliniert <div align="center">(1.5)</div>
11 '2	G: TB blickt mit schwach nach u gezoge- nen Mundwinkeln nach li, schließt kurz die Augen	Mu: ((HG: einzelne Klaviertöne)) HK: wü:tnd. <div align="center">(1.5)</div>

Nr. Zeit	Bild	Ton
12 '2	N: HK blickt starr leicht nach li, die Stirn in Falten, öffnet weit ihren Mund und zieht ihre Augenbrauen hoch	Mu: ((HG: einzelne Klaviertöne)) HK: unkontrolliert (1.0) .hh
13 '3	G: TB blickt nach li, blinzelt einmal kurz	Mu: ((HG: einzelne Klaviertöne)) HK: launisch: (2.5)
14 '2	N: HK blickt starr mit großen Augen leicht nach re, senkt schwach den Kopf	Mu: ((HG: einzelne Klaviertöne)) HK: aggressiv; (1.5)

15
'11
	G: TB blinzelt, blickt nach u, blickt nach li und schüttelt mehrmals den Kopf,
	
	dreht Kopf ruckartig nach re, blickt nach re u, richtet ihren Blick wieder nach o und li, bewegt ihren Kopf,
	
	schüttelt den Kopf
		Mu: ((HG: einzelne Klaviertöne))
		
		TB: ds=bin=ich nicht
		          (2.0)
		Mu: ((HG: tiefes monotones Bläser-
		          brummen))
		TB: .hhh
		ich möchte euch wirklich zei:gen
		das=ichs nich bin: ich bin:s nich (--)
		ds=is nich der mensch; .hh
		          (2.0)
		und
		          (1.0)
		.hh (-) und

16
'3
	HN, Z^v(l): BH^{re} TB blickt kurz nach li, hebt li Hand, schließt Augen und lässt den ganzen Arm wieder fallen,
	TB öffnet ihre Augen,
	den Blick nach u gesenkt,
	blickt dann nach li und dreht sich leicht nach li
		Mu: ((HG: langsam aufsteigende Bläser-
		          folge))
		TB: ich möcht wi:rk[lich,
		G: [((dumpfes Klatschen))
		TB: gern noch ne Chance,
		ham; weil=ich
		möchts=euch wirklich
		zei:gn;
		          (1.0)

17 '3	HT(AS): HK steht vor Pult, Umschlag vor ihrem Bauch haltend, blickt nach re, hinter dem Pult von li sitzend MB, RS und PA, alle drei blicken starr nach re	Mu: ((HG: langsam aufsteigende Bläser- folge)) TB: <<p>echt>

Nr. Zeit	Bild	Ton
18 '3	G: TB leicht im li Profil, neigt Kopf etwas nach hinten, schüttelt ihn, richtet Blick zweimal kurz nach u, schüttelt dabei den Kopf	Mu: ((HG: mittelhoher anhaltender Bläserton)) TB: ich wei:ss dass=ich nicht dieser Mensch bin, (1.5)
19 '4	HN: BH^re TB blickt nach li, schüttelt den Kopf, hebt rechten Arm ein Stück, lässt ihn fallen, blickt kurz nach re, schüttelt langsam den Kopf	Mu: ((HG: mittelhoher anhaltender Bläserton)) TB: <<p> echt=nich::> (3.0)
20 '4	G: TB blickt mit etwas glasigen Augen nach li, blickt nach re u, presst Lippen aufeinander, kurze leicht kreisende Bewegung mit Kopf nach li, blickt nach li, nach u, wieder nach li	Mu: ((tiefes Bläserbrummen, getragene Klavierfolge, lauter werdend, Streicherharmonien))
21 '4	N: HK blickt mit leicht gesenktem Kopf ernst nach re, hebt Augenbrauen, neigt den Kopf nach re, lächelt, senkt Augenbrauen, richtet Kopf gerade, blickt ernst nach re	Mu: ((HG: Klavierfolge, Streicherfläche)) HK: .h ich glaube, das=du anders sei:n ka:nnst; (1.0) un=anders sein mö:chtest; (1.0)
22 '6	G: TB blickt nach li, nickt mehrmals kurz, schiebt Unterkiefer nach vorne, presst Lippen zusammen	Mu: ((absteigende Klavierfolge, Streicherfläche, Becken))
23 '2	N: HK schüttelt den Kopf und blickt nach re	Mu: ((HG: Klavierfolge, Streicherfläche)) HK: <<p>a>ber ich glaube nich dass=du=das in der kurzen Zeit schaffst TB: .hh
24 '5	G: TB blickt starr nach li, nickt, presst Lippen zusammen, Mundwinkel zittern, schließt Augen, bewegt Kopf kurz nach re, öffnet die Augen, blickt nach li	Mu: ((HG: Klavierfolge, Streicherfläche)) TB: ((gehaucht)) <<pp> doch> (--) HK: nich bei uns (3.5) wir=könn lei

Nr. Zeit	Bild	Ton
25 '8	N: HK bewegt den Kopf leicht nach hinten, blickt nach re, schüttelt einmal kurz den Kopf, HK lächelt knapp, presst Lippen leicht aufeinander	Mu: ((HG: Streicherfläche)) HK: der nur beurteilen was wir sehen; (.) un was=wir gesehen haben (1.5) das war leida: (2.0) ne andre Tessa; (1.0)
26 '3	HN: BH^{re} TB blickt geradeaus, neigt Kopf etwas nach re	Mu: ((absteigende Klavierfolge, Streicherfläche))
27 '8	G: TB schüttelt den Kopf, öffnet Mund mit zitternden Lippen, ruckartige Kopfbewegung nach re	Mu: ((leiser werdende Klavierfolge, Streicherfläche; Mu wird am Ende der E ausgeblendet))
28 '3	N: HK blickt ernst, bewegt leicht nach u geneigten Kopf langsam nach re und li	HK: Tessa ich habe heute leider kein, Foto für dich; Mu: ((Klaviermu. setzt ein))

„Diszipliniert, sympathisch, fröhlich, kontrolliert, verwandelbar, natürlich" (vgl. E 02–05) – so soll ein potenzielles Model und alle jungen Frauen sein, die in der rauen Welt mit weiblichem Charme Erfolg haben wollen; nicht hingegen „undiszipliniert, wütend, unkontrolliert, launisch und aggressiv" (vgl. E 11–14) wie Tessa, die den medialen Charaktertest nicht bestanden hat. Tessas Beteuerungen, ihre wahre Identität sei verkannt worden (vgl. E 15–19), helfen nichts. Sie wird keine weitere Bewährungschance erhalten (vgl. E 24). Sie muss ihr Urteil und damit ihr Ausscheiden aus dem Wettbewerb akzeptieren (vgl. E 25). An ihr wird ein moralisches Exempel statuiert – sowohl mit Blick auf die Mitbewerberinnen als auch auf das Publikum an den Bildschirmen. Die Sendung, dies legt dieser Ausschnitt nahe, führt ein rigide konservatives, ja autoritäres Rollenmodell für junge Frauen vor. So einfach aber ist die Sache nicht, wie das zweite Beispiel verdeutlicht.

Transkr. 4.2: *Germany's Next Topmodel* (Staffel 04/Episode 07) (ProSieben), 26.03.2009: Ausschnitt „Steffi"

Nr. Zeit	Bild	Ton
01 '4	AUFBL; N: BM Heidi Klum (HK) blickt starr nach re, schiebt Kinn etwas nach o, presst Lippen aufeinander, dreht Kopf leicht nach re, HG: in rosa und weiß gehaltene Wände, Schriftzug „GERMANY'S NEXT topmodel *by Heidi Klum*", BE^{u,li} Insert: Frauensilhouette, Schriftzug *GERMANY'S NEXT topmodel by Heidi Klum*, BE^{o,re} Senderlogo ProSieben (über alle Einstellungen)	G: ((abrupt einsetzender synthetischer Bassschlag, stark anschwellendes Rauschen)) HK: wir warn von euch dreien diese=Woche se:hr enttäuscht;
[...]		
11 '3	HT(AS): BH^{re} Rückansicht von drei Frauen; BH^{li} HK, hinter HK Pult mit drei Männern	Mu: ((HG: Trommelschläge und Synthesizerfläche)) HK: Steffi, (2.5)
12 '1	G: Steffi (ST) leicht von der linken Seite	Mu: ((HG: Trommelschläge und Synthesizerfläche)) HK: du has=ein tolln
13 '2	N: HK blickt starr leicht nach re	Mu: ((HG: Trommelschläge und Synthesizerfläche)) HK: Körpa, (1.5)
14 '5	G: ST zuckt mit Kopf nach re, blinzelt, presst Lippen leicht zusammen, blickt nach li	Mu: ((HG: Trommelschläge und Synthesizerfläche)) HK: ein wunderschönes Gsicht, (2.5)
15 '3	N: HK blickt starr etwas nach re, bewegt Kopf langsam von re nach li	Mu: ((HG: Trommelschläge und Synthesizerfläche,)) HK: aber keine gute Einstellung. Mu: ((tiefe Streicherfolge))

[...]

Nr. Zeit	Bild	Ton
27 '2	N: HK blickt starr, den Kopf leicht nach re gedreht nach re	G, Mu: ((einmaliger Bassschlag, ansteigender Bläserton)) HK: Steffi (1.5)
28 '5	G: ST leicht im li Profil, blickt nach li	Mu: ((elektronische Klänge, ansteigender Bläserton))
29 '3	N: HK blickt starr, leicht aufeinander gepresste Lippen, zieht rechte Augenbraue nach o, kneift Augen zusammen	Mu: ((HG: Streicher)) HK: .hh du=hattest kei:ne, Lust mehr; (1.5)
30 '3	G: ST blickt starr	Mu: ((HG: einzelne Klaviertöne)) HK: mit=eim der be:stn Fotogra:fen
31 '2	N: JR, den Kopf nach re gedreht, heruntergezogene Mundwinkel, öffnet den Mund	Mu: ((HG: Klaviermelodie)) HK: auf der We:lt
32 '2	G: ST schließt die Augen, öffnet sie wieder, kurze ruckartige Kopfbewegung nach o und blickt nach li	Mu: ((getragene Streicher- und Klaviermusik))
33 '1	N: HK hebt Schultern, zieht Augenbrauen zusammen, legt Stirn in Falten	Mu: ((HG: Streicher- und Klaviermusik)) HK: ein Foto? zu machen;

[...]

Nr. Zeit	Bild	Ton
76 '1	N: HK Kopf leicht nach re geneigt, blickt starr nach re	HK: Steffi
77 '3	G: ST presst ihre Lippen aufeinander	Mu: ((Synthesizerfläche))
78 '2	N: HK blickt ernst	Mu: ((Synthesizerfläche))
79 '3	N, Z^v (l): ST blickt nach u	Mu: ((Synthesizerfläche, pulsierendes Trommeln und Klopfen)) HK: .hh
80 '3	N: HK hebt leicht die Schultern, bewegt Kopf nach hinten, zieht Augenbrauen leicht nach o	Mu: ((HG: Synthesizerfläche)) HK: .h Steffi wir=erwartn von alln Mädchen; (1.0)
81 '5	G: ST mit etwas geröteten Augen, senkt den Blick	Mu: ((HG: Brummen)) HK: en positives Auftretn (4.0)

Nr. Zeit	Bild	Ton
82 '2	N: HK hebt Augenbrauen zweimal kurz an, die Stirn in Falten	Mu: ((HG: anhaltender tiefer Klavierton)) HK: vor allem (-) vor den Kundn,
83 '2	G: ST blinzelt, schließt die Augen, nickt leicht	Mu: ((HG: Klavierton)) HK: Fotogra:fn, (1.0)
84 '2	N: HK hebt kurz den Kopf, blickt ernst nach re	Mu: ((HG: hoher Posaunenton)) HK: .h oder vor=der Jury; (1.0)
85 '2	G: ST nickt leicht, blinzelt, schluckt	G: ((HG: tiefes Brummen))
86 '2	N: HK blickt starr nach re	Mu: ((disharmonischer Streicherakkord))
87 '4	G: ST blickt mit geöffnetem Mund nach li, schließt Mund	Mu: ((Streicherakkord und Posaunenlauf))
88 '1	N: HK blickt ernst nach re	Mu: ((HG: disharmonischer Streicher- akkord)) HK: Steffi; (0.5)
89 '5	G: ST	Mu: ((Streicherakkord))
90 '2	N: HK blickt starr, öffnet den Mund, hebt die Schultern	HK: .hh (1.0) du=bis weita:;

Wie die drei Episoden zuvor ausgeschiedene Tessa hat auch Steffi in der zurückliegenden Woche „keine gute Einstellung" (vgl. E 15) bewiesen. Sie hat keinen Respekt vor den Koryphäen der Branche und kein positives Auftreten gezeigt (vgl. E 27–33). Auch dies sind kardinale Sünden im Wertekatalog dieser Sendung. Trotzdem kommt Steffi weiter – und zwar ohne jede Begründung (vgl. E 90). Es ist naheliegend, zu vermuten, dass sie nicht wegen ihres charakterlichen, sondern wegen ihres körperlichen Kapitals noch einmal durchkommt (vgl. E 11–14); die Dramaturgie der Serie will noch nicht auf sie verzichten. Der Bruch mit der moralischen Botschaft dieser Sendung aber ist hierbei nicht zu übersehen, genauso wenig wie derjenige in der Rolle der Moderatorin. Sie erweist sich hier – und bei vielen anderen Gelegenheiten – eben nicht nur als der weibliche Guru einer antifeministischen Ethik, sondern zugleich als Showmasterin innerhalb eines Genres, das anderen Imperativen folgt. Das Gesetz der in Wort und Bild gepredigten Moral steht hier in einem klaren Konflikt mit dem Gesetz der Quote.

Entscheidend für das Verständnis der Sendung und des Angebots, das sie ihren Zuschauern macht, ist jedoch gerade, dass diese Doppeldeutigkeit von vornherein zu ihrem Kalkül gehört. Der Rhetorik der Tugenden nämlich kommt hier eine inhaltliche und inszenatorische Funktion zu. Es wird mit Bildern des Weiblichen sehr ernsthaft gespielt. Dass es bei den Entscheidungen der Jury nicht immer gerecht zugeht, gibt der Sache einen zusätzlichen Reiz. Die Sendung *vertritt* durchaus eine konservative Moral der Charakterbildung, aber sie vertritt sie *halbherzig*, da sie gleichzeitig einem Prinzip der Spannungssteigerung unterliegt, bei dem das persönliche Drama von Gelingen und Scheitern im Vordergrund steht. Sie bietet dadurch *sowohl* eine Identifikation mit dem propagierten Rollenmodell *als auch* eine Distanzierung von ihm an – und überlässt es dem Publikum, ob es sich auf die eine *oder* die andere Seite oder im Wechsel auf die eine *und* die andere schlagen will.

4.4 Resümee

Meine zusammenfassende These lautet, dass Vergleichbares auch in den anderen Sendungen des Fernsehens geschieht, die sich auf die eine oder andere Weise Lebenshilfe und Lebensberatung auf die Fahnen geschrieben haben. Denn sie alle haben sich einer möglichst populären *Unterhaltung* durch diese Themen verschrieben. Durch die Inszenierungsstrategien, mit denen dieses Ziel verfolgt wird, ergibt sich somit zwar eine Lockerung der Verbindlichkeit der jeweils propagierten Normen und Rollenbilder. Dies darf jedoch nicht mit einem Zustand bloßer Unverbindlichkeit verwechselt werden. Denn Orientierung bieten diese Sendungen durchaus. Sie tun es jedoch in einem besonderen Modus, der für die Sinnproduktion des Fernsehens in vielen Bereichen charakteristisch ist. So sehr sie einerseits die *Kraft* der jeweils propagierten Werte durch die Form ihrer Sendungen schwächen, so sehr bestärken sie andererseits die *Motivation* zu einer Auseinandersetzung mit unterschiedlichen Standards der sozialen Praxis. Auf diesem Weg verwandelt sich die in den einschlägigen Formaten angebotene Schulung in eine ästhetische Erziehung, die alles, was jeweils vermittelt wird, in einem Möglichkeitszustand hält; die vorgeführten Dramen bleiben ein Spiel, wie ernst die Sache für die Betroffenen auch sei. Dieses Spiel aber ist dennoch niemals *nur* ein Spiel. Denn hier werden vor den Augen der Zuschauer realitätsnahe (oder wenigstens so erscheinende) *Lebens*möglichkeiten *durch*gespielt, die den Zuschauern eine Gelegenheit bieten, die *ihren* zu vergegenwärtigen und damit ihr eigenes Selbstverständnis – sei es stillschweigend, sei es ausdrücklich – zu variieren.

5 Formen der Moralisierung im Fernsehen

Viel Beifall erhielt Wolfgang Thierse in seiner Festrede zum 50-jährigen Bestehen der ARD im Jahr 2000, als er sagte, die Aufgabe des öffentlich-rechtlichen Fernsehens sei es heute mehr denn je, die grundlegenden Werte und Normen einer demokratischen Gesellschaft zu vermitteln. Diese öffentliche Forderung mitsamt der starken Reaktion, die sie hervorrief, konnte den Eindruck erwecken, als drohe die moralische Kommunikation im Fernsehen immer mehr an den Rand gedrängt zu werden. Dieser Eindruck aber wäre trügerisch. Das Fernsehen – und zwar das private nicht weniger als das öffentlich-rechtliche – ist eine Anstalt ständiger Moralisierung. In den unterschiedlichsten Genres und Formaten werden unentwegt moralische Bewertungen vorgenommen. Wenn also dem Fernsehen ein Defizit in Sachen Normenvermittlung nachgesagt werden kann, so kann dies nichts mit der *Quantität* seiner moralischen Kommunikation, sondern allenfalls mit ihrer *Qualität* zu tun haben. Diese Qualität der Moralisierung im Fernsehen lässt sich aber nur dadurch ermitteln, dass man nicht allein darauf achtet, *wie viel* in seinen Sendungen moralisiert wird, sondern *wie* dies im Einzelnen geschieht.

5.1 Moralisierung

Hierzu möchte ich im Folgenden einige Beobachtungen anstellen. Unter moralischer Kommunikation verstehe ich dabei alle Formen der Äußerung und Publikation, in denen menschliche Verhaltensweisen auf ihren – nach Meinung der Kommunizierenden – sozial angemessenen oder unangemessenen Zuschnitt hin bewertet werden. Die ‚Moral‘, um die es dabei geht, betrifft vielfältige Formen des Respekts und der Rücksicht, die die Menschen in ihrem Zusammenleben voneinander erwarten und voneinander verlangen. Was für eine Moral dies im Einzelnen ist, kann dabei offenbleiben. Moral besteht in – und ihre Bewertung betrifft – Formen des sozialen Umgangs, die von den Beteiligten – aus welchen Gründen auch immer – als richtig oder unrichtig bewertet werden. Ein Begriff der Moral, der zur Beschreibung moralischer Verhältnisse und insbesondere moralischer *Kommunikations*verhältnisse fruchtbar sein soll, darf darüber hinaus keine starken inhaltlichen Annahmen machen; er soll ja unterschiedliche Moralen gleichwohl als Moralen erkennbar werden lassen. *Moralisiert* wird immer dann, wenn es im Verlauf einer Kommunikation direkt oder indirekt, implizit oder explizit zu moralischen *Bewertungen* kommt. (Dagegen ist die bloße *Manifestation* einer bestimmten moralischen Einstellung, wie sie etwa in einem zuvorkommenden oder rücksichtslosen Verhalten in einer Warteschlange zum Ausdruck kommt, allein keine Moralisierung.) Die vielfältigen Arten der Moralisierung sind der moralischen Praxis keineswegs äußerlich; es ist für jede Art der gelebten Moral wesentlich, dass es in ihr zu moralisierenden Äußerungen und Auseinandersetzungen kommen kann. Moralisierung stellt insofern eine wichtige Dimension jeder moralischen Praxis dar.

Solche Bewertungen können sich in ihrer Reichweite erheblich unterscheiden. Sie können Ausdruck einer Binnenmoral innerhalb relativ begrenzter sozialer Gruppen sein oder sich auf Normen innerhalb einer Gesellschaft sowie darüber hinaus auf solche einer ethisch-politischen Moral innerhalb einer zunehmend globalisierten Welt beziehen. Außerdem dürfen Stellungnahmen dieser Art nicht mit den Verhaltensweisen gleichgesetzt werden, die in einer gegebenen Gemeinschaft oder Gesellschaft derart etabliert sind, dass sie den eingespielten Grunderwartungen ihrer Mitglieder an das wechselseitige Verhalten tatsächlich entsprechen. Zwischen dem, was in moralisierenden Äußerungsformen gesagt oder eingefordert wird, und dem tatsächlichen moralischen Handeln kann eine mehr oder weniger große Kluft bestehen. Was in den Formen moralisierender Kommunikation zur Sprache kommt, darf daher auch nicht unbesehen als Ausdruck eines sogenannten ‚Grundkonsenses‘ einer Gemeinschaft oder Gesellschaft verbucht werden, sofern darunter Verhaltensweisen verstanden werden, die von der überwiegenden Mehrheit ihrer Mitglieder in ihrem tatsächlichen Verhalten als normativ selbstverständlich hingenommen werden. Verbale – oder anderweitig kommunizierte – *Zustimmung* (oder Ablehnung) zu sozialen Regeln und praktische *Anerkennung* dieser Normen sind und bleiben zweierlei, auch wenn beides natürlich in unterschiedlichem Maß konvergieren kann.

Ferner enthält bei Weitem nicht jede Wertung – und also auch nicht jede wertende Kommunikation – Elemente einer Moralisierung. Geschmackssachen und Urteile über sie – ob sie nun Landschaften oder Städte, sportliche Wettkämpfe, die Küche oder die Kunst betreffen – sind oft keine Angelegenheiten selbst einer weit verstandenen ‚Moral‘, auch wenn die Grenzen hier, zumal im Bereich der Künste oder auch des Sports, nicht selten fließend sind.[1] Nicht grundsätzlich anders verhält es sich mit Wertungen, die das Wohlergehen von Individuen und einzelnen Gemeinschaften betreffen. Hier kommen viele Gesichtspunkte ins Spiel, die das Wünschen und Wollen, Tun und Erleiden, Gelingen und Scheitern betreffen, die in ihren evaluativen Akzenten von Person zu Person höchst unterschiedlich ausfallen können, ohne deswegen in Konflikt miteinander zu geraten (oder geraten zu müssen). Wertungen, die aussichtsreiche oder aussichtslose Perspektiven ‚meines‘ oder ‚unseres‘ Lebens leiten, sind nicht gleichbedeutend mit normativen Annahmen darüber, was wir einander im Zusammenleben an Rücksicht, Unterstützung, Vertrauen

---

1 Ein eigenes Ethos vertreten auch nicht wenige Kochsendungen, das sich freilich solange diesseits der Moral verhält, als nicht das Verhältnis der Ernährung zur individuellen und zur Volksgesundheit, zur Nachhaltigkeit der Agrarproduktion, zum Klimaschutz oder zur Tierhaltung in den Blick genommen wird – womit sich selbst hier die Grenzen als fließend erweisen.

und Verlässlichkeit schulden. Vorstellungen über ein *gutes* Leben, mit anderen Worten, betreffen keineswegs immer und nicht notwendigerweise solche über ein *moralisch* gutes Leben. Aber auch hier sind die Grenzen fließend, da Vorstellungen über ein gutes Leben meist nicht nur bestimmte moralische Standards mit einschließen, sondern da moralische Standards umgekehrt auch mit bestimmten Vorstellungen individuellen Glücks oder Gedeihens konfligieren können. Sobald diese Grenzlinien in Konversationen, Disputen und öffentlichen Darbietungen aber thematisch werden, wird das Feld einer moralisierenden Kommunikation berührt oder betreten.

Dabei ist Moralisierung außerhalb wie innerhalb des Fernsehens keineswegs allein und keineswegs immer eine verbale Handlung. Das Hochziehen der Augenbrauen, das Erteilen einer Ohrfeige, das sich Abwenden von seinem Gegenüber – auch das können moralisierende Akte sein. Insbesondere wenn es um Moralisierung im Fernsehen geht, muss auf das *Zusammenspiel* verbaler und nonverbaler, bildlicher und filmischer Realisierungen geachtet werden. Denn ebenso entscheidend wie das, was jeweils im Einzelnen an Moral explizit verkündet wird, sind die Formen, in denen sich die Moralisierung in einem Medium wie dem Fernsehen vollzieht. Nur wenn wir dem *gesamten Vollzug* der medialen Moralisierung Beachtung schenken, können wir zu einem fundierten Urteil darüber kommen, was Kommunikation von Werten und Normen im Fernsehen bedeutet – und was gegebenenfalls bedenklich an ihr ist.

Hans-Martin Kepplinger sieht das Grundproblem dieser Kommunikation darin, dass die – wie er sich ausdrückt – „moralische Anstalt" Fernsehen sich selbst von „moralischer Verantwortung" freihält. „Mit den Massenmedien", schreibt er, sei „erstmals eine moralische Instanz entstanden, die das Verhalten anderer auch an moralischen Kriterien misst, sich selbst aber zumindest teilweise von der Geltung dieser Kriterien ausnimmt."[2] Dieses an die Macher in den Sendeanstalten gerichtete Argument setzt aber voraus, dass das Fernsehen tatsächlich moralische Kommunikation in dem Sinn leistet, dass es sich dem Publikum gegenüber als eine erfolgreiche *Instanz* der Etablierung und Beurteilung der entsprechenden Werte verhält. Es scheint mir jedoch alles andere als gewiss, ob daraus, dass das Fernsehen ganz wesentlich ein Medium moralischer Kommunikationen ist, auch gefolgert werden kann, dass es eine moralische Anstalt sei. Ich möchte daher in Fortführung meiner Überlegungen im vierten Kapitel klären, *ob* das gegenwärtige Fernsehen eine solche autoritative Position überhaupt einzunehmen vermag, oder ob – und inwieweit – es sich nicht vielmehr in weiten Bereichen, in einem noch zu klärenden Sinn, um eine *Moralisierung ohne Moral* handelt.

---

2 Kepplinger (1996), S. 19.

5.2 Moralisierende Grundelemente der Fernsehkommunikation

Hierfür ist es nötig, einige Grundelemente der moralisierenden Kommunikation im Fernsehen zu beleuchten. Das sind zum einen solche Verfahren, die in der Kommunikation zwischen Menschen überhaupt eine große Rolle spielen, etwa die alltäglichen Formate des Vorwurfs, der Rechtfertigung, des Klatschs oder des Streitgesprächs. Bereits hierbei spielt die nonverbale Ebene der Kommunikation eine nicht zu unterschätzende – in der Forschung aber häufig vernachlässigte – Rolle. Gerade das nonverbale Verhalten ist auf der Ebene der Fernsehkommunikation nicht minder zentral als auf der Ebene der Face-to-Face-Kommunikation. Dabei sind es vor allem die diversen Verfahren der filmischen Inszenierung, denen hier eine ausschlaggebende Bedeutung zukommt: die Wahl des Bildausschnitts, die Kameraführung und die Montage einzelner Einstellungen oder Einstellungssequenzen liefern nicht selten eine zusätzliche Dimension zum bloß ‚Gesagten'. Indirekte Kommentierungen, Präsuppositionen und nicht zuletzt auch moralische Wertungen werden hierdurch ebenso übermittelt wie durch akustische Kulissen, die von der musikalischen Untermalung eines Spielfilms über die Reaktionen eines anwesenden Studiopublikums bis hin zu den aus der Konserve eingespielten ‚Buhs' einer nicht existenten Riege von Zuschauern reichen können.

Eine moralische Modalisierung der Kommunikation kann auf sehr verschiedenen Ebenen stattfinden und durch sehr verschiedene Formen realisiert werden. Auf einer *rhetorischen* Ebene ist die Verwendung antithetischer Elemente der normativen Kontrastierung und Oppositionsbildung ein ebenso beliebtes Mittel wie entsprechende Generalisierungen und Kategorisierungen. Auf der *lexiko-semantischen* Ebene sind es explizit wertende Elemente, mit denen die Handlungen anderer positiv oder negativ beurteilt werden. Eine wichtige Rolle spielen auf der *prosodischen* Ebene eine starke Affektmarkierung und/oder eine charakteristische Veränderung der Intonationskontur, wodurch z. B. ein entrüsteter, vorwurfsvoller oder auch reumütiger Redegestus erzeugt wird. Auf der *non-verbalen* Ebene sind es darüber hinaus vielfältige mimische und gestische Ausdrucksmittel, die zur moralischen Kommentierung eingesetzt werden, etwa hochgezogene Augenbrauen, geschürzte Lippen, ein Herabziehen der Mundwinkel und dergleichen. Davon zu unterscheiden und spezifisch für die Fernsehkommunikation ist schließlich die *filmbildliche Ebene*. Peter Kottlorz spricht im Hinblick auf die von ihm untersuchten Fernsehserien z. B. von „autoritativer", „polarisierender" und „affirmierender Kameraarbeit", der im Rahmen der Vermittlung moralischer Inhalte eine bedeutende Rolle zukommt.[3]

Dass eine Moralisierung erfolgt, wird im verbalen wie im filmischen Diskurs häufig durch eine „moralisierende Klammer" angezeigt. Dieser von Gabriela B. Christmann und Susanne Günthner in Anlehnung an Goffman entwickelte Begriff

---

3 Kottlorz (1993).

bezeichnet die Markierungen, mit der eine moralische Kommunikation eröffnet und abgeschlossen und so in einen erkennbaren Rahmen gestellt wird.[4] Durch bestimmte einleitende Äußerungen, oder in unserem Fall filmische Sequenzen, wird der Modus der Moralisierung innerhalb der Kommunikation formal angekündigt bzw. abgeschlossen.

Diese wenigen Hinweise sollen nicht mehr als einen Ausschnitt aus dem Repertoire der Formen der Moralisierung vorstellen, das in unterschiedlichen Sendeformen sehr unterschiedlich eingesetzt werden kann. Es handelt sich aber durchweg um typische Verfahren, wie sofort deutlich wird, wenn man den Blick auf beliebige Beispiele der Fernsehproduktion richtet. Ich beschränke mich hier auf die exemplarische Betrachtung einer Fernsehserie und zweier Talkshows, um abschließend auf meine Leitfrage nach der Kraft und Macht der televisionären Moralvermittlung zurückzukommen.

5.3 Eine Fernsehserie

Eine von Sabine Scharfe durchgeführte empirische Analyse der Fernsehserie *In aller Freundschaft*, einer der seit vielen Jahren zahlreich in den Programmen vertretenen Ärzte- und Krankenhausserien, kommt zu dem Ergebnis, dass die Serie „in entscheidender Weise von der Behandlung und Bewertung moralischen und unmoralischen Verhaltens bestimmt"[5] wird. So stehen in dieser von der Saxonia Media Filmproduktion für den MDR produzierten Serie[6] zwar Ärzte und Ärztinnen vordergründig im Mittelpunkt, in erster Linie sind es aber deren zwischenmenschliche Beziehungen und Verwicklungen, die für einen narrativen Plot Anlass bieten, der sich auf das Verhalten von bestimmten Personen und deren moralische Bewertung konzentriert. Das moralisch einwandfreie oder dubiose Verhalten von Ärzten wie Patienten gibt den roten Faden vor, an dem sich der Verlauf der Serienfolgen orientiert. Nicht die Heilung von Kranken oder etwa das Ehe- und Familienglück der Protagonisten stehen hier im Mittelpunkt der Handlung: Alle Aspekte des privaten und beruflichen Lebens der gezeigten Personen sind immer der Sanktionierung und wenn möglich Korrektur eines, in der jeweiligen Folge im Mittelpunkt stehenden, unmoralischen oder moralisch anrüchigen Verhaltens untergeordnet. Der Verlauf der Erzählung ist an der Entwicklung sozial unangemessen handelnder Figuren und

---

4 Christmann/Günthner (1999).

5 Scharfe (2000), S. 125.

6 Die 1.–4. Staffel (1998–2001) wurde montags um 21:45 Uhr ausgestrahlt. Die 5.–14. Staffel wurde dienstags um 21:05 Uhr ausgestrahlt. Seit der 15. Staffel läuft die Serie dienstags um 21:00 Uhr. Quelle: www.mdr.de/in-aller-freundschaft/ueberblick108.html

In aller Freundschaft wies auch 2013 noch konstante Marktanteile zwischen 8 und 9 % bei den 14–49-jährigen Zuschauern auf, bei einem Marktanteil von insgesamt knapp 20 %. Quelle: www.quotenmeter.de.

ihrer Zurechtweisung orientiert. Auf der Seite des moralisch Guten steht dabei allerdings vorwiegend eine Personengruppe: Es sind die Ärzte und Ärztinnen, die, selbst wenn sie als Privatpersonen nicht fehlerfrei sein mögen, in ihrer Berufsrolle meist verantwortungsvoll und pflichtbewusst agieren und reagieren.

Moralisierungen werden dabei erstens über die *narrative Struktur* der Serie transportiert. Für diese ist die Etablierung des moralischen Problems in einer Art Prolog ebenso zentral wie die Moral der Geschichte, die am Ende jeder Folge gezogen wird. In jeder Folge lässt sich beobachten, wie durch die Dramaturgie der Episoden eine moralische Klammer gezogen wird, deren eine Hälfte das moralische Problem schürzt, während die andere Hälfte die schlussendliche Lösung des Problems markiert.

Vor dem Hintergrund dieser narrativen Struktur wird hier zweitens und massiv auf der *verbalen Ebene* moralisiert, in den verschiedenen Dialogen der Protagonisten, die die filmische Handlung dominieren. Hier zeigt sich allerdings, dass Moralisierungen in Dialogen in Fernsehserien im Unterschied etwa zu Moralisierungen in der alltäglichen Face-to-Face-Kommunikation wesentlich offener, direkter und konfliktfreudiger erfolgen.[7]

Moralisiert wird aber drittens – und dieser Aspekt wird in fast allen Ausführungen zu Fernsehen und Moral vollkommen vernachlässigt – auch und gerade durch den *Einsatz spezifischer filmästhetischer Mittel*. Musik und Kameraführung haben nicht nur die Aufgabe, die Aufmerksamkeit zu lenken und die verbal vermittelte Botschaft zu unterstützen, sie werden ganz wesentlich zur *Bestimmung moralischer Positionen* eingesetzt. Dies lässt sich im Detail aufzeigen. An dieser Stelle mag es genügen, hervorzuheben, dass etwa über eine *Montagepraxis*, die bestimmte Sequenzen so einander zuordnet, dass ein unmoralisches Verhalten aufgedeckt wird, eine zwar verbal *unausgesprochene*, aber filmisch häufig völlig *explizite* Bewertung erfolgt. Ein Beispiel aus der Serie: Friedrich äußert Charlotte gegenüber, er habe „das Gefühl", dass Achim nicht, wie behauptet, zum Saxofonunterricht, sondern zu einem Stelldichein gehe. Charlotte weist diese Behauptung nicht nur brüsk zurück, sie macht sich gleichzeitig über Friedrichs männliche Gefühle lustig. Direkt im Anschluss daran sieht man aber just jenen Achim, wie er eine verrauchte Kneipe betritt, in der laute Saxofonmusik zu hören ist, und sich dort suchend umblickt. Hier wird nicht nur Achims Alibi zerstört, gleichzeitig wird auch Charlottes Reaktion auf Friedrich als unangemessen bewertet.[8]

Ein weiteres filmästhetisches Mittel, das in dieser und anderen Serien häufig eingesetzt wird, ist eine *moralisierende Kameraarbeit*.[9] Durch bestimmte Kamerapositionen werden Personen in einer bestimmten Weise einander zugeordnet; in Verbindung mit bestimmten Einstellungsgrößen werden Beziehungen zwischen Perso-

---

7 Vgl. zu dieser Differenz auch Kap. 10.
8 Staffel 2/E 60: „Rhapsodie in Moll".
9 Vgl. zu diesem Begriff Peter Kottlorz (1993).

nen symbolisch dargestellt. Zur Herstellung von Nähe und Distanz, aber auch für bestimmte Polarisierungen werden bildkompositorische Mittel eingesetzt. Schwenk und Zoom haben nicht selten eine Hinweisfunktion auf die innere Einstellung von Protagonisten. Der gezielte Einsatz von Kamerabewegungen und Einstellungsgrößen wird hier dazu benutzt, die Gleichwertigkeit oder Untergeordnetheit der moralischen Position verschiedener Protagonisten zu behaupten und zu festigen. So zeigt sich auch und gerade bei der Untersuchung von Fernsehserien, welch wichtige Rolle dem filmbildlichen Diskurs bei der Darstellung und Plausibilisierung moralischer Positionen zukommt.

5.4 Zwei Talkshows

Dass in den zahlreichen, vor allem von den 1990ern- bis zu Beginn der 2000er-Jahre boomenden nachmittäglichen Daily Talks von *Arabella* über *Die Oliver Geissen Show* bis hin zu *Britt – Der Talk um eins*[10] unentwegt moralisiert wurde, dürfte allen, die derartige Shows einmal gesehen haben, unmittelbar einleuchten. Es geht hier um hochmoralische Themen, etwa „Jemand wie du sollte keine Kinder kriegen!". Den Motor des Gesprächs bilden häufig Vorwürfe, die Bekannte, Verwandte oder Freunde einander machen, es werden Versöhnungen inszeniert oder ihr Scheitern wird vorgeführt, nach der Klärung tatsächlicher oder vermeintlicher Verfehlungen werden Liebeserklärungen abgegeben, Leute, die sich zu ungewöhnlichen Sexualpraktiken bekennen, kommen zur Sprache und werden zur Rede gestellt. Bei all diesen Anlässen geht es zusammen mit den vom Generalthema vorgegebenen Aspekten stets um den *individuellen Charakter* der Beteiligten, der insgesamt als gutartig oder verdorben, akzeptabel oder nicht akzeptabel und damit jederzeit moralisch bewertet wird.

Wenn wir aber wissen wollen, was das für eine Moralisierung ist, müssen wir uns auch hier genauer anschauen, wie sich diese vollzieht. Da Marit Kunis eine entsprechende Analyse auch des äußeren Formats der Sendung *Arabella* durchgeführt hat[11], wende ich mich direkt den in der Sendung herrschenden *Techniken* der Moralisierung zu. Grundsätzlich zeichnet sich die Talkshow *Arabella* durch eine hochgradig asymmetrische Gesprächsverteilung zugunsten der Moderatorin aus. Thematische Kontrolle wird von ihr nicht nur durch die Verteilung des Rederechts ausgeübt, sondern auch durch eine starke direktive Lenkung des gesamten Gesprächsverlaufs. Wenn etwa Inhalt und Länge der Antworten nicht den Erwartungen der Moderatorin (bzw. den Vorgaben der Sendedramaturgie) entsprechen, wird

---

10 *Arabella*, moderiert von Arabella Kiesbauer, hielt sich von 1994–2004 im Programm von ProSieben, *Die Oliver Geissen Show* ebenfalls zehn Jahre von 1999–2009 bei RTL. 2013 kam das Ende für *Britt – Der Talk um eins*, der bereits seit 2001 im Programm von Sat.1 lief.
11 Kunis (2000).

ermahnt („nimm nicht soviel vorweg") und auf die Folgefrage verwiesen („ich frag dich gleich noch mal danach") oder die Kandidaten werden unterbrochen und ihnen wird das Rederecht vorübergehend ganz entzogen.[12] Dabei kommt es auf der verbalen Ebene immer wieder zu missbilligenden, kritisierenden, belehrenden und ermahnenden Äußerungen, die gekoppelt werden mit Handlungsvorschlägen für die Zukunft, mit diversen Ratschlägen und der Wiedergabe von Expertenmeinungen.

Typisch für Arabella Kiesbauer ist zudem ihr Sprechstil, der ihre insgesamt dominante Position unterstützt. Er weist eine überdurchschnittlich hohe Sprechgeschwindigkeit auf (es sind kaum Mikropausen zwischen einzelnen Sätzen oder Wortgruppen messbar); Akzente werden durch einen Anstieg der Tonhöhe und/oder durch Lautstärkenerhöhung gesetzt. Nicht selten wird ein einzelnes Wort durch Pausen untergliedert, so dass jede Silbe durch Staupausen eine besondere Aufmerksamkeit erfährt, wodurch gerade die bewertenden Äußerungen der Moderatorin verstärkt werden. Dies ist – wie linguistische Untersuchungen zeigen – typisch für Bewertungssequenzen. Es handelt sich hier um eine „dichte Akzentuierung"[13], bei der jede betonbare Silbe akustisch unterstrichen wird. In der Sendung „Jemand wie du sollte keine Kinder kriegen!", in der unter anderem geschildert wird, wie ein kleines Kind zusammen mit einem nicht stubenreinen ‚Kampfhundwelpen' in einem Zimmer leben muss, äußert sich Arabella wie folgt: „Ich glaube es gibt einen GROS-SEN Freundes- und BEKANNTENkreis der AUCH einiges dazu sagen könnte (-) stell: ver(.)tre(.)tend(.)für(.)sie(.) alle stehen Melanie und Christian heute hier."[14]

Die Rolle der Moderatorin als maßgebliche Instanz wird zudem massiv unterstützt durch eine *autoritative Kameraarbeit*.[15] Die Kamera zeigt Arabella häufig aus leichter Untersicht, Gegenschnitte zwischen Arabella und ihren ‚Gästen' heben die Moderatorin als Person hervor, die das Sagen hat; ihre Gesprächspartner sind hauptsächlich als Stichwortgeber und/oder Zuhörer im Bild zu sehen. Diese Bildtechnik stärkt die Position der Moderatorin innerhalb der Sendung als einer moralischen Instanz, der es zukommt, Handlungen und Äußerungen gutzuheißen oder zu missbilligen. Durch eine ausgeprägte Mimik und Gestik steuert und kommentiert Arabella die Gespräche. Besonderes Augenmerk muss also bei der Analyse auch dem Zusammenhang von verbal-akustischer und visueller Kommunikation gelten. Zusammengezogene Augenbrauen, ein ausgeprägtes Stirnrunzeln, weit aufgerissene Augen vermitteln den Eindruck ungläubigen Staunens ebenso wie skeptischen Hinterfragens. Diese nonverbalen Signale begleiten sowohl die Äußerungen anderer als auch eigene Aussagen und vermitteln dabei nicht selten eine zusätzliche Bot-

---

12 Vgl. ebd., S. 80.
13 Vgl. zu diesem Phänomen der „dense accentuation" Uhmann (1992) sowie Müller (1991).
14 Vgl. hierzu Kunis (2000), S. 82. Sendung vom 19.02.1999.
15 Vgl. dazu auch Kottlorz (1993), S. 230–275.

schaft. Auch das Lächeln der Moderatorin spielt eine große Rolle, von dem zustimmende wie aufmunternde Impulse ausgehen.

Derartige Signale sendet auch Sabine Christiansen in der gleichnamigen Polit-Talkshow[16] aus, aber die Funktion solchen Lächelns ist hier eine durchaus andere. Zusammen mit einem in Schräglage geneigten Kopf indiziert es viel eher einen Zweifel an dem, was die versammelten Politiker und Politikerinnen gerade zum Besten gegeben haben. Zugleich hat dieses immer wieder aufkommende Lächeln eine abmildernde Rolle, da diese unter Politprofis agierende Moderatorin sehr viel stärker *Moderatorin* sein muss als die Conférenciers der nachmittäglichen Talkshows. Denn da Auftritte in politischen Talkshows einen Teil der professionellen Rolle der dort auftretenden Politiker darstellen, haben die Politiker gegenüber den Moderatoren eine weit größere Macht, als dies etwa bei den Selbstdarstellern der Daily Talks am Nachmittag der Fall ist. Am Leitfaden bestimmter Sachthemen geht es hier, angeleitet durch die Vorgaben und Eingriffe der Moderatorin, vor allem um einen Wettstreit in politischer Rhetorik, der sich *zwischen* den geladenen Gästen abspielt. Das Recht zum Ergreifen von Redegattungen wie dem *Appell*, dem *Vorwurf* oder der *Beschwerde* an die Beteiligten und Betroffenen wird hier von jedem der Teilnehmenden in Anspruch genommen. Die Regie der Sendung aber inszeniert die gesamte Auseinandersetzung weit über den Inhalt der jeweiligen Wortwechsel hinaus. Durch permanente Schnitte und Gegenschnitte von Großaufnahmen der Redenden und Zuhörenden lässt sie ein eigenes Widerspiel wechselseitiger unausgesprochener Kommentierungen entstehen – wie es bereits das Beispiel im ersten Kapitel vorgeführt hat. „Politiker", so resümiert der Sprachwissenschaftler Johannes Schwitalla, „werden in öffentlichen Interviews nicht nur nach Informationen zu Ereignissen befragt, sondern sie werden auch in kritisch-distanzierender Weise zur Rede gestellt. [...] Und deshalb antworten Politiker auch mit den [...] Mitteln des Widersprechens, des Ausweichens, mit Vorwürfen usw., um ihre eigene Sicht der Dinge durchzusetzen und ihr Image zu verbessern."[17] Auch wenn dies im Hinblick auf Interviews formuliert wurde, so gilt es sicherlich auch für politische Talkshows, wie es das folgende Kapitel noch genauer nachzeichnen wird.

Von den Eingriffsmöglichkeiten jedoch bleibt die Tatsache unberührt, dass auch Politiker als Akteure in Talkshows einer *medialen Regie* unterliegen, in die sie sich einfügen müssen, wenn sie ihren Part erfolgreich spielen wollen. Obwohl eine im engeren Sinn moralisierende Kommunikation hier in der Regel nicht im Mittelpunkt steht, bildet sich durch die Kamera- und Schnitttechnik auf diese Weise doch ein Geflecht moralisierender Stellungnahmen, mit denen das Agieren der Beteiligten bewertet wird. Demgegenüber bleibt die direkte verbale moralische Intervention meist ein letztes, aber dennoch jederzeit aktualisierbares Mittel. Es kommt immer

---

16 *Sabine Christiansen* lief von 1998–2007 auf Das Erste.
17 Schwitalla (1979), S. 168.

dann zum Einsatz, wenn von der Moderatorin und/oder unter den Gästen die *Glaubwürdigkeit* einzelner oder vieler Akteure angezweifelt wird, wenn sie gravierender Inkonsistenzen in ihrem – oder zwischen ihrem – Reden und Handeln überführt werden können und sollen. Moral und Moralisierung sind auch hier ein konstitutiver *Faktor* der medialen Inszenierung öffentlicher Auseinandersetzungen, nicht jedoch, wie in den Talkshows am Tage, die anzügliche *Sache*, mit der das Publikum unterhalten werden soll.

5.5 Moralisierung ohne verbindliche Moral

Ähnlich verhält es sich mit den moralisierenden Elementen in vielen Informationssendungen, auch wenn es – unter Titeln wie *Explosiv*, *Panorama – Die Reporter* und anderen – in diesem Sektor ebenfalls Sendungen gibt, die einen besonderen moralischen Kitzel der Abscheu oder Verwunderung über das menschliche Treiben – und deutlich seltener auch seiner *Bewunderung* – erzeugen wollen. Auf die eine oder andere Weise ist eine moralisierende Kommunikation im Fernsehen allgegenwärtig, und sie ist sogar *zunehmend* präsent, wenn wir auf die vielen Daily Soaps, Dokusoaps, Ratgebersendungen und Gerichtsshows blicken, die Sendungen vom Typ *Arabella* seit den 2010er-Jahren abgelöst haben, die *insgesamt* als eine inszenierte Moralisierung verstanden werden können.[18] Aber was bedeutet das? Bedeutet es, dass wir uns *gesellschaftlich* in der Phase einer zunehmenden Moralisierung oder sogar einer Re-Moralisierung befinden – am Ende sogar mit einer Wende, die eine massenmedial indizierte Wiederkehr der *religiösen* Kommunikation mit sich führt?

Was letzteren Aspekt betrifft, so habe ich meine Zweifel, die ich im 8. Kapitel ausführlicher begründen werde. Selbst wenn wir die sehr weite Definition von Religion, die Thomas Luckmann vor vielen Jahren formuliert hat, übernehmen wollten, dass sich Religion überall dort findet, „wo aus dem Verhalten der Gattungsmitglieder moralisch beurteilbare Handlungen werden, wo ein Selbst sich in einer Welt findet, die von anderen Wesen bevölkert ist, mit welchen, für welche und gegen welche es in moralisch beurteilbarer Weise handelt"[19] – selbst und gerade dann können wir im Zusammenhang mit dem heutigen Fernsehen weder von einer moralischen noch gar von einer religiösen Instanz sprechen. Denn von einer *Instanz* (der Moral oder des Glaubens) kann nur die Rede sein, wo ihren normativen Weisungen ein Maß an Verbindlichkeit zukommt, das höher ist als das der übrigen Bewertungen, die das Miteinanderleben in der Gesellschaft steuern. Dies aber ist nicht der Fall – und unter den gegenwärtigen Bedingungen kann dies auch nicht der Fall sein. Denn den moralischen Wertungen, die die Inszenierungen des Fernsehens enthalten, fehlt für sich genommen der soziale Kontext, der den in ihnen vertrete-

---

18 Vgl. hierzu Kap. 9.
19 Luckmann (1991), S. 165.

nen moralischen (oder auch religiösen) Normen und Werten im Sinn einer gelebten Moral Geltung verschaffen kann.

Das bedeutet natürlich zugleich, dass es sich bei dem, was die mediale Moralisierung kommuniziert, um keine echten moralischen ‚Botschaften' handelt. So sehen es auch Horace M. Newcomb und Peter M. Hirsch, wenn sie schreiben: „Das Fernsehen vertritt, auch wo es Handlungen mit formal eindeutigem Schluss zeigt, keine klare weltanschauliche Position, sondern bietet Kommentierungen gesellschaftspolitischer Streitfragen."[20] Allerdings liegt dies nicht allein, wie Newcomb und Hirsch vermuten, daran, dass „nur ein vielschichtiges und auf Widersprüchlichkeit, Heterogenität und Offenheit unserer Kultur abgestimmtes Material [...] ein Massenpublikum finden"[21] kann; es liegt vor allem daran, dass selbst da, wo eindeutige weltanschauliche Positionen geboten werden, diese aufgrund der spezifischen Struktur ihrer artifiziellen Präsentation einen eigentümlichen Status haben. Moralische Regeln und Einstellungen haben nämlich vor allem dort eine normative Kraft, wo sie das Leben der Menschen *untereinander* regulieren, und sie behalten diese Kraft nur, wo sie auch untereinander korrigiert werden können, d. h. im Kontext und in der Kontinuität derjenigen Praxis, deren soziale Koordination sie tragen. Diese Kontinuitäten aber hebt das Fernsehen auf. Selbst in den Fällen, in denen Nachbarn oder gar Familienmitglieder vor laufenden Kameras aufeinander losgehen, sich beschimpfen und sich Vorwürfe machen, ist es die durch den künstlichen Rahmen des Fernsehens bestimmte Dekontextualisierung, die zugleich eine Relativierung der jeweils inszenierten Moral bewirkt. Im Unterschied zu traditionellen religiösen Praktiken werden hier auch keine Sonderkontexte geschaffen, die einer Bearbeitung moralischer Konflikte und Dilemmata dienen. Was hier geschaffen wird, ist vielmehr ein Forum, auf dem moralische Probleme auf die unterschiedlichste Weise *ausgestellt* werden. Die moralische Kommunikation im Fernsehen ist gerade dort, wo sie in den Mittelpunkt einzelner Sendeformen rückt, eine *Moralisierung ohne verbindliche Moral*.

Hier muss man jedoch differenzieren. Die erste Differenzierung habe ich gerade bereits vorgenommen. Die Moralisierung im Fernsehen bleibt *vor allem dort* ohne Konsequenzen, wo moralische Kommunikation zum zentralen Plot, sei es von Daily Talks, Daily Soaps, Dokusoaps oder Soaps, wird. Hier ist Moralisierung ein dramaturgisches Mittel, ein tragendes Showelement; sie wird in hoher Gleichgültigkeit gegenüber der (tatsächlich oder scheinbar) vorgeführten Lebenspraxis inszeniert.[22] Je mehr Moral zum primären Sujet der Fernsehunterhaltung wird, so könnte man formelhaft zuspitzen, desto mehr handelt es sich um eine Moralisierung ohne fest-

---

20 Newcomb/Hirsch (1986), S. 183.

21 Ebd.

22 Hier ist auch daran zu erinnern, dass die ‚echten Menschen', die im Nachmittagstalk auftreten, immer schon als Darsteller ihrer selbst agieren. Auf den speziellen Realitätscharakter des Reality-TV komme ich in Kap. 9 zurück.

stehende Moral. Darin unterscheidet sich das unterhaltsame Spiel mit der Moral von dem relativen Ernst, den eine Moralisierung im Kontext *politischer* Talkshows erhalten kann, obwohl sie in deren Verlauf in der Regel nicht den thematischen Mittelpunkt der Auseinandersetzung bildet. Einen solchen Ernst aber kann die moralische Kommunikation genau deshalb erhalten, weil die öffentliche Diskussion ein wesentlicher Bestandteil des demokratischen politischen Prozesses *ist*. Hier also *besteht* eine gewisse Kontinuität zu der übrigen Praxis der politischen Funktionsträger. Denn die Beteiligten wissen, was die Diskussionsredner ‚draußen im Leben' – in ihrer politischen Praxis nämlich – tun und lassen (oder sie *könnten* es wissen). Dadurch bleibt die Verbindlichkeit von Rede und Gegenrede, allen strategischen und rhetorischen Spielen zum Trotz, *vergleichsweise* hoch. Ebenso wie die Moderatorinnen und Moderatoren kann das Publikum bis zu einem gewissen Grad kontrollieren – oder doch: glauben zu kontrollieren –, wie es um das Verhältnis von Worten und Taten steht. Dies haben Politiker wie Karl-Theodor zu Guttenberg oder Christian Wulff in den Jahren 2011 bzw. 2012 schmerzlich erfahren müssen, als ihr öffentlicher Auftritt in zunehmende Spannungen zu den Nachrichten über ihr Gebaren außerhalb ihres im engeren Sinn politischen Geschäfts gerieten.[23]

Was sich aus derlei Konflikten für Konsequenzen ergeben – dies bringt mich zu meiner zweiten Differenzierung –, muss sich wiederum in den entsprechenden Handlungskontexten zeigen, die natürlich auf politischen und anderen Schaubühnen ganz andere sind als auf Lebenswegen außerhalb der medialen Berichterstattung. Generell aber ist es so, dass Sendungen des Fernsehens erst dann Wirkung zeigen, wenn es zu Formen der alltäglichen Aneignung dieser Sendungen kommt, die diesen eine nachhaltige Wirkung verleiht. Es ist daher also keineswegs auszuschließen, dass die hier behandelten Formate des Fernsehens moralische Einstellungen vermitteln können. Es liegt aber in der Struktur dieser Sendeformen, dass dies vorwiegend – wenn auch gelegentlich weit gestreute – *lokale* Wirkungen sein werden. Die moralische Kommunikation des Fernsehens kommt als *moralische* Kommunikation nur an, wenn sie aus spezifischen sozialen Kontexten heraus als solche *angenommen* wird. Die Form der hier betrachteten regelmäßigen Sendungen hingegen kann eine solche Verbindlichkeit alleine nicht sichern. Die Zunahme der moralischen Kommunikation im Fernsehen ist daher für sich genommen kein ausreichendes Indiz für eine Zunahme der Kommunikation von Moral – und somit auch nicht für eine ‚Re-Moralisierung' der Gesellschaft.

---

23 Dies untersuche ich näher in Kap. 7.

6 Wissen um Relevanzen. Zur Dramaturgie politischer Konflikte in Talkshows

Zu den Ritualen der Fernsehkritik in den Spalten der Feuilletons gehört es, das trübe Niveau zu beklagen, auf das die öffentliche Darstellung politischer Prozesse herabgesunken sei. Unter dem Titel „In der Gewäschanlage" beispielsweise empörte sich Fritz J. Raddatz in *DIE ZEIT* darüber, dass im gegenwärtigen Politainment der Anspruch auf eine analytische Berichterstattung aufgegeben worden sei. „Nicht das große A der Aufklärung" werde buchstabiert, „sondern das kleine a von *amusement*". Im politischen Fernsehen gehe es zu, „als habe keiner der Verantwortlichen je Brechts ‚Eine Photographie der Krupp-Werke sagt nichts über die Krupp-Werke' gelesen."[1] Von solchen pauschalen Beurteilungen müssen wir uns meines Erachtens befreien, wenn wir erkennen wollen, was in den Inszenierungen der politischen Berichterstattung tatsächlich geschieht. Mit der Opposition von *Amusement* und *Avanciertheit*, die schon in der *Dialektik der Aufklärung* zu Tode geritten wurde, kommen wir so wenig zur Sache wie mit flotten, aber falschen Sprüchen des auch von mir verehrten Bertolt Brechts. Denn natürlich sagt eine Fotografie der Krupp-Werke etwas über die Krupp-Werke aus (da es weder eine neutrale Architektur noch einen neutralen Blick auf Architektur gibt) und natürlich gibt der Blick auf die Dramaturgie des Politischen im Fernsehen einen Einblick in die Wirklichkeit politischer Prozesse. Freilich muss es ein genauer Blick sein, der die Semantik der Form der entsprechenden Sendungen zu lesen vermag.

Zu dieser Entzifferung möchte ich etwas beitragen, indem ich mich der Dramaturgie politischer Talkshows zuwende. Meine Betrachtung der Behandlung politischer Konflikte in entsprechenden Sendungen möchte zum einen zeigen, dass es sich hier um eine Form *inszenierter* Kommunikation handelt, die gleichzeitig einen hochgradig *rituellen* Charakter hat. Eine Beachtung der dramaturgischen Qualitäten der fraglichen Sendungen lässt zum anderen erkennen, dass das von ihnen vermittelte Wissen primär ein *Wissen um Relevanzen* ist. Eine wissenssoziologische Untersuchung des Fernsehens, so soll dabei exemplarisch deutlich werden, findet in der bildsprachlichen Ästhetik und Rhetorik medialer Produkte die von diesen präfigurierten Orientierungen auf.

---

1 Raddatz (1993) – Den Hinweis auf diesen Artikel verdanke ich Wulff (1998).

6.1 Inszenierte Kommunikation

Jede Talkshow, unter denen die politischen Gesprächsrunden nur einen kleinen Teil bilden, ist eine Form inszenierter Kommunikation. Die Dialoge und Polyloge, die das Geschehen dieser Sendungen ausmachen, finden auf einer Bühne oder Arena statt; in virtueller und meist auch realer Nähe sind Zuschauer beteiligt; alle Gesprächsteilnehmer wissen, dass sie sich mit ihren Äußerungen in einem öffentlichen Raum bewegen. Mit Martin Seel verstehe ich Inszenierungen als Formen der „öffentlichen Herstellung eines vorübergehenden räumlichen Arrangements von Ereignissen, die in ihrer besonderen Gegenwärtigkeit auffällig werden."[2] Das heißt, Inszenierungen sind öffentliche Vorgänge, die vor einem und für ein Publikum arrangiert werden, und zwar so, dass sich ein bemerkenswerter Ablauf von Begebenheiten ergibt, durch den diese für die Öffentlichkeit ,zum Ereignis' werden. Inszenierungen machen das, was sie jeweils präsentieren, nicht allein bewusst, sondern geben ihm eine Gestalt, durch das es für die Zuschauenden eine gesteigerte Bedeutsamkeit gewinnt, und zwar auf eine anschauliche, sinnanfällige Weise. Inszenierung stellt Bedeutsamkeit her, indem sie das Inszenierte in das Licht einer möglichst unübersehbaren Öffentlichkeit stellt.

Die Ereignisse, die im Rahmen von Talkshows inszeniert werden, sind Gespräche sehr unterschiedlicher Art – Gespräche allerdings, bei denen keineswegs allein das Gesprochene zählt. Vielmehr wird bereits durch die Einrichtung des Studios, erst recht aber durch die Bildführung der jeweiligen Sendung eine besondere Situation erzeugt, die alles das, was verbal geäußert wird, in einen spezifischen Zusammenhang stellt, der den Nexus der geäußerten Worte weit überschreitet. Allein aus der Interaktion des jeweils Gesagten und Nicht-Gesagten ergibt sich der kommunikative Gehalt dieser Sendungen. Obwohl es sich um Gesprächssendungen handelt, zeigen sie in der Form ihrer klangbildlichen Inszenierung vieles, was weder annoch ausgesprochen wurde.

Für politische Talkshows freilich gelten hierbei besondere Bedingungen. Den beteiligten Politikerinnen und Politikern stellt sich die Aufgabe, sich als Akteure zu präsentieren, die hinter ihren Worten und zu ihren öffentlich bekannten Taten stehen, aber auch für die jeweils erörterten Probleme aufgeschlossen sind und praktikable Lösungen anzubieten haben. Gleichzeitig müssen sie sich dem Publikum als unverwechselbare Individuen präsentieren, denen verlässliche Leistungen zugetraut werden können, und damit als Personen, denen auch in der Zukunft politische Mandate anvertraut werden können. Um einen solchen Eindruck muss während der Sendung permanent, also keineswegs nur während der eigenen Redezeiten, gerungen werden. Eine politische Talkshow ist ein agonaler Wettkampf um politische Überzeugungskraft, der im Kern stets ein Kampf um das Bild ist, das die interessierte

---

2 Seel (2001), S. 55.

Bevölkerung von den politischen Akteuren gewinnt. Dieses metaphorische Bild aber ergibt sich aus der Einheit von Wort und Bild. Genauer noch: Es ergibt sich aus der Dramaturgie der Wort-Bild-Sequenzen, in deren Verlauf die Politikerinnen und Politiker medial miteinander konkurrieren. Wie sie dort erscheinen, wie sie dort wirken, welche Art der Aufmerksamkeit sie dort gewinnen, ist für ihren politischen Einfluss unter heutigen Bedingungen durchaus entscheidend. Dieses Bild aber, das die beteiligten Politikerinnen und Politiker im Verlauf solcher Sendungen abgeben, erzeugen keineswegs sie allein. Es resultiert vielmehr in erheblichem Maß aus einer audiovisuellen Choreografie, die den gesamten Verlauf der inszenierten Auseinandersetzung umfasst und der alle Beteiligten von Anfang bis Ende unterliegen. Durch permanente Schnitte und Gegenschnitte von Großaufnahmen der Redenden und Zuhörenden, durch Schwenks und Zooms, durch Überblenden und Weichzeichner, neuerdings auch durch die Verwendung von Split Screens und Rückprojektionstechniken sowie durch eingespeiste Kurzbeiträge (sogenannte ‚Einspieler') lässt diese Choreografie ein eigenes Widerspiel wechselseitiger unausgesprochener Kommentierungen entstehen, die den Gesamtcharakter der betreffenden Sendungen prägen.

Will man diese Kommentierungen, die sich in der Inszenierung politischer Talkshows vollziehen, empirisch untersuchen, so muss man der Tatsache Rechnung tragen, dass es sich bei den fraglichen Sendungen – wie bereits im vorigen Kapitel ausgeführt – um vielschichtige Kompositionen visueller und akustischer, verbaler und nonverbaler Elemente handelt. Die Dramaturgie einer Talkshow kommentiert und bewertet alles, was sich in ihrem Verlauf zeigt, und zwar gerade durch die Art, wie sie es zeigt. Die Form der Präsentation aller Äußerungen, die sich in ihrem Kreis ereignen, prägt den kommunikativen Verlauf im Ganzen.

Man kann sich dies leicht durch ein kleines Gedankenexperiment klar machen. Was in einer politischen Talkshow verbal – inklusive aller Nuancen der Intonation – gesagt wird, könnte auch von einer Radioaufzeichnung wiedergegeben werden. Was von den Beteiligten mimisch und gestisch zum Ausdruck gebracht wird, kann von den Zuschauerinnen und Zuschauern im Studio verfolgt werden. Was aber die Zuschauerinnen und Zuschauer am Bildschirm sehen, ist keineswegs allein eine Selektion und Kombination dieser beiden Dimensionen, sondern vielmehr eine eigenständige Inszenierung des Gesprächsverlaufs, die ihm eine spezifische, allein in der Choreografie der Sendung vorliegende Bewegtheit verleiht. Die Bildregie gibt der Wahrnehmung der Betrachterinnen und Betrachter eine bestimmte, niemals neutrale Sichtweise vor; sie lenkt die Aufmerksamkeit in einer Weise, die diese auffordert, dem Hin und Her der Diskussion eine bestimmte Art der Aufmerksamkeit zu schenken. Alles wird so gezeigt, dass selbst auf unausgesprochene Weise etwas gesagt wird.

Wie dies geschieht und was dies bedeutet, möchte ich an zwei Beispielen aus unterschiedlichen, für das Genre paradigmatischen politischen Talkshows verdeutlichen, um anschließend aus einer stärker theoretischen Perspektive zu fragen, welche gesellschaftliche Funktion der Dramaturgie dieses Sendetyps zukommt.[3]

6.1.1 Sabine Christiansen

Das erste Beispiel ist ein Ausschnitt aus der für längere Zeit als ‚die‘ politische Talkshow im Fernsehen geltenden Sendung *Sabine Christiansen*. Das Thema der Sendung vom 07.09.2000 lautete: *Ölpreis-Wut: Kann oder will die Politik nichts tun?* Die Studiogäste sitzen in einem Halbrund; sie sind rechts und links von der Moderatorin aufgereiht, mit einer Öffnung zum Studio- und Fernsehpublikum hin. Die Sitzordnung zeigt von links nach rechts: den Politiker und Träger des alternativen Nobelpreises Hermann Scheer, den Politiker Fritz Kuhn, die Politikerin Angela Merkel, die Moderatorin Sabine Christiansen, den Politiker Kurt Beck und den Politiker Wolfgang Gerhard. Dabei entspinnt sich ein Disput über Sinn und Unsinn der sogenannten ‚Ökosteuer‘:

Transkr. 6.1: Talkshow: *Sabine Christiansen* (Das Erste), 17.09.2000
Thema: *Ölpreis-Wut: Kann oder will die Politik nichts tun?*, Ausschnitt 1

Nr. Zeit	Bild	Ton	
04 '3	N: Fritz Kuhn (FK)	FK:	soll ja auch im produzierenden Gewerbe lenken ist doch logisch es kann ja nicht
05 '4	N: BR^re im Profil Wolfgang Gerhard (WG); TS: in BH^li dahinter Kurt Beck (KB)		ne reine Verbrauchersteuer sein da kann man über vieles (.) im Detail reden
06 '17	N: FK in BM, schaut um sich, leichte Auf- und Abbewegung des Kopfes mit Kopfnicken, gestikuliert mit der linken Hand, Zeigehand nach vorn, F^h,li: Kamerafahrt der auf FK gerichteten Kamera um WG herum	 WG: FK:	was man ganz normal in der Koalition tun wird aber dass die Ökosteuer lenkt Herr Gerhard das will ich noch zu ihnen sagen des können sie am besten sehen wenn sie sich die Werbung die Automobilkonzerne [machen anschauen [also hm ((räuspert sich)) ja zum Beispiel ein bekannter aus Wolfsburg der wirbt <<f>dezidiert> mit

---

3 Zu den Konventionen der folgenden Transkriptionen vgl. den Anhang dieses Buches.

Nr. Zeit	Bild	Ton	
	HN: im VG WG von hinten, unscharf, im HG BR^{ll} FK von vorn	WG: FK: WG:	seinen [verbrauchsärmeren Modellen [ja (--) [mit der Ökosteuer also [aber das würd er auch
07 '4	G: WG im Profil, lächelt und nickt leicht	FK: WG: FK:	ohne Ökosteuer machen (-) da glaub ich etwas mehr [an die wirtschaftliche Vernunft als an [das geht auch ohne die der FDP
08 '3	N: FK nach vorne gebeugt schaut nach re linke Zeigehand nach vorn	WG: FK:	die sehen nämlich [dass die Leute [ich glaub- wenn sie zu Autohändlern
09 '6	N: Hermann Scheer (HS) in der BHli schaut nach u; S^{re},Z^h: HN: HS und daneben FK	FK: WG: FK: WG: FK: WG: FK: WG:	[gehen und fragen das müssen sie [ja (.) Herr Kuhn (.) mal das müssen [sie mal machen [und die deutschen [hören sie mal zu wenn sie zu [Ingenieure brauchen die Ökosteuer [Autohändlern und fragen [nicht um bessere Autos zu entwickeln
10 '3	G: WG im Profil, schaut nach li, leckt sich die Lippen	WG: FK:	wirklich nicht und die fragen was ist denn heute die erste Frage die
11 '5	N: FK leicht nach re vor gebeugt		die Leute stellen wenn sie neue Modelle angucken dann sagen die ihnen das hab ich oft erlebt zu
12 '5	HN: Publikum, im VG zwei Männer im Profil, nickend, im HG weitere Reihen Publikum		erst fragen die Leute inzwischen nach dem Verbrauch während sie früher nach äh Kofferraum und Geschwindigkeit und
13 '8	N: FK in der BM, starke Auf- und Abbewegung des Kopfes, ausgeprägte Gestik		PS und sowas gefragt hab=n also des beginnt zu <<f>wirken> tatsächlich da wären wir doch blöde wenn wir jetzt diese Geschichte aussetzen würden denn
14 '5	G: WG im Profil, nach vorn gebeugt		es ist völlig richtig b=wir müssen auch eine vernünftige Reaktion auf das Weltklimaproblem

Zu Beginn des Ausschnitts in der Einstellung E 06 kündigt Fritz Kuhn mit einer verbalen Direktadressierung („Herr Gerhard") und einer deutlichen verbalen und gestischen Unterstreichung („das will ich noch zu ihnen sagen") einen Aktivitätstyp an, der eine weitere Bearbeitung erforderlich macht. Wolfgang Gerhard widerspricht im Ja-Aber-Format und versucht damit, das Argument von Kuhn zu entkräften („also ja aber das würd er auch ohne Ökosteuer machen"). Kuhn erwidert mit einer flapsigen Bemerkung („da glaub ich etwas mehr an die wirtschaftliche Vernunft als an die der FDP"). Während dieses beginnenden Disputs fährt die auf Kuhn gerichtete Kamera hinter Gerhard vorbei und hebt dadurch diese beiden als momentane Hauptkontrahenten hervor. Als Kuhn fortfährt, ist in E 07 Gerhard in Großaufnahme zu sehen, mit zusammengekniffenen Augen und einem schwer zu deutenden, von einem leichten Nicken begleiteten Lächeln. Der folgende verbale Schlagabtausch zwischen Kuhn und Gerhard wird bildlich von einer siebzehn Sekunden langen Kameraeinstellung auf Hermann Scheer, den Träger des alternativen Nobelpreises von 1999, begleitet (E 09), dessen ruhige Mimik und Haltung in auffälligem Kontrast zu dem jeweils in Großaufnahme sichtbaren grimassierenden Gesicht von Wolfgang Gerhard in der Einstellung davor und danach stehen (E 07 und E 10), dessen Einsprüche dadurch deutlich auf der Ebene des Bildes untergraben werden. Eine bildsprachliche Unterstützung erhält dagegen die Argumentation von Kuhn durch eine in E 12 einmontierte Einstellung, die das Publikum im Studio, und hier insbesondere einen seriös aussehenden jüngeren Mann (der mit Anzug, Weste und Krawatte eher dem Klischee der FDP-Klientel entspricht), zeigt, der mehrmals zustimmend nickt. ‚Vorteil Kuhn' sagt die Inszenierung dieser Sequenz, ein Vorteil, der an den Worten allein so nicht auszumachen ist. Tatsächlich sagt die Bildregie natürlich gar nichts, sondern formuliert ihre Wertung allein im Modus des Zeigens.

Auch in der direkt anschließenden Sequenz kann man sehr gut sehen, wie die Regie Bilder nicht einfach nur komplementär zum Gesagten einsetzt, sondern wie mit den Mitteln der Wort-Bild-Kombination erst die ganze Botschaft des kommunikativen Geschehens geschaffen wird:

Transkr. 6.2: Talkshow: *Sabine Christiansen* (Das Erste), 17.09.2000
Thema: *Ölpreis-Wut: Kann oder will die Politik nichts tun?*, Ausschnitt 2

Nr. Zeit	Bild	Ton	
15 '3	G: Angela Merkel (AM), nickt, spitzt den Mund, dreht den Kopf	FK:	äh machen und die meist weniger Energie verbrauchen
16 '7	N: FK nach re vorn gebeugt, gestikuliert mit der linken Hand, schaut kurz nach vorn, dann nach re, beugt sich nach vorne re, am BR^{re} unscharf Hinterkopf von AM	FK: (): FK:	und in Marktwirtschaften [macht man des [des is am besten in dem der Preis verteuert wird und an ander=n Stelle entlasten wird Sie Frau Merkel haben in ihrem Buch das jetzt übrigens
17 '8	G: AM schaut nach u, schaut nach li und lacht, nickt, schaut nach re, nickt, schaut nach vorn lacht und schüttelt den Kopf, schaut nach li immer noch lächelnd, schaut nach vorn, nach re	FK: AM: FK: AM: FK:	viele Leser findet [ich gratuliere [ich gratuliere [sehen sie [sehen sie [ja diese genau äh [können se mal sehn dargestellt aber heute wollen sie nichts wissen dieses k.o. äh Öko
18 '4	N: FK schüttelt den Kopf, gestikuliert mit der linken Hand, schaut nach re		steuer wirkt auf mich wie wenn sie sich von ihren eigenen Gedanken und Überzeugungen verabschieden
19 '17	HT: In der BH^{li} FK, in der BH^{re} AM, FK sitzt zu AM gedreht, linke Zeigehand, leichte Auf- und Abbewegung; Merkel legt die Hände zu einem O; Fli, Z^{v}: N: AM lächelnd schaut nach li; Z^{h}: HN: AM daneben FK gestikulierend; am BR^{li} Profil von HS der sich ins Bild beugt; Fre, Z^{v} N: AM zieht die Augenbrauen zusammen, schüttelt den Kopf, schaut nach li, dann nach re, im BR^{li} FK Zeigehand auf AM, AM schaut nach li, nach re und lacht schaut nach vorn	 AM: (): FK: Publ.: AM: SC: FK: SC:	und ich=p=ä ich würde ihnen persönlich noch den Rat geben wollen dass man sehr sehr aufpassen muss dass das nicht jetzt hier bei ihnen ne Kampagne wird äh wo sozusagen den den Kampagnengeist von Koch und Stoiber drinsteckt und nicht mehr [äh äh d' die äh [<<p>hier steckt der von Merkel drin> [muss denn alles [nein ich halte das für wichtig [((Klatschen)) [hier steckt der von Merkel drin [is es denn- [ich seh () [is ist das eigentliche Problem

In E 16 leitet Kuhn sehr betont auf einen neuen Punkt über: Wiederum mit einer Direktadressierung wendet er sich nun Frau Merkel zu („Sie Frau Merkel") und macht ihr vordergründig ein Kompliment („haben in ihrem Buch, das jetzt übrigens viele Leser findet ich gratuliere"). Auf dieses vermeintliche Kompliment folgt kurz darauf in E 19 eine weitere eher verhaltene Formulierung im Konjunktiv („ich [...] würde ihnen persönlich noch den Rat geben wollen"), die suggeriert, dass hier etwas zum Besten eines anderen gesagt würde. Dieses höflich formulierte Angebot erweist sich aber rasch als expliziter Vorwurf. Mehrere Unterstellungen verbergen sich hinter der weiteren Aussage („äh wo sozusagen den den Kampagnengeist von Koch und Stoiber drinsteckt und nicht mehr"), die von der angegriffenen Person abgearbeitet werden müssen. In E 19 wird dies von Angela Merkel dann auch versucht. Zuerst mit leiser Stimme („hier steckt der von Merkel drin"), anschließend aber – vor dem Hintergrund des Beifalls für Kuhn – lauter werdend, meldet sie Widerspruch an („hier steckt der von Merkel drin").

Wenn Fritz Kuhn hier in E 17 Angela Merkel für ihr zu Regierungszeiten geschriebenes Buch über die ökologische Erneuerung lobt und sogleich den dringenden Appell anschließt, doch ihren früheren Ansichten – und damit sich selbst – treu zu bleiben, sehen wir im Bild eine freudig lächelnde Angela Merkel. Die folgende Einstellung zeigt Fritz Kuhn, der zu Merkel gedreht sitzt und mit der Zeigehand das von ihm Gesagte noch unterstreicht. In E 19 ist wieder die angesprochene Angela Merkel zu sehen, die die Hände zu einem O formt und zunächst sichtlich Mühe hat, auf das von Kuhn Gesagte eine angemessene körpersprachliche Reaktion zu finden. In ihrer Reaktion zeigt sie (und zeigt die Kamera den Zuschauern) zuerst ein mädchenhaft-freudiges Lächeln (in Nahaufnahme), dann (in einer halbnahen Einstellung) ein In-sich-Zurücksinken bei gleichzeitigem Versuch, Haltung zu bewahren und schließlich, durch einen Kamerazoom herangeholt, in Großaufnahme den ostentativen Versuch, eine kritische Miene zu zeigen, bis dann, mit einem jetzt selbstsicheren Lächeln, auch die verbale Antwort kommt.

Frau Merkel hat hier ein Glaubwürdigkeitsproblem, da sie, woran ihr Kontrahent sie erinnert, in einem früheren, als Umweltministerin geschriebenen Buch die Einführung einer Ökosteuer befürwortet hat und nun als Vorsitzende der Oppositionspartei eine politische Kampagne *gegen* diese Steuer glaubhaft anführen soll. Dieses Problem betrifft sie persönlich und für einen Moment auch körperlich. Sie muss es bereits bearbeiten, bevor sie überhaupt das Wort ergreifen kann – und sie kann es nur erfolgreich bearbeiten, wenn sie es nicht allein mit Worten aufklärt. Sie muss versuchen, sich als jemand zu geben, den ein solcher Vorwurf nicht treffen kann. Dies ist hier weniger eine Frage der argumentativen Konsistenz als vielmehr der diskursiven Präsenz, bei der der Stimmigkeit von Argumenten oft nur eine nachrangige Bedeutung zukommt – eine Präsenz, die in der Abfolge von Bildern erreicht oder verfehlt wird, die den Protagonisten nah auf den Leib rücken und sie beständig in Beziehung zueinander setzen.

6.1.2 Hart aber Fair

Dass dieses ‚Zueinander in Beziehung setzen' eines der auffälligsten stilistischen Mittel der Kameraarbeit und vor allem der Bildregie in solchen Gesprächsrunden ist, wird auch an meinem zweiten Beispiel deutlich. Teilnehmer an der von Frank Plasberg moderierten Talkshow *Hart aber Fair* sind der Politiker Peer Steinbrück, die Schauspielerin Nathalia Wörner, die Hausfrau Ingrid Köper-Pape, der Unternehmer Peter Paul Moll und der Politiker Gregor Gysi. Diese sitzen von links nach rechts an einem sichelförmigen Tisch nebeneinander; der Moderator Plasberg steht ihnen gegenüber. Das Thema der Sendung ist die Sozialpolitik der damaligen Großen Koalition.

Transkr. 6.3: Talkshow: *Hart aber Fair* (WDR), 24.10.2007
Thema: *Hilfe, sie haben die Reform geschrumpft – geht so der Aufschwung kaputt?*, Ausschnitt

Nr. Zeit	Bild	Ton
06 '4	N: Peer Steinbrück (PS)	GG: ehemalige Sozialdemokratinnen und Sozialdemokraten die WASG gründeten
07 '21	HT: sichelförmiger blauer Tisch von li nach re Peer Steinbrück (PS), Nathalia Wörner (NW), Ingrid Köper-Pape (KP), Peter Paul Moll (PM), Gregor Gysi (GG). F^{re}, Z: G: GG gestikuliert, die Ellbogen sind aufgestützt blickt nach re, S^{li}: GG aufgestützte Ellbogen, faltet die Hände, Z^h, N: kurze Tiefenunschärfe im Bild, dann GG klatscht die Hände zusammen, gestikuliert energischer mit geschlossenen Händen, blickt nach re Ü	mit der wir uns jetzt ja vereinigt haben .h weil, sie einen anderen sozialen Ansatz gesucht haben in der Gesellschaft sicherlich auch eine' anderen friedenspolitischen aber ich glaube das entscheidende war der andere soziale Ansatz .hh und das Problem bei Agenda 2010 hieß doch Publ.: ((kurzes Klatschen)) GG: wir lösen die Probleme indem wir zeit Publ.: ((kurzes Klatschen)) GG: gleich folgendes machen wir senken die Körperschaftssteuer, wir nehmen
08 '9	VG, BH^{li}, G: PS zuerst scharf, dann unscharf, im rechten Profil HG, BM, N: GG zuerst unscharf dann scharf im Profil, blickt nach vorn, gestikuliert, nickt GG dreht sich nach li zu PS immer noch gestikulierend	keine Vermögenssteuer, wir haben die niedrigste Grundsteuer, Erbschaftssteuer, et cetera .h also das fahrn wir auch noch alles runter und dann drehn wir uns um und sagen den Rentnerinnen und Rentnern, den Arbeitslosen

Nr. Zeit	Bild	Ton
09 '6	G: PS, Kopf leicht nach li gedreht, dreht Kopf nach vorn, blickt nach u	und den Kranken dass fürs' für sie leider sehr viel weniger haben und deswegen die Leistungen kürzen müssen Renten formel wurde geändert Nullrunde
10 '4	N: GG blickt nach li, nach vorn, nach re, gestikuliert	über Nullrunde alles Minusrunden .h und das <<f>akzeptieren>, die Leute nich und
11 '4	G: PS im Profil, dreht Kopf von re nach vorn li, blickt nach u	deshalb is es nötig dass au(h)ch die SPD von links unter Druck gerät und das gerät sie heute Publ.: ((mehrmaliges kurzes Klatschen))

12 '6	N: GG blickt abwechselnd nach re, li und re, lächelt	GG: und fängt sich an zu verändern
		    [is doch nicht schlecht oder, .hh h,
		FP: [Herr Steinbrück wie viel programma-
		    tischen (--) hmkrhmm
		( ): ((HG: Lachen))
		Publ.: [((Klatschen))
		FP: [das war ja ne sehr frei

13 '2	HN, Sre: Publikum, zum Teil klatschend	Publ.: ((Klatschen)) FP: händige Beschreibung=äh
14 '3	N: Frank Plasberg (FP) Oberkörper leicht nach li gedreht, lächelnd	wie viel programmatischen Raum haben sie der Links Partei tatsächlich gelassen
15 '7	G: PS im Profil, blickt nach u, dann nach vorn, bewegt Oberkörper nach vorn, dann zurück und schüttelt leicht den Kopf, blickt nach re, dann geradeaus	PS: (-) die SPD ist nicht dazu da auf die Links Partei zu schielen sondern sie muss ihren eigenen Kurs definieren und Herr Gysi macht sich das sehr leicht
16 '2	G: GG Z^h, N: GG blickt nach u	(--) natürlich kann ich=äh für
17 `6	G: PS im Profil, blickt nach u	Schüler für Rentner für ältere Menschen .hh äh für Arbeitslose für Sozialhilfeempfänger hier

Nr. Zeit	Bild	Ton
18 '12	VG, BH^li, G: PS unscharf, im rechten Profil, bewegt den Kopf HG, BM, N: GG im Profil, blickt nach vorn, Hände gebetsartig vor dem Mund Z: VG, BH^li, D: unscharf S, HG, BM, G: GG im Profil, blickt nach vorn, Hände vor dem Mund gefaltet, nickt	flammende Reden abgeben ich kann verteilen .hh nur eine Partei wie die SPD is nich nur fürs Verteilen, zuständig sondern sie is auch dafür zuständig dass etwas erwirtschaftet wird <<f>damit> etwas verteilt werden kann der solidar' .h solidarische Staat funktioniert nur
19 '4	G: PS im Profil, blickt nach u, dreht den Kopf nach re, blickt nach vorn, nach u	wenn vorher auch Leistung erbracht worden ist und deshalb wird die SPD .h
20 '11	N: GG, im Profil Hände vor dem Mund. F^li, N: KP, NW Z, S^re, Z^h: von li nach re, G: PS im Profil, dann N: NW, KP und GG im rechten Profil, GG Hände vor dem Mund, KP blickt in Richtung PS	<<f>beides> tun müssen die Links Partei kann es sich erlauben <<f>ein> Akzent zu setzen in diesem Fall die Verteilung; die SPD muss auf der <<f>einen> Seite diese Republik .h auf die Höhe der wirtschaftlich techni- schen Entwicklung bringen vor dem Hintergrund eines <<f>

Während Gregor Gysi in E 06 auf eine Frage des Moderators Plasberg antwortet, sehen wir im Bild Peer Steinbrück mit versteinerter Miene. Die nächste Einstellung E 07 beginnt mit einer Kamerafahrt von links nach rechts, von Steinbrück zu Gysi, die diese am entferntesten voneinander sitzenden Teilnehmer in Beziehung zuei- nander setzt. Nach einer Überblende werden beide in E 08 zusammen im Bild prä- sentiert, so, dass die zwischen den beiden sitzenden Studiogäste nicht im Bild zu sehen sind. Eine seitliche Einstellung zwingt Steinbrück und Gysi zusammen in eine Ansicht, wobei durch eine Veränderung der Tiefenschärfe beide Politiker abwech- selnd scharf und unscharf im Bild zu sehen sind. Auffällig an diesen Einstellungen ist dabei die sehr unterschiedliche Mimik und Gestik der beiden Politiker, die die Kamera durch den Einsatz von Groß- und Nahaufnahmen besonders hervorhebt. So sehen wir in E 09 und E 11 in Großaufnahme einen unter sich blickenden, fast re- gungslosen Peer Steinbrück, während Gysi ihn bzw. die SPD direkt anspricht. In E 12, am Ende seines Statements, erscheint ein Gregor Gysi in Nahaufnahme, der triumphierend nach allen Seiten blickt, jedoch keinen Augenkontakt mit Steinbrück aufnimmt. Steinbrück wiederum ist in der folgenden Einstellung in Großaufnahme zu sehen (E 15). Er bleibt persönlich völlig unberührt, antwortet unaufgeregt, ruhig, sich erst langsam steigernd (erst in E 20 wird seine Stimme lauter und sein Ton be- stimmter). In E 16 und 17 findet wieder ein Schnitt-Gegenschnitt-Verfahren Anwendung, zuerst mit Blick auf Gysi, dann auf Steinbrück. In E 18 werden beide wieder von der Seite zusammengerückt. Am Ende des Ausschnitts, in E 20, erfolgt schließlich eine (zu derjenigen in E 07 komplementäre) Kamerarundumfahrt von Gysi zu Steinbrück, die in einer Großaufnahme von Steinbrück im Profil mit einem dahinter ebenfalls in Großaufnahme sichtbaren Gysi mündet.

Beschreibungen wie diese mögen pingelig und überdetailliert erscheinen, doch sie sind es keineswegs. Denn sie halten fest, dass und wie hier bildlich ein Dialog inszeniert wird, der zwischen den betreffenden Akteuren weder verbal noch gestisch-mimisch stattfindet. Denn weder Gysi noch Steinbrück nehmen in diesem Gesprächsausschnitt persönlich aufeinander Bezug (selbst wenn Steinbrück den *Namen* Gysi in E 15 erwähnt, wendet er sich der *Person* Gysi um keinen Millimeter zu). Natürlich kommt durch dieses filmische Verfahren kein sachlicher Austausch zwischen Steinbrück und Gysi zustande; die dialogische Kameraführung und Montage macht deren Ausführungen nicht zu einem tatsächlichen Dialog. Was vielmehr auf diese Weise dramatisiert wird, ist gerade die ostentative Nicht-Kommunikation zwischen den Vertretern der Linken und der SPD. Es wird in einer Gegenüber- und Zusammenstellung gezeigt, wie sie *nicht* aufeinander eingehen. Und darin liegt dann schließlich doch ein inhaltlicher Akzent, weil die vorgeführte Starrheit des wechselseitigen Verhaltens, insbesondere vonseiten Steinbrücks, dessen einleitende Maxime sehr nachdrücklich unterstreicht: „Die SPD ist nicht dazu da, auf die Linkspartei zu schielen" (E 15).

6.2 Form und Funktion

Ich habe an diesen Beispielen zu zeigen versucht, wie die Bildregie einer politischen Talkshow durchweg kommentierend verfährt. Damit ist aber keineswegs die Forderung verbunden, dass sich die Regie in solchen Sendungen um eine neutrale Darstellung bemühen sollte. Eine solche ist vielmehr gar nicht möglich. Es ist ganz unvermeidlich, dass die Bildfolgen, in denen solche Gespräche wiedergegeben werden, deren Verlauf nachhaltig modifizieren. Dies hat zur Folge, dass auf dem Bildschirm stets eine eigene, an die Gesetze des Mediums gebundene *Interpretation* der jeweiligen Auseinandersetzung entsteht. So sehr es sich also aus medienkritischer Sicht lohnen mag, bestimmte *Stile* der Inszenierung politischer Talkshows infrage zu stellen, so wenig hätte es Sinn, darüber zu lamentieren, dass die Bildfolgen einen gewichtenden Einfluss auf den Gehalt haben. Denn sie haben ihn unvermeidlicherweise als *Bildbewegungen* dieser oder jener Art, die etwas wahrzunehmen und zu verstehen geben, das es ohne diese Konfigurierung der Gesprächsverläufe *so* weder wahrzunehmen noch zu verstehen gäbe. Die Bildsequenzen solcher Sendungen verleihen dem, was sie darbieten, einen besonderen (und immer auch in besonderer Weise bewertenden) Gehalt. Sie machen Kontroversen anschaulich, spitzen sie zu, personalisieren sie und unterziehen die Beteiligten zugleich einer besonderen Art von – nicht immer hartem, aber auch nicht immer fairem – Test, den sie besser oder schlechter bestehen können.

Aus dieser relativen Macht der Bilder folgt ebenfalls nicht, dass die Zuschauerinnen und Zuschauer am Fernsehen der durch die Regie angebotenen Deutung wehrlos ausgeliefert wären. Sie sind es so wenig, wie sie den Worten von Politikerinnen und Politikern ausgeliefert sind. Hier wie dort können sie sich widerständig zu den im Blick auf Personen wie Sachen jeweils angebotenen Deutungen verhalten, wobei es allerdings manchmal schwieriger sein dürfte, gegenüber der auf einen Gesprächsverlauf offerierten *Sicht* skeptisch zu sein als gegenüber den in ihm getroffenen *Aussagen*.

Bislang ging es mir darum, zu erkunden, welche spezifische Form der Kommunikation in der Bildsprache dieser Sendungen liegt. Damit war eine These über die *Verfassung* dieser Sendungen verbunden, die sich auf eine kurze Formel bringen lässt: Durch das Zeigen sagen die Sendungen etwas über das in ihnen Gesagte hinaus. Nur unter Berücksichtigung ihrer formalen Verfassung lässt sich die kulturelle, soziale und politische *Funktion* dieser Sendungen erkennen.

So sind es gerade die besonderen Bild-Text-Beziehungen, die für ihren Unterhaltungscharakter zentral sind. Und wiederum dieser Unterhaltungscharakter aber ist es, der politischen Talkshows eine besondere Funktion verleiht: Was nämlich durch das Format der Sendungen insgesamt vermittelt wird, ist nicht in erster Linie diese oder jene Meinung, sondern ein Spiel von Meinungen und bestimmte Regeln dieses Spiels, die sich für Zuschauer und Beteiligte als der Alltag der politischen Auseinandersetzung präsentieren. Als regelmäßig wiederholte Veranstaltungen heben diese Sendungen darüber hinaus nicht allein das jeweils behandelte Problem für die *Aktualität* des Tages heraus, sondern erzeugen zugleich eine *Kontinuität* der kontroversen öffentlichen Behandlung politischer Themen. Als Teilnehmer an der Inszenierung eines solchen Meinungsspiels befinden sich die geladenen Politiker und Politikerinnen dabei stets auch auf einem gemeinsamen Boden: Denn sie sind es ja, die – in ihrem rhetorischen Mit- und Gegeneinander – *zusammen* die Show am Laufen halten. Animiert durch Moderatorin oder Moderator kooperieren sie in der Bekräftigung der Aktualität eines gemeinsamen, wenn auch kontrovers gedeuteten Problems. Die Inszenierungen der Talkshows sind also nicht nur ein In-Szene-Setzen der einzelnen Proponenten, sondern auch eine kollektive Vergegenwärtigung der Bedeutung des jeweiligen Themas und der anstehenden Entscheidungen, einschließlich des öffentlich geführten Disputs selbst. In den Inszenierungen politischer Talkshows werden auf diese Weise kontroverse Themen auf einem in der Regel *nicht* kontroversen Boden dargeboten. Es wird Einigkeit darüber demonstriert und zelebriert, dass öffentliche Auseinandersetzung ein Lebenselixier des demokratischen Staates ist. Kommuniziert wird so die Relevanz nicht allein eines bestimmten *Themas*, sondern auch die eines bestimmten *Verfahrens* der Behandlung politisch kontroverser Themen.

6.3 Ein öffentliches Ritual

An dieser Stelle wird die rituelle Bedeutung dieser Sendungen deutlich. Durch die Ausstrahlung der entsprechenden Sendungen in einem festen Rhythmus wird der Form dieser öffentlichen Auseinandersetzung eine Relevanz verliehen, die sich weitgehend unabhängig von den jeweils verhandelten Themen manifestiert. Die politischen Talkshows geben dem Gegeneinander und Miteinander der politischen Parteien nicht allein ein *Forum*, sondern eine *Form*, in der selbst eine fundamentale Orientierungsleistung liegt. Diese, so möchte ich behaupten, kommt durch eine spezifische Verbindung von inszenierter und ritueller Kommunikation zustande.

In der ethnologischen und soziologischen Forschung werden Rituale als eine Bündelung sozialer Funktionen verstanden, die durch eine stete Wiederholung bestimmter Praktiken erfüllt werden können. Hierzu zählt die *stabilisierende* Funktion der Entlastung von problematischen Situationen, ebenso wie die der Bestätigung etablierter Routinen; hierzu zählen auch *restriktive* Funktionen der sozialen Kontrolle und Sanktionierung; darüber hinaus die *dynamischen* Funktionen der Traditionalisierung von bestehenden, aber auch der Integration von neuen Wissens- und Wertbeständen, und dies in einem kollektiven Maßstab; darüber hinaus leisten Rituale wichtige Dienste durch die *Kanalisierung* von Grenzübergängen zwischen Endo- und Exosphäre.

Im Anschluss an Peter Berger und Thomas Luckmann hat der Ethnologe Klaus E. Müller einen weit gefassten Begriff des Rituals formuliert, der diesen Faktoren Rechnung zu tragen versucht.[4] Müller versteht Rituale als Orientierungssysteme, die ihre Funktion nur erfüllen können, wenn eine ständige, künstliche Fixierung vorhanden ist, die eine Stabilität der betroffenen Praktiken garantiert. Er spricht von einem „Ritualisierungsmechanismus", der ein wichtiges Hilfsinstrument zur Stabilisierung der Orientierungssysteme darstellt:

> Gemeint damit ist das Bemühen, namentlich alle Tätigkeiten von zentraler Relevanz immer wieder auf dieselbe, und durch die ständige Wiederholung dann auch standardisierte, Weise zu verrichten. Ein derartiges Handeln prägt sich nicht nur dem Handelnden selber gründlicher ein, sondern ist auch für andere schon im Ansatz erkennbar und prognostizierbar, verleiht daher Sicherheit im Umgang miteinander und verstärkt die Kommunikationsfähigkeit.[5]

Dieser Begriff des Rituals bei Müller entspricht weitgehend dem der für die soziale Realität konstitutiven „Routinen" in dem Buch *Die gesellschaftliche Konstruktion der Wirklichkeit* von Peter Berger und Thomas Luckmann. Den Autoren zufolge gibt es prinzipiell zwei Möglichkeiten „subjektiver Wirklichkeitsabsicherung": Routinen und Bewältigungen von Krisen. Die Wirklichkeit der Alltagswelt sichert sich selbst

---

4 Müller (1983).
5 Ebd., S. 102.

dadurch, dass sie sich in Routinen einbetten lässt. Sie wird ständig neu abgesichert durch gesellschaftliche Interaktion des Einzelnen mit anderen. In diesem Zusammenhang treffen die Autoren eine ebenso lapidare wie weitreichende Feststellung, die sich unmittelbar auf das Geschäft der Talkshows anwenden lässt: „Das notwendigste Vehikel der Wirklichkeitserhaltung ist die Unterhaltung."[6] Indem die „Konversationsmaschine" die soziale Wirklichkeit durch fortwährende Unterhaltung erhält, sorgt sie für eine Weitergabe, Aktivierung und Reaktivierung mehr oder weniger trivialer Wissensbestände, wodurch sie sich einerseits immer wieder neu konturiert, andererseits aber auch fortwährend modifiziert. Nur vor dem Hintergrund von Ordnungsmustern, die auf diese Weise unauffällig wirksam sind, kann eine krisenhafte Bewältigung ungelöster und vielleicht unlösbarer Probleme erfolgen. Berger und Luckmann bemerken hierzu: „In Krisensituationen geht es im wesentlichen nicht anders als bei der routinemäßigen Wirklichkeitssicherung zu, außer dass sie ausdrücklicher und intensiver sein muß."[7] Kollektive Riten der Bewältigung von Krisen oder individuelle Riten für persönliche Schicksalsschläge institutionalisieren Wirklichkeitserhaltung mit aufwendigeren, aber nicht grundsätzlich anderen Mitteln als die alltägliche Orientierung. Versteht man Rituale als in diesem Sinn verfestigte Formate der Orientierung, so handelt es sich um soziale Praktiken, die nicht nur aus dem Bedürfnis heraus entstehen, der äußeren Umwelt Bedeutung zu verleihen, sondern darüber hinaus die Aufgabe erfüllen, die erlebte Wirklichkeit in ihrer Bedeutsamkeit zu bewahren oder zu verwandeln.

Die Verbindung von inszenierter und ritualisierter Kommunikation in den politischen Talkshows steht meines Erachtens in dieser Funktion. Um die Art zu erkennen, in der sie sie erfüllen, ist es wichtig, die Spannung zu sehen, die zwischen Inszenierungen und Ritualen bestehen kann. Eine Inszenierung unterbricht die Kontinuität des Erlebens und Handelns, sie macht sich zum Ereignis, das im Fluss der Zeit eine Zäsur markiert. Ein Ritual dagegen stellt durch Praktiken der Wiederholung eine Kontinuität zwischen Zeiten und Orten her. Dennoch lassen sich Inszenierung und Ritual verbinden. Sie werden vor allem dort verbunden, wo beide Effekte auf einmal benötigt werden: die Herstellung ebenso wie die Unterbrechung, das Eintreten ebenso wie das Heraustreten aus der Kontinuität gesellschaftlicher Praxis. Und gerade als eine Koppelung unterschiedlicher Vektoren der sozialen Koordination ergibt diese Verbindung Sinn. *Inszenierungen allein* sind noch keine Rituale; es kann sich um augenblickliche, isolierte und somit verschwindende und sogar desorientierende Vorgänge handeln. *Rituale allein* sind auf der anderen Seite noch keine Inszenierungen: Nicht alle finden an einem öffentlichen Schauplatz statt und nicht alle haben den Sinn, ihren Sinn für andere sinnfällig zu machen. Erst die *Verbindung* von Ritual und Inszenierung, wie sie für viele mediale Formen, aber

---

6 Berger/Luckmann (1970), S. 163.
7 Ebd., S. 167.

gerade auch für die politischen Talkshows charakteristisch ist, ergibt eine öffentliche Kommunikation von Orientierungen, die zugleich eine Kommunikation öffentlicher Orientierungen ist. Die so kommunizierten Orientierungen dürfen dabei keineswegs mit den inhaltlichen *Positionen* gleichgesetzt werden, die von Politikerinnen und Politikern und Moderatorinnen und Moderatoren in den fraglichen Sendungen vertreten werden, ebenso wenig mit den Beiträgen, die im Rahmen einer Sendung die größte Wirkung erzielen. Was durch das *Format der Sendungen* insgesamt vermittelt wird, ist etwas ganz anderes: Nicht diese oder jene Meinung, sondern ein Spiel von Meinungen und bestimmte Regeln dieses Spiels werden vermittelt, das sich für Zuschauerinnen und Zuschauer und Beteiligte als der Alltag der politischen Auseinandersetzung präsentiert. Politische Talkshows, wie unalltäglich und kontrovers ihre Themen auch sein mögen, sind Inszenierungen des politischen Alltags, und dies in der Form einer weitgehend ritualisierten Behandlung *beliebiger* Themen des politischen Streits. Durch ihren institutionalisierten Status im jeweiligen Sendeablauf garantieren sie eine *kontinuierliche Aktualität* politischer Themen.

6.4 Kommunikation von Relevanzen

Zu ähnlichen Schlüssen kommen Autoren aus dem Umkreis der Cultural Studies. Unter Rückgriff auf James Careys Studie über *Communication as Culture*[8] beschreiben Horace M. Newcomb und Paul Hirsch[9] die Fernsehunterhaltung als ein Spektrum „kultureller Rituale", wobei sie dem Aufwerfen von Fragen ein weit größeres Gewicht beimessen als ihrer verbindlichen Beantwortung. Insofern erscheint das Fernsehen als ein „kulturelles Forum", in dem *Stile der Behandlung* von Problemen vorgeführt werden, die von den Autoren nicht direkt als *Strategien der Lösung* von Problemen aufgefasst werden. In der vielstimmigen Kommentierung, wie sie sich in der Arena der politischen Talkshows ereignet, kommt es aber dennoch zu einer Vermittlung gesellschaftlicher Orientierungen. Denn es wird mit der Relevanz von Problemen zugleich eine Relevanz ihrer Behandlung kommuniziert. Auf diese Weise, indem sie eine dauernde Präsenz von Umgangsformen mit politischen Themen herstellen, sind diese Shows Teil einer medial erzeugten Kultur. In seiner Abhandlung *Super Media* beschreibt Michael Real diese mediale Präsenz als eine Praxis der rituellen Verfestigung gemeinsamer Orientierungen: „In news broadcast, papal visits, space launchings, and summit meetings, and in the little dramas of our everyday mediated experiences, we come together to share moments and motifs that bind us together as a people."[10] Zusammen mit teilbaren Erfahrungen vermitteln die

---

8 Carey (1989).
9 Newcomb/Hirsch (1986), S. 179.
10 Real (1989), S. 66.

Medien teilbare Formen der Verarbeitung von Erfahrungen, eben weil sie teilbare –
von jedermann wahrnehmbare – Modi der Strukturierung lebensweltlicher Pro-
blembereiche sind. Was so präsentiert und zur kollektiven wie individuellen Aneignung freigegeben wird, sind Einstellungen zu sozialen, kulturellen und politischen
Relevanzen, die den Orientierungshaushalt einer Gesellschaft unter den jeweiligen
historischen Bedingungen prägen.

Dies gilt auch und gerade für die politischen Talkshows. Sie stellen eine besondere Form der politischen Öffentlichkeit her, indem sie ein jeweils aktuelles politisches Thema im Rahmen ihrer audiovisuellen Dialogregie inszenieren und ihm
damit eine verstärkte Publizität verleihen. Sie tragen, wie es der Sinn aller Inszenierung ist, zu einem „öffentlichen Erscheinenlassen von Gegenwart" bei.[11] Auf diese
Weise schaffen sie ein öffentliches Bewusstsein brisanter politischer Themen. Als
zugleich *rituelle* Veranstaltungen aber heben sie ein Problem nicht allein für die
Aktualität des Tages heraus, sondern erzeugen zugleich eine spezifische *Dauer* der
Behandlung von politischen Themen, bei der nicht einzelne Meinungen oder Streit-
punkte, sondern Routinen des Umgangs mit Konfliktstoffen im Vordergrund stehen.
Das, so scheint mir, ist der doppelte Sinn ritueller medialer Inszenierungen (den
andere mediale Gattungen auf eine ganz andere Weise erfüllen). Zum einen stellen
sie eine allen Mitgliedern der Gesellschaft zugängliche Gegenwart bereit; sie machen Ereignisse publik und bringen selbst Ereignisse hervor, auf die sich viele oder
alle gleichzeitig beziehen können. Andererseits bieten sie in ihrer regelmäßigen
Abfolge dauerhafte Formen der Konfrontation mit gesellschaftlichen Problemen an;
hierdurch wird ein formaler Konsens erzeugt, der auch noch den erbittertsten in
ihrem Forum behandelten Kontroversen zugrunde liegt. Politische Talkshows stellen politische Aktualität in einer unterhaltsamen, die politische Kultur erhaltenden
Form auf Dauer her. Sie tradieren und transformieren damit zugleich ein deskripti-
ves wie normatives Wissen darüber, was im politischen Feld auf der Tagesordnung
steht, was dort angesagt und umstritten ist und wie darüber gestritten werden kann
und soll.

---

11 Seel (2001), S. 56.

7 Selbstrechtfertigung und Selbstkritik – ein Medienritual

7.1 Alltägliche Rechtfertigungsverhältnisse

Selbstrechtfertigung und Selbstkritik spielen in der alltäglichen Lebensführung der Menschen eine oft ganz unspektakuläre Rolle. Man sieht sich genötigt, sich selbst und anderen gegenüber Rechenschaft zu geben über Handlungen und Verhaltensweisen, die auf die eine oder andere Weise unangebracht waren oder so erschienen. Das große Kaliber von „Schuld und Sühne", erst recht das von „Verbrechen und Strafe", wie der Titel von Dostojewskis Roman eigentlich lautet, ist dabei oft gar nicht im Spiel. Man gesteht sich und anderen ein, etwas falsch gemacht zu haben, sich ungebührlich benommen oder einer Fehleinschätzung aufgesessen zu sein. Man bekennt sich zu seiner Verantwortung oder streitet sie ab, nimmt die Schuld auf sich oder weist sie von sich. Dies geschieht häufig in kommunikativen Handlungen wie Vorwürfen, Ermahnungen, Geständnissen, Gelöbnissen (der Besserung) sowie der Verurteilung, Verzeihung oder Vergebung. Dieses Für und Wider der Beschuldigung und Entschuldigung findet stets in einem Horizont möglicher sozialer Sanktionen statt, zu denen auch spezifisch kommunikative Sanktionen gehören können – wie die Beschimpfung, die üble Nachrede, der Klatsch oder das Verweigern jedes weiteren Gesprächs.

Je nach Handlungskontext – in der Familie oder im Beruf, im Sport oder in der Schule – gelten dabei aber unterschiedliche Kriterien der Akzeptanz, Angemessenheit oder Fairness von Vorwürfen und ihrer möglichen Entkräftung. Dennoch ist in alltäglichen Kontexten ein übergreifendes Kriterium ausschlaggebend: ob die Person, um deren Verhalten es geht, ihr in Selbstrechtfertigung und Selbstkritik geäußertes Selbstverständnis *im Zusammenhang ihres vergangenen und künftigen Handelns* glaubhaft machen kann. Es geht damit immer zugleich um ihre Glaubwürdigkeit als *Person* in der sozialen Rolle, in der ihr jeweiliges Verhalten problematisch war, ist oder eventuell auch nur erschienen ist. Der intersubjektive Umgang mit persönlichem Gelingen und Misslingen, mit Verfehlungen und Schuld entscheidet sich hier in der *Kontinuität* der Lebensführung eines Menschen vor den Augen der betroffenen oder beteiligten Mitakteure. *Ihnen gegenüber* müssen – und können! – sich Menschen im Alltag rechtfertigen. Von deren Seite können sie auf Verzeihung und Vergebung hoffen. Und wenn sie darum bitten, können – und müssen! – sie es in ihrem Angesicht tun.

7.2 Mediale Rechtfertigungsverhältnisse

Anders verhält es sich nicht allein in der Sphäre der Rechtsprechung, sondern auch in derjenigen der medialen Öffentlichkeit. Wie Recht und Gericht stellen die Medien eine besondere Bühne des Umgangs mit Anklage und Verteidigung, Schuld- oder Freispruch dar. Erst recht trifft dies auf die Bewertung persönlicher Integrität in Kontexten *politischen* Handelns und damit einer im engeren Sinn politischen Moral zu. Für Rechtfertigung und Kritik gelten hier andere Bedingungen als in der alltäglichen Interaktion. Um dies zu verdeutlichen, werde ich mich zwar auf das Fernsehen als einem nach wie vor zentralen Medium der politischen Kommunikation konzentrieren. Wir dürfen dabei aber nicht vergessen, dass dieses Medium gestern wie heute alles andere als alleinstehend ist. Das „System der Medien" erzeugt – luhmannianisch gesprochen – ein weit gespanntes Feld der Selbstbeobachtung der Gesellschaft über die Grenzen einzelner Organe und Medien der öffentlichen Kommunikation hinweg. Diese „weite", „anonyme" und eben darin „unvorhersehbare" Verbreitung von Information ist wegen einer Leistung unentbehrlich, die in komplexen Gesellschaften durch kein anderes soziales System erbracht werden könnte: Sie stellt für die Mitglieder einer Gesellschaft eine gemeinsame Gegenwart her.[1] Die Massenmedien machen einen Bereich von Objekten, Ereignissen und Problemen allgemein zugänglich, indem sie ihnen eine vorübergehende Aktualität verleihen, durch die sie von allem Vergangenen ebenso unterschieden sind wie von den im System der Medien gar nicht oder noch nicht konturierten Vorgängen oder Zuständen. Aufmerksamkeitsgenerierung ist die zentrale Aufgabe des Systems Massenmedien.

Auch politische Akteure müssen in diesem Feld um Aufmerksamkeit für ihre Agenda werben und sind dabei zugleich einer nicht selten kritischen Wahrnehmung ihres Tuns und Lassens ausgesetzt. Ihr Handeln als Funktions-, Mandats- oder Amtsträger der einen oder anderen Art ist für den größten Teil des Publikums der Gesellschaftsmitglieder vorwiegend – und meist allein – in der *Kontinuität dieser öffentlichen Darbietung* sichtbar. Nicht nur ihr Wirken, auch ihre Person ist der Öffentlichkeit aus der entsprechenden medialen Berichterstattung bekannt, aus Radio und Zeitung, Sendungen des Fernsehens oder verschiedenartigen Beiträgen, Foren und Clips im Internet. Das Urteil, das sich ,die Öffentlichkeit' über die politische Tätigkeit und ihren Charakter bildet, ist fast vollständig von den durchaus heterogenen Formen ihrer medialen Präsenzen abhängig.

Sobald es nun zu politischen Affären der einen oder anderen Art kommt, etwa bei den Ereignissen, die zum Rücktritt von Amtsträgern wie Margot Käßmann, Karl-Theodor zu Guttenberg oder Christian Wulff geführt haben, spielen sich die entsprechenden Kontroversen auf all diesen Ebenen ab. Hier treten Verdachtsmomente auf

---

1 Luhmann (1996), S. 183; hierzu ausführlich Keppler (2000).

und werden Anklagen formuliert, gegenüber denen sich die Akteure rechtfertigen müssen und sich dabei oft zur öffentlichen Selbstkritik genötigt sehen – mit erheblichen Folgen für ihre Karriere. Eine öffentliche Infragestellung der Kompetenz und Moral politischer Akteure *hat* in jedem Fall erhebliche Konsequenzen für ihr weiteres Wirken. Diese Konsequenzen aber hängen ganz wesentlich davon ab, wie erfolgreich ihre Strategien der Selbstrechtfertigung und/oder Selbstkritik ausfallen. Ihr mittel- und langfristiger Erfolg oder Misserfolg ist dabei entscheidend daran gebunden, *wie sie die öffentlichen* – und das heißt: medialen – *Rituale* der Selbstrechtfertigung und Selbstkritik vollziehen.

7.3 Rituale der Rechtfertigung

Wie im vorigen Kapitel beschrieben, steht die Ritualisierung bei Medienritualen stets in einer grundsätzlichen Spannung zu dem immer auch vorhandenen *Inszenierungscharakter* medialer Ereignisse. Eine Inszenierung unterbricht die Kontinuität des Erlebens und Handelns, sie macht *sich* zu einem Ereignis, das den Fluss der Zeit mit einer Zäsur versieht. Ein Ritual dagegen stellt durch Praktiken der Wiederholung eine Kontinuität zwischen Zeiten und Orten her. Dennoch verbinden sich Inszenierung und Ritual – außerhalb wie innerhalb der Medienwelt – nicht selten. Sie werden vor allem dort verbunden, wo beide Effekte auf einmal benötigt werden: die Herstellung ebenso wie die Unterbrechung, das Eintreten ebenso wie das Heraustreten aus der Kontinuität gesellschaftlicher Praxis. Eine solche Koppelung unterschiedlicher Vektoren der sozialen Orientierung ist für viele Formate der öffentlichen Kommunikation – zumal des Fernsehens – charakteristisch, und dies auch und gerade im Bereich der politischen Kommunikation, sei es in Nachrichtensendungen, in politischen Talkshows, Interviews, Pressekonferenzen usw. *Beliebige,* aber jeweils *aktuelle* Themen der politischen Auseinandersetzung werden in *vertrauten* Formen präsentiert. Durch ihre ritualisierte Behandlung im jeweiligen Kommunikationsmedium garantieren diese Formate eine *kontinuierliche Aktualität* politischer Themen.

Durch Affären der bereits erwähnten Art wird diese Kontinuität zum einen *fortgeschrieben* – eine *neue* Affäre löst die *eben noch aktuelle* ab – und *unterbrochen*: *Dieses* politische Thema drängt jetzt die meisten anderen in den Hintergrund. Die mediale Aufmerksamkeit gilt der neuesten Irritation im politischen Geschehen, deren anfängliche Verbreitung unübersehbar viele Anschlusskommunikationen erzeugt. Im Mittelpunkt dieser öffentlichen Reaktionen stehen ritualisierte Formen der Anklage und der Verteidigung des oder der Beschuldigten, deren Zentrum wiederum die Selbstdarstellung der jeweils Angeklagten bildet. Die beschuldigten politischen Akteure sind dabei nicht allein gezwungen, sich auf die etablierten Rituale *der* Medien einzulassen, sie müssen zugleich *für die Medien* und ihr Publikum – auch und gerade im Augenblick ihres fälligen Rücktritts – eine möglichst überzeugende Form der Selbstdarbietung finden. Sie müssen ihr Ansehen als Amtsträger *und als Person* verteidigen – als eine Person nämlich, die ihres Amtes würdig (und ihm gewachsen) ist oder dies wenigstens war. Sie unterziehen sich, so könnte man sagen, einem öffentlichen Charaktertest. Auch hierbei geht es – wie im lebensweltlichen Kontext – wesentlich um die *Glaubwürdigkeit* einer Person in ihrem bisherigen und erwartbaren zukünftigen Handeln, wie sie sich nicht zuletzt in der Art ihrer Reaktion auf die erhobenen Vorwürfe zeigt. Aber diese Kontinuität ist hier eine völlig andere. Basis eines Urteils über Schuld oder Unschuld ist hier nicht eine Kenntnis der Person aus gemeinsamer interaktiver Praxis, sondern aus der Kontinuität ihres Auftretens innerhalb – und nach den Regeln – der medialen Öffentlichkeit. Durch ihre Formen und Foren setzen diese besondere Bedingungen der Zuweisung und Zurückweisung von (meist zugleich) politischer und persönlicher Verfehlung.

Entscheidend für den Ausgang der jeweiligen Affäre ist dabei stets die Selbstpräsentation der Akteure auf dieser Bühne. Hier zählen nicht allein die vorgebrachten Gründe und Gegengründe, Vorhaltungen und Erwiderungen, das Eingestehen und Verschweigen sowie die Art der Entschuldigung von Missgriffen und Verfehlungen. In gleichem Maß zählt das Auftreten der Beschuldigten vor der medialen Öffentlichkeit. Natürlich hängt das Gelingen und Misslingen ihrer Reaktion auf öffentliche Beschuldigungen – wie in alltäglichen Kontexten – immer auch von der Deutung der Tatsachen ab, die den Fall ins Rollen gebracht haben (bei Käßmann das Verkehrsdelikt, bei Guttenberg die plagiierte Dissertation, bei Wulff die unsaubere Trennung von Amtsführung und privatem Sponsoring). Aber die Mechanismen sind in der Medienarena andere als in Kontexten des alltäglichen Handelns: Glaubwürdig ist hier nur, wer sich vor einem zahlenmäßig unbegrenzten und anonymen Publikum als kompetent und aufrichtig darzustellen vermag. Schuld hat und schuldig ist in der Wahrnehmung der Medien und ihres Publikums nicht so sehr, wer tatsächlich schuldig oder unschuldig ist, sondern wer sich in seiner bzw. ihrer eingestandenen oder bestrittenen Schuld *glaubwürdig zu präsentieren* vermag – und zwar weniger in der Kontinuität des privaten und politischen Handelns, sondern in der Kontinuität seines oder ihres *öffentlichen Auftretens*.

Erfolgreich durchstehen kann dieses Ritual nur, wer – wie im Jahr 2001 der Außenminister Joschka Fischer, als die Fotos von seinem Angriff auf einen Polizisten kursierten – zumindest nicht den Eindruck permanenten Lavierens erweckt. Darin dürfte der kleinste gemeinsame Nenner aller Fälle einer gelingenden öffentlichen Selbstrechtfertigung liegen. Ob man einige Schuld auf sich nimmt oder alle Schuld von sich weist: Man muss versuchen, das mediale Spiel zu gewinnen, indem man die Prozeduren der medialen Skandalisierung möglichst zu eigenen Gunsten ausnutzt. Dies gilt, wie sich im Folgenden zeigen wird, auch und gerade dann, wenn es zum Rücktritt kommt. Im Fernsehen und in anderen öffentlichen Kommunikationsmedien kann niemand einfach nur Buße tun. Denn auch die öffentliche Buße, wenn sie denn vollzogen wird, ist vor allem Arbeit an einem *positiven* Bild der eigenen Person und der Amtsführung, das die mediale Erinnerung prägen und künftige Optionen offenhalten soll. Denn darum geht es besonders an einem negativen Wendepunkt einer politischen Karriere: diesen nicht zu einem Endpunkt des eigenen öffentlichen Ansehens und Wirkens werden zu lassen. Das Finale des medialen Rituals soll die Möglichkeit eines neuen Anfangs offenhalten.

7.4 Drei Rücktritte

Dass dies so ist, möchte ich nun an den drei bereits erwähnten Rücktritten bzw. Rücktrittserklärungen vorführen. Dabei spielt die jeweilige mediale Vorgeschichte – sowohl der eigenen Amtsführung als auch der betreffenden (im Fall Käßmanns kurzen, im Fall Guttenbergs längeren, im Fall Wulffs langen) Affäre – eine maßgebliche Rolle. In der Begründung ihres Rücktritts nehmen die Amtsträgerin und die Amtsträger hierzu ausdrücklich Stellung. Ihre Selbstkritik kombinieren sie – in recht unterschiedlicher Weise – mit Selbstrechtfertigung, Selbstlob und Vorwürfen gegenüber ihrer medialen Behandlung.

Transkr. 7.1: Rücktrittserklärung von Margot Käßmann[2]
(24.02.2010, 10:02 Uhr, Sender: Phoenix (live), Länge: 05:49 Min.)[3]

---

01 am vergangenen samstach habe ich einen (-)
02 schwern fehler gemacht (.) den ich zutiefst bereue
03 (2.0)
04 auch wenn ich ihn bereue aber (-) und mir alle vorwürfe
05 (--) die in dieser situation berechtichterweise
06 zu machen sind (-) gemacht habe mir selbst (--)
07 kann und will ich nich darüberhinwegsehn dass (.)
08 das amt (--) und meine autorität als landesbischöfin
09 (.) sowie als ratsvorsitzende beschädigt sind
10 (2.0)
11 die freiheit (-) ethische und politische
12 herausforderungen zu benennen und (-) zu beurteilen (-)
13 hätte ich in zukunft nicht mehr so wie ich sie hatte
14 (1.5)
15 und die harsche kritik etwa an einem (-) predichtzitat
16 wie nichts ist gut in afghanistan
17 (1.3)
18 ist nur durchzuhalten wenn persönliche

---

2 Zu den Konventionen der folgenden Transkriptionen vgl. den Anhang dieses Buches.
3 Videodatei: Phoenix (24.02.2010, 10:02 Uhr). *Dr. Margot Käßmann – Rücktritt von allen Ämtern* [Aufnahme von 23:07 Uhr]. Abgerufen von http://www.youtube.com/watch?v=r1cv8CjQjYo

19 überzeugungskraft uneingeschränkt (-) anerkannt wird
20 (1.5)
21 einer meiner ratgeber hat mir gestern (-) ein wort
22 von jesus sirach (.) mit auf den (-) rat (.) weg (.)
23 gegeben
24 (1.3)
25 bleibe bei dem was dir dein herz (-) rät
26 (1.5)
27 und (.) mein herz (.) sagt mir (.) ganz klar (--)
28 ich kann nicht mit (.) der notwendigen autorität (.)
29 im amt bleiben
30 (1.5)
31 so manches was ich lese in den letzten tagen ist mit
32 der würde (.) des amtes (.) nicht vereinbar (--)
33 aber mir geht es neben dem amt (--) auch um respekt (.)
34 und um achtung (.) vor mir selbst (--) und um meine
35 eigene gradlinichkeit die mir viel bedeutet
36 (2.0)
37 hiermit erkläre ich (---) dass ich mit sofortiger
38 wirkung (-)
39 von alln meinen kirchlichen ämtern zurücktrete
40 (1.5)
41 ich war mehr als zehn jahre mit leib (.) und seele (.)
42 und sehr gerne (-) bischöfin (--)
43 un=ch hab auch all meine kraft in dieses amt gegeben
44 (1.3)
45 ich bleibe (.) pastorin (.) der hannoverschen
46 landeskirche (-) ich habe fünfunzwanzich jahre nach
47 meiner ordination vielfältige erfahrung gesammelt
48 die ich gerne auch in zukunft (.) an anderer stelle
49 einbringen werde
50 (2.0)
51 es tut mir leid dass ich viele enttäusche (--)
52 die mich dringend gebeten haben (.)
53 im amt zu bleiben (-) und die mich auch vertrauensvoll
54 in meine ämter gewählt haben (-)
55 ich danke allen menschen die mich so wunderbar
56 getragen haben in diesn letzten tagen (-) mit grüßen
57 (.) e-mails (.) smsen (.) und auch blumn die alle (.)
58 meiner seele sehr sehr gut getan haben (-)
59 dem rat (-) der e ka de (.) danke ich besonders
60 dass er (.) mir (.) gestern abend ausdrücklich das
61 vertrauen ausgesprochen hat
62 (1.5)
63 ich danke allen mitarbeiterinnen und mitarbeitern der
64 hannoverschen landeskirche (.) und der e ka de die
65 mich haupt (-) und ehrnamtlich unterstützt haben (---)
66 insbesondere danke ich meinm allerengsten team (-)

67 das mir in so manchem sturm (.) die treue gehalten hat
68 (1.0)
69 ich danke allen freundin und freundn (-) alln (---)
70 guten ratgebern (.) auch in diesen tagen (--)
71 und ich danke meinen vier töchtern dass sie diese
72 entscheidunk (-) so klar (-) und deutlich mittragen
73 und heute auch hier mit anwesend sind
74 was nicht selbstverständlich ist
75 (1.5)
76 zuallerletz:t (--) ich weiß (-) aus vorangegangenen
77 krisn (--) du kannst nie tiefer fallen (.)
78 als in gottes hand (.) und für diese
79 glaubensüberzeugunk (--) bin ich auch heute dankbar
80 (2.0)
81 vieln dank für ihre aufmerksamkeit

Margot Käßmann beginnt ihre Erklärung mit einem klaren Eingeständnis einer Verfehlung und damit einer persönlichen Schuld, die sie „zutiefst bereue" (Z 02) – einer Verfehlung, die sie, wie sie sagt, vor anderen und sich selbst nicht rechtfertigen kann (Z 02–06). Diese Selbstkritik wird aber zugleich verbunden mit einer Rechtfertigung der Art ihrer „geradlinigen" Amtsführung, die angesichts der medialen Kritik nicht länger durchzuhalten wäre (Z 31–35). In ihrem Hinweis auf die „Würde des Amtes" (Z 32), der sie glaubt entsprochen zu haben, liegt aber zugleich ein rückblickendes, wenn auch eher verdecktes Selbstlob: Bis zu ihrer „Verfehlung" habe sie sich durchweg integer verhalten. Eine solche Trias von Selbstkritik, Selbstrechtfertigung und Selbstlob zeigt sich ebenfalls, aber in einer durchaus anderen Kombination, in der Rücktrittserklärung von Karl-Theodor zu Guttenberg.

Transkr. 7.2: Rücktrittserklärung von Karl-Theodor zu Guttenberg
(01.03.2011, 11:45 Uhr, Sender: Phoenix (live), Länge 06:54 Min.)[4]

01 grüß gott (-) meine damen und herrn
02 (1.2)
03 ich habe in einem sehr freundschaftlichen gespräch
04 die frau bundeskanzlerin informiert (-) dass ich
05 mich von meinen politischen ämtern zurückziehen
06 werde (---) und um eine entlassung gebeten
07 (1.4)
08 es ist der schmerzlichste schritt meines lebens
09 (1.3)

4 Videodatei: Spiegel TV (01.03.2011, 11:45 Uhr). *Guttenbergs Rücktritt: komplett im Video* – SPIEGEL TV. Abgerufen von http://www.youtube.com/watch?v=iNQMz4GMgQo

10 un ich gehe nicht alleine wegen meiner so
11 fehlerhaften doktorarbeit
12 wie wohl ich verstehe (-) dass dies für große
13 teile der wissenschaft (.) ein anlass wäre (---)
14 der grund liegt im besonderen in der frage (---)
15 ob ich den höchsten ansprüchen die ich selbst an
16 meine verantwortung anlege (--) noch nachkommen kann
17 (1.2)
18 ich trage bis zur stunde verantwortung (-)
19 in einem fordernden amt
20 (1.3)
21 verantwortung (--) die möglichst ungeteilte
22 konzentration und fehlerfreie arbeit (-) verlangt
23 (1.2)
24 mit blick auf die größte bundeswehrreform in der
25 geschichte die ich angestoßen habe (---) und mit
26 blick (-) auf eine gestärkte bundeswehr mit
27 großartigen truppen im einsatz (-)
28 die mir engstens ans herz gewachsen sind
29 (1.4)
30 wenn allerdings (--) wie in den letzten wochen
31 geschehn (--) die öffentliche (.) und mediale
32 betrachtung (--) fast ausschließlich auf die person
33 guttenberg (--) und seine dissertation
34 statt beispielsweise auf den tod und die verwundung
35 von dreizehn soldaten abzielt (---) so findet eine
36 dramatische verschiebung (-) der aufmerksamkeit (-)
37 zu lasten der mir anvertrauten (.) statt
38 (1.0)
39 unter umgekehrtem vorzeichen gilt gleiches für den
40 umstand (--) dass wochenlang meine maßnahmen bezüglich
41 der gorch fock (--) die weltbewegendn ereignisse
42 nordafrika zu überlagern schienen
43 (1.3)
44 wenn es auf dem rücken der soldaten nur noch um
45 meine person gehen soll (---) kann ich dies nicht
46 mehr (-) verantworten
47 (1.2)
48 und deswegen ziehe ich (---) da das amt (--) die
49 bundeswehr (---) die wissenschaft (--) und auch die
50 mich tragenden parteien schaden zu nehmen drohen (---)
51 die konsequenz (--) die ich auch von anderen verlangt
52 habe (-) und verlangt hätte
53 (1.8)
54 ich habe wie jeder andere auch zu meinen schwächen
55 un fehlern zu stehn (---) zu großen und kleinen im
56 politischen handeln (--) bis hin zum schreiben (.)
57 meiner doktorarbeit (---) und mir war immer wichtich (--)

58 diese vor der öffentlichkeit (-) nicht zu verbergen
59 (1.2)
60 deswegen habe ich mich aufrichtich bei all jenen
61 entschuldicht (--) die ich aufgrund meiner fehler
62 und versäumnisse verletzt habe (--) und wiederhole
63 dies auch ausdrücklich (.) heute (---)
64 manche mögen sich fragen weshalb ich erst heute
65 zurücktrete
66 (1.2)
67 zunächst ein (-) möglicherweise für manche
68 unbefriedigender aber allzu menschlicher grund (---)
69 wohl niemand wird leicht (--) geschweigedenn
70 leichtfertich das amt aufgeben wolln (-) an dem das
71 ganze herzblut (.) hängt (---) ein amt (-) das
72 verantwortung für viele menschen (-) und deren leben
73 beinhaltet (---)
74 hinzu kommt der umstand (--) dass ich mir für eine
75 entscheidung dieser tragweite (--) jenseits ( )
76 der hohen medialen und oppositionellen taktfrequenz (-)
77 die gebotene zeit zu nehmen hatte (--)
78 zumal vorgänge in rede stehen (--)
79 die jahre vor meiner amtsübernahme lagen
80 (1.7)
81 nachdem dieser tage viel über anstand diskutiert
82 wurde (--) war es für mich gerade eine frage des
83 anstandes (--) zunächst die drei gefallenen soldaten
84 mit würde zu grabe zu tragen (--) und nicht erneut
85 ihr gedenken (-) durch debatten über meine person (-)
86 überlagern zu lassen
87 (1.4)
88 es war auch ein gebot der verantwortung gegenüber
89 diesen (-) ja gegenüber alln (-) soldaten (---)
90 und es gehört sich (--)
91 ein weitgehend bestelltes haus zu hinterlassen (--)
92 weshalb letzte woche noch einmal viel kraft (.) auf
93 den nechsten entscheidenden reformschritt verwandt
94 wurde (--) der nun von meinem nachfolger bestens
95 vorbereitet (-) verabschiedet werden kann (--)
96 das konzept der reform (.) steht
97 (1.8)
98 angesichts massiver vorwürfe bezüglich meiner
99 glaubwürdigkeit (--) is es mir auch ein aufrichtiges
100 anliegen mich an der klärung der fragen hinsichtlich
101 meiner dissertation zu beteiligen (---)
102 zum einen gegenüber der universität bayreuth (-)
103 wo ich mit der bitte um rücknahme des doktertitels
104 bereits konsequenzen gezogen habe (--)
105 zum anderen habe ich zugleich respekt vor all jenen (-)

106 die die vorgänge zudem strafrechtlich überprüft sehn
107 wollen (---)
108 es würde daher nach meiner überzeugung im
109 öffentlichen wie in meinem eigenen intresse liegen (-)
110 wenn auch die staatsanwaltlichen ermittlungen etwa
111 bezüglich urheberrechtlicher fragen (-) nach
112 aufhebung der parlamentarischen imunität sollte dies
113 noch erforderlich sein (-) zeitnah (.) geführt
114 werden (.) können
115 (1.8)
116 die enorme wucht (-) der medialen betrachtung meiner
117 person (--) zu der ich selbst (.) viel (.)
118 beigetragen habe (--) aber auch die qualität der
119 auseinandersetzung (--) bleiben (.) nicht ohne wirkung
120 auf mich selbst (-) und meine familie (---)
121 es ist bekannt (--) dass die mechanismen im
122 politischen und medialen geschäft (--) zerstörerisch
123 sein können (---)
124 wer sich für die politik entscheidet darf wenn dem
125 so ist kein (.) mitleid (.) erwarten (--)
126 un das würde ich auch nicht (.) in anspruch nehmen (--)
127 ich darf auch nicht den respekt erwarten mit dem
128 rücktrittsentscheidungen so häufich entgegengenommen
129 werden
130 (1.5)
131 nun wird es vielleicht heißen (--) der guttenberg
132 ist den kräften der politik nicht gewachsen (---)
133 das mag sein (-) oder nicht sein (--)
134 wenn ich es aber nur wäre indem ich meinen charakter
135 veränderte (--) dann müsste ich gerade deswegen (.)
136 handeln ʼ
137 (1.2)
138 ich danke von ganzem herzen (-) der großen mehrheit
139 der deutschen bevölkerung den vielen mitgliedern der
140 union (-) meinen parteivorsitzndn (--)
141 und insbesondere den soldatinnen und soldaten (--)
142 die mir bis heute den rücken stärkten (--)
143 als bundesverteidigungsminister (-) nicht (.)
144 zurückzutreten (---)
145 und ich danke besonders der frau bundeskanzlerin (--)
146 für alle erfahrene unterstützung und ihr großes
147 vertrauen (--) und verständnis (--)
148 es is mir aber nicht mehr möglich (--) den in mich
149 gesetzten erwartungen mit dem mir notwendigen maß an
150 unabhängigkeit in der verantwortung (-)
151 gerecht zu werden (---)
152 insofern (-) gebe ich meinen gegnern gerne recht (--)
153 dass ich tatsächlich nicht zum selbstverteidigungs (--)

154 sondern zum minister (.) der verteidigung (.)
155 berufen wurde
156 (1.2)
157 abschließend ein satz (---) der für einen politiker
158 ungewöhnlich klingen mag (---)
159 ich war immer bereit zu kämpfen (---) aber ich habe
160 die grenzen (--) meiner kräfte (--) erreicht (--)
161 vielen dank

Guttenberg beginnt mit der Hervorhebung seines guten Verhältnisses zur Kanzlerin (Z 03–04), gefolgt von der Klage über den „schmerzlichste[n] Schritt" seines Lebens (Z 08). Erst dann folgt der selbstkritische Hinweis auf seine „so fehlerhafte Doktorarbeit" (Z 10–11), das pauschale Eingeständnis eigener „Schwächen" und „Fehler", für die er um Entschuldigung bittet (Z 54–63), abgefedert durch die Betonung der „höchsten Ansprüche" (Z 15), die er an sich selbst stellt. Beides wird in den Rahmen einer überaus positiven Leistungsbilanz seines Wirkens als Verteidigungsminister gestellt (bspw. Z 24–27). In seiner „Verantwortung" für seine eigentliche Tätigkeit, der er sich mit „möglichst ungeteilte[r] Konzentration" (Z 18–22) gewidmet habe, hat er sich nichts vorzuwerfen. Gegenüber der „dramatische[n] Verschiebung der Aufmerksamkeit" (Z 36) im Blick auf seine plagiierte Dissertation nutzt Guttenberg seine Rücktrittserklärung für eine mit massivem Eigenlob seiner politischen Befähigung verbundene Rechtfertigung seiner Amtsführung. Eine ähnliche Rhetorik durchzieht auch die Rücktrittserklärung des damaligen Bundespräsidenten Christian Wulff.

Transkr. 7.3: Rücktrittserklärung von Christian Wulff
(17.02.2012, 11:03 Uhr, Sender: Phoenix (live), Länge: 03:52 Min.)[5]

01 s:ehr geehrte damen und herrn (-)
02 liebe (.) bürgerinnen und bürger (---)
03 gerne habe ich die wahl zum
04 bundespräsidenten angenommen (--)
05 und mich mit ganzer kraft (.)
06 dem amt (.) gewidmet
07 (2.0)
08 es war mir ein herzensanliegen den
09 zusammenhalt unserer gesellschaft zu
10 stärken (--)
11 alle (--) sollen sich zugehörich fühln die

5 Videodatei: Phoenix (17.02.2012, 11:03 Uhr). *Rücktrittserklärung von Christian Wulff.* Abgerufen von http://www.youtube.com/watch?v=WmfzaCZArBw

12 hier bei uns in deutschland leben (--)
13 eine ausbildung machen (---)
14 studieren und arbeiten ganz gleich welche
15 wurzeln sie haben (--)
16 wir gestalten unsere zukunft (.) gemeinsam
17 (1.5)
18 ich bin davon überzeugt dass deutschland
19 seine wirtschaftliche und
20 gesellschaftliche kraft am besten
21 entfalten (-)
22 und einen guten beitrag zur europäischen
23 einigung leisten kann (-)
24 wenn die integration auch nach innen (.)
25 gelingt
26 (1.5)
27 unser land (-) die bundesrepublik
28 deutschland
29 braucht einen präsidenten (--)
30 der sich uneingeschränkt diesen und
31 anderen nationalen (-)
32 sowie den gewaltigen internationalen
33 herausforderungen (.) widmen (.) kann
34 (---)
35 einen präsidenten (--)
36 der vom vertrauen (--)
37 nicht nur einer mehrheit sondern einer
38 breiten mehrheit der bürgerinnen un bürger
39 getragen wird
40 (2.0)
41 die entwicklung der vergangenen tage
42 und wochen hat gezeigt (--)
43 dass dieses vertrauen und damit meine
44 wirkungsmöglichkeiten nachhaltig
45 beeinträchtigt (.) sind (---)
46 aus diesem grund wird es mir nicht mehr
47 möglich (---)
48 das amt des bundespräsidenten nach innen (-)
49 und nach außen so wahrzunehmen (.)
50 wie es notwendich (.) ist (--)
51 ich trete deshalb heute vom amt des
52 bundespräsidenten zurück (--)
53 um den weg (--) zügig
54 für die nachfolge (-) freizumachen (---)
55 bundesratspräsident horst seehofer (--)
56 wird die vertretung Übernehmen=
57 =bundeskanzlerin angela merkel (--)
58 wird auf der so wichtigen
59 gedenkveranstaltung für die opfer (.)

60 rechtsextremistischer gewalt (--)
61 am donnerstach der kommenden woche(-)
62 sprechen
63 (1.5)
64 was die anstehende rechtliche klärung
65 angeht bin ich davon überzeugt (-)
66 dass sie zu einer vollständigen entlastung
67 führen (.) wird (---)
68 ich habe (-) in meinen ämtern (.) stets
69 rechtlich korrekt (-)
70 mich verhalten (--)
71 ich habe fehler gemacht aber ich war immer
72 (.) aufrichtich (---)
73 die berichterstattungen die wir in den
74 vergangenen zwei monaten erlebt haben (--)
75 haben meine frau (.) und mich (.) verletzt
76 (1.5)
77 ich danke den bürgerinnen und bürgern (.)
78 die sich für unser land engagieren (---)
79 ich danke den mitarbeiterinnen und
80 mitarbeitern im bundespräsidialamt (-)
81 und allen anderen behörden (-) die ich als
82 exsellente teams erlebt habe (---)
83 ich danke (-) meiner familie (--)
84 die ich als eine überzeugende
85 repräsentantin (.) eines menschlichen (--)
86 und eines modernen (-) deutschland (-)
87 wahrgenommen habe (---)
88 sie hat mia immer (-)
89 grade auch in den vergangenen monaten (-)
90 und auch den kindern (-)
91 starken rückhalt (.) gegeben (--)
92 ich wüns_wünsche unserem land (.)
93 von ganzem herzen
94 eine politische kultur (--)
95 in der die menschen die demokratie als
96 unendlich wertvoll erkennen (--)
97 und sich vor allem (--)
98 des_is mir das wichtigste (--)
99 gerne für die demokratie (.) engagiert (.)
100 einsetzen (--)
101 und ich wünsche allen bürgerinnen (.) und
102 bürgern denen ich mich vor allem
103 verantwortlich (.) f:ühle (-)
104 eine gute (-) zukunft=
105 =und schließe sie alle (-) dabei (-)
106 ausdrücklich (-) mit ein (---)
107 vieln dank

Bei Christian Wulff stehen die Selbstrechtfertigung und das Selbstlob am Anfang seiner Rücktrittserklärung. Er zieht eine positive Bilanz seiner kurzen Amtszeit und wiederholt die Motive jener Rede, für die er vor der Affäre, die ihn zu Fall gebracht hat, größte, wenn auch nicht ungeteilte Anerkennung gefunden hat (Z 08–25). Seine Selbstkritik erschöpft sich in dem unspezifischen Bekenntnis, „Fehler gemacht" (Z 71) zu haben, was sofort durch die Beteuerung aufgefangen wird, er sei „immer aufrichtig" (Z 71–72) gewesen, was an die vorangegangene Versicherung, die rechtliche Klärung der erhobenen Vorwürfe werde zur „vollständige[n] Entlastung" führen (Z 64–67), anknüpft. Das abschließende Lamento über die „verletzende" mediale Berichterstattung (Z 73–75) lässt – anders als bei Käßmann und auch bei Guttenberg – erkennen, dass er eigentlich *keinen* Anlass zur Selbstkritik sieht. Die *Medien* haben ihm das Vertrauen entzogen, das er benötigt hätte, um der Würde des Amts weiterhin gerecht zu werden (Z 41–45).

7.5 Resümee

Trotz des recht unterschiedlichen Gewichts, das die drei Betroffenen in ihren Rücktrittserklärungen den Komponenten der Selbstkritik, Selbstrechtfertigung und des Selbstlobs verleihen, ist der rituelle Charakter ihrer (wenigstens vorläufigen) Abschiedsvorstellungen nicht zu übersehen. In ihren Ansprachen wiederholen sich vertraute Muster (Eingeständnis von Fehlern, Rückblick auf das Geleistete, Dank an Vertraute usw.), wie sie bei öffentlichen Erklärungen dieser Art üblich sind. Ihr Gebrauch aber ist hier – vor den versammelten Medien – mit dem Versuch einer möglichst authentischen Selbstpräsentation verbunden, mit dem die Protagonisten nicht allein ihre Selbstachtung und ihr Selbstbild, sondern ein positives *öffentliches* Bild ihrer Person wiederherstellen wollen. Jedes Mal geht es um einen Akt der Selbstbehauptung. Vor allem hierauf zielt die jeweilige Gestaltung eines möglichst würdigen Abgangs im Rahmen der obligaten medialen Inszenierung. Um Schaden vom Amt, der eigenen Agenda und den eigenen Parteigängern abzuwenden, so wird gesagt, sei der Schritt notwendig geworden. Nur angedeutet wird, dass der Druck vonseiten der betroffenen Institutionen und vor allem der Öffentlichkeit mittlerweile zu groß geworden ist, als dass er sich politisch überstehen ließe. In dieser Situation bringen alle drei Redner ihren Charakter, ihre Person, ihre Würde ins Spiel. Um *des eigenen Ansehens willen* wird eine Schuld auf sich genommen, von der alle drei zumindest offenlassen, ob sie selbst von dieser wirklich überzeugt sind.

In Fällen wie diesen (mitsamt ihrer medialen Vorgeschichte), so lässt sich daher festhalten, handelt es sich um ein Medienritual, in dem die Kategorien der Selbstrechtfertigung und Selbstkritik, von Schuld und Unschuld eine spezifische Bedeutung gewinnen. Es geht nie allein um die Umstände, die eine öffentliche Person in Bedrängnis gebracht haben, es geht vom ersten Augenblick an um ihr Bild als Träger des bisherigen Amtes – um das Bild, das sie in ihren Reaktionen auf die jeweiligen Vorwürfe abgibt. Ob und wie man eine politische Affäre durchsteht, hängt wesentlich von der Stimmigkeit der medialen Selbstpräsentation der jeweils Beschuldigten ab, man könnte fast sagen: von der Virtuosität, mit der sie die medialen Erwartungen gerade in für sie kritischen Zeiten bedienen. Was als glaubhafte Selbstrechtfertigung oder glaubhaftes Schuldeingeständnis zählt, ist die Art und Weise, in der das eine oder das andere öffentlich dargeboten wird.

Wir wissen heute, dass Margot Käßmann ihr Spiel durchaus gewonnen, die anderen beiden aber das ihre vorerst verloren haben. Vor welcher Instanz aber entscheidet sich in solchen Fällen der mögliche Erfolg im Misserfolg? Wer fällt letztlich das Urteil? Wer oder was vermag es, Absolution zu erteilen oder zu verweigern? Das Publikum, ‚die Medien', ein Küchenkabinett, irgendwelche Klüngel im Hinterzimmer oder doch Promotionsausschüsse und Gerichte, von denen man nachträglich freigesprochen werden könnte? So viel scheint sicher: *Keine* dieser Instanzen, jedenfalls keine *allein*, entscheidet über das Schicksal von Amtsträgern. ‚Die Öffentlichkeit' ist und bleibt ein anonymer Richter, der in seinem Urteil keiner letzten Instanz untersteht.

Trotzdem gibt es einen Faktor, der sich in vielen dieser Fälle als maßgebend erweist. Dieser liegt in der Einschätzung der Integrität der empirischen Person, die sich in der Ausübung ihrer politischen Rolle öffentlich rechtfertigen muss. Jedoch haben wir gesehen, dass die *alltäglichen* und die *medialen* Rechtfertigungsverhältnisse von sehr unterschiedlichen Arten der Kontinuität in der Beurteilung vermeintlicher oder tatsächlicher Verfehlungen getragen sind. Die Grundlage des Urteils ist im einen Fall das intersubjektive Handeln, im anderen Fall die mediale Selbstdarbietung. In dieser präsentieren sich die Beschuldigten primär in der *Rolle* der öffentlichen Funktion, die sie bisher innegehabt haben. Deren Bewertung kann hier nicht aus der *Kenntnis* ihres sonstigen Charakters erfolgen. Meine These aber lautet, dass die öffentliche Bewertung einer durch Rücktritt abgebrochenen Amtsführung unvermeidlich von *Rückschlüssen* auf den biografischen Charakter der Beschuldigten geprägt ist. Denn nur denjenigen wird verziehen, denen Publikum, Parteigänger und Kommentatoren aufgrund ihrer medialen Selbstpräsentation weiterhin Aufrichtigkeit, Vertrauenswürdigkeit, Grundintelligenz, innere Unabhängigkeit und wenigstens eine Prise Demut zu attestieren bereit sind. Dies aber sind genau die moralischen Kriterien, nach denen Menschen einander in ihrer lebensweltlichen Praxis von Angesicht zu Angesicht beurteilen. Diese Kriterien können, um es zu wiederholen, auf das mediale Spiel im Fall politischer Affären nicht ‚wie im wirklichen Leben' angewandt werden. Aber bei seiner *Deutung* geben sie letztlich dennoch den Ausschlag: In ihrer politischen *Rolle* kann eine Person nur überleben oder in Würde scheitern, wenn es ihr in ihrem öffentlichen Auftreten gelingt, weiterhin als *Person* respektiert zu werden.

8 ‚Medienreligion' ist keine Religion. Fünf Thesen zu den Grenzen einer erhellenden Analogie

Von Hegel bis hin zu Enzensberger ist immer wieder auf den rituellen Charakter des Zeitungslesens bzw. des Fernsehens hingewiesen worden. Manche neuere Kommentatoren und Kommentatorinnen gehen sogar so weit, zu sagen, mediale Praktiken seien heute vielfach *an die Stelle* hergebrachter religiöser Praktiken getreten. Doch auch abgesehen von dieser extremen Position nimmt die lebhafte Diskussion zu diesem Thema die Beobachtung einer deutlichen *Verwandtschaft* von religiöser und medialer Praxis zu ihrem Ausgangspunkt.[1] Soweit es sich hierbei um den *Ausgangspunkt* einer Untersuchung der veränderten gesellschaftlichen Bedeutung des Fernsehens handelt, scheint mir die Debatte auf einem guten Weg. Denn in der Tat gibt es auffällige Parallelen zwischen bestimmten Formen des Fernsehgebrauchs und bestimmten Formen religiösen Handelns. Die Frage ist nur, *wie weit* diese Parallelen reichen. Reichen sie so weit, dass die Rede von einer ‚Medien'- oder ‚Fernsehreligion' berechtigt wäre? Auf diese Frage werde ich eine eher skeptische Antwort geben. In einer Reihe von Thesen werde ich dafür plädieren, gegenüber den erhellenden Aspekten nicht die Grenzen der Analogie von Medien- und Fernsehreligion aus den Augen zu verlieren.

Um die Substanz der heute gängigen Rede von einer ‚Medien-' oder ‚Fernsehreligion' zu prüfen, ist ein genauer Blick auf die Verfahren der Medien nötig, zusammen mit den Verfahren ihrer Aneignung durch die Zuschauer und Zuschauerinnen. Sport- und Informationssendungen, Unterhaltungsshows, Talkshows und Daily Soaps, Worte zum Sonntag, die Übertragung religiöser Veranstaltungen usw. funktionieren beileibe nicht nach demselben Schema. Es schiene mir jedoch methodisch verkehrt, in unserer Frage gleichsam oberhalb der Differenz dieser Sendetypen anzusetzen und sogleich den geläufigen Wechsel zwischen Sendungen und Sendungstypen zum Gegenstand der Untersuchung zu erheben.[2] Der Hinweis auf die zunehmende Bedeutung der rezeptiven *Bewegung* in einer Vielfalt von Programmen darf die Eigenart der *Stationen*, zwischen denen sie verläuft, nicht außer Acht lassen. Die These einer (wie immer partiellen) Religiosität des *Fernsehens* muss sich als Argument über einzelne Fernseh*sendungen* ausführen lassen, auch wenn sie nicht hierauf allein zurückgeführt werden kann So gewiss es Gemeinsamkeiten im Gebrauch der verschiedenen Sendungsformen geben mag, die Vermutung einer Affinität zu

---

1 S. hierzu die umfassende Darstellung von Thomas (1998); vgl. auch Keppler (1995).
2 Vorbehalte gegenüber diesem Verfahren äußert auch Schmidt (2000).

religiösen Ritualen sollte an überschaubaren Paradigmen auf die Probe gestellt werden.

Auf ein solches Paradigma möchte ich mich im Folgenden beschränken. Bestimmte Unterhaltungssendungen, die ich an anderer Stelle ausführlich unter dem Stichwort ‚performatives Realitätsfernsehen' analysiert habe, produzieren eine durchaus eigentümliche Transzendenz gegenüber dem alltäglichen Leben.[3] Diverse Talkshows wie diejenige des ‚Pastors' Fliege auf Das Erste gehörten zu diesem Genre; einschlägig sind auch die bereits zu Beginn der 1990er-Jahre angelaufenen und zum Teil bis heute gesendeten Spielshows *Verzeih mir* (RTL), *Nur die Liebe zählt* (SAT.1), *Rache ist süß* (SAT.1) oder *Traumhochzeit* (RTL).[4] In diesen Shows werden Situationen des realen Lebens der eingeladenen Personen nicht allein vergegenwärtigt, sondern im Rahmen einer mehr oder weniger aufwendigen Inszenierung verändert. Es handelt sich nicht um Gameshows, sondern um Formen des Reality-TV. Die mediale Überhöhung greift hier direkt in die existenzielle Erfahrung der Protagonisten ein. Gleichwohl wird der Kontext des alltäglichen Lebens mehr oder weniger radikal überschritten. Dieser Transzendierung des Alltäglichen entspricht aufseiten des Publikums eine Transzendierung des Horizonts ihrer sozialen Begegnung. Man begegnet Schicksalen, denen man zu Hause so nicht begegnen könnte. Man nimmt Teil an einem Kult des einander Verstehens, in dem alle Beteiligten sich als Angehörige einer medial gestifteten Gemeinde verstehen können – der Gemeinde derer, die jeden so zu nehmen versteht, wie er nun einmal ist.[5]

Gegenüber Fernsehshows ‚klassischen' Typs – von *Glücksrad* (ProSiebenSat.1) über *Wetten Dass?* (ZDF) bis hin zu *Geld oder Liebe* (Das Erste/WDR) – versprechen die Sendungen des Reality-TV den nicht professionell Beteiligten nicht allein eine Erfüllung diverser Wünsche, sondern den öffentlichen Vollzug einer Veränderung ihres Lebens. Die Gewinne an Geld oder Prestige, die den Kandidaten der klassischen Fernsehshows zuteil wurden, mochten zwar im einen oder anderen Fall große Konsequenzen für ihr Leben haben, diese Konsequenzen spielten für den Ablauf der Sendung jedoch keine Rolle. Sie blieben privat (und bleiben es in diesen keineswegs ausgestorbenen Showformaten auch heute). Bei den neueren Sendeformen ist das anders. Hier wird versucht, Änderungen des privaten Lebens in den Formen der Sendungen selbst zu vollziehen – vor den Augen der Öffentlichkeit. Diese Sendungen sind darauf angelegt, das Beziehungsleben derjenigen, die ehemals als ‚Kandidaten' um einen mehr oder weniger lukrativen formalen Gewinn konkurrierten, und nun als Darsteller *ihrer selbst* agieren, *inhaltlich* zu verändern. Das ist eine durchaus neue Qualität.

---

3 Vgl. hierzu Keppler (1994b).
4 Vgl. dazu auch Reichertz (2000a) und (2000b).
5 Ich stütze mich hier auf Keppler (1994b), bes. S. 92ff. und S. 105ff.

Die im Fernsehen auftretenden nicht-professionellen Teilnehmer und Teilnehmerinnen sind allerdings im einen wie im anderen Fall ‚Menschen wie du und ich',
also Repräsentanten des Publikums vor dem Bildschirm. Sie treten jedoch nun zugleich in ihrer eigenen Sache auf. In Unterhaltungs- und Talkshows macht sich das
Fernsehen ganz zu einer Bühne menschlichen Schicksals; es gibt den Zuschauern
Gelegenheit zur Anteilnahme entweder an diesen Schicksalen selbst oder an den
Bemühungen der Moderatoren, es zum Guten zu lenken. Diese Schicksale werden
jedoch nicht länger nur dargestellt oder durch Eingriffe der wohltätigen Anstalten
korrigiert, vielmehr wird versucht, in Sendungen wie *Verzeih mir* oder *Nur die Liebe
zählt* Wendungen dieser Schicksale im Rahmen inszenierter Begegnungen *tatsächlich zu vollziehen.*

Das ist der eine Unterschied. Ein zweiter Unterschied besteht darin, dass in den
performativen Realityshows, um einen Beitrag von Hans-Georg Soeffner über *Wetten dass?* zu zitieren, weder „das üblicherweise Nicht-Honorierte einmal honoriert"
wird, noch „Monstren" ausgestellt werden, die „uns, der Gesellschaft als Publikum,
zur Absicherung und Bestätigung der eigenen sozialen ‚Normalität' dienen: zur
Festigung des Glaubens an die Universalität des Normalen angesichts der Einmalig-
keit des Außergewöhnlichen".[6] Die neuen Shows verweilen entschieden innerhalb
der Sphäre der Normalität. Sie versuchen gerade das Normale zum Spektakel zu
erheben. Sie setzen dort ein, wo dieses Normale heikel oder brüchig geworden ist.
Die Show besteht darin, die Normalität – einer geregelten Paarbeziehung, einer
kommunikationswilligen Familie, eines kooperativen Arbeitsverhältnisses – herbei-
zuführen oder zu heilen.

Darin liegt – drittens – eine veränderte Dramaturgie. Den Zuschauern sollen
nicht Gefühle vermittelt, zugänglich oder verständlich werden, die sie nicht kennen
oder sich ansonsten nicht leisten können; hier werden Gefühle herbeigeführt, ausgestellt und wachgerufen, mit denen er oder sie bestens vertraut ist, weil sie Teil des
ganz normalen Alltags sind. Das Fernsehen vergrößert diese Gefühle auf einer Bühne der Alltäglichkeit. Daher rührt wohl auch der Eindruck der Peinlichkeit, der zumindest einen Teil des Publikums bei derartigen Shows beschleicht: Die echten
Freuden und Leiden der Menschen wirken seltsam ungelenk auf dieser durchaus
künstlichen Bühne. Daher rührt aber auch die Faszination dieser Sendungen, selbst
für die, die sich gelegentlich peinlich berührt fühlen. Denn die artifizielle Ausstellung ebenso dramatischer wie echter – oder doch: zumindest echt erscheinender –
Gefühle ist eine Situation, die der Alltag so eben doch nicht zu bieten hat. Hier kann
man als Teilnehmer eines öffentlichen Schauspiels ungeniert zuschauen bei existenziellen Dramen, die sich sonst nur aus den Augenwinkeln beobachten lassen.
Hier kann man sich an den Nöten und Freuden Fremder direkt beteiligt fühlen, ohne

---

6 Soeffner (1992), S. 165.

in irgendeiner Form soziale Verantwortung übernehmen zu müssen – ohne überhaupt in der Gefahr zu sein, selbst involviert zu werden.

Ohne meine früheren Analysen des Sendetyps hier zu wiederholen, möchte ich einige Beobachtungen über seine Verwandtschaft mit religiösen Praktiken formulieren. Ich gliedere diese Bemerkungen in fünf Thesen, mit denen ich einen zunehmenden Zweifel an einer voreiligen Gleichsetzung medialer und religiöser Erfahrung zum Ausdruck bringen möchte.

Erste These

Wenn Menschen wie du und ich auf der Bühne einer TV-Show Situationen ihres Lebens nicht allein darzubieten, sondern zu bewältigen versuchen, entsteht eine bemerkenswerte Asymmetrie zwischen der Position der nicht professionell Beteiligten auf der einen Seite und der (im Studio oder zu Hause Anteil nehmenden) Zuschauer auf der anderen. Während den Teilnehmern an einer öffentlichen Anerkennung ihres privaten Lebens gelegen ist, geht es dem Publikum um die virtuelle Teilnahme an einem existenziellen Drama, ohne dass die Gefahr bestünde, selbst involviert zu werden.

Die eingeladenen Teilnehmer an den fraglichen Shows sind weder einfach sie selbst noch einfach Darsteller ihrer selbst. Denn immer ist beides der Fall. Als Darsteller ihrer selbst stellen sie Aspekte ihres realen Lebens aus. Im hochartifiziellen Rahmen der Sendung führen sie den Vollzug lebenswichtiger Handlungen vor, indem sie diese ausführen. Diese Akteure werden als ‚normale' Menschen mit mehr oder weniger ‚normalen' Problemen präsentiert – auch wenn diese Probleme auf den ersten Blick überhaupt nicht normal wirken mögen. Wo die Normalität des alltäglichen Lebens in Gefahr oder zerstört scheint, ist es das Ziel der Sendungen, ein gewisses Maß an ‚normalem' Verhalten wiederherzustellen. Dies geschieht auf der Basis einer recht großzügigen Deutung dessen, was als eine ‚normale' Lebensführung anzusehen ist. (Die zugrunde liegende Definition von Normalität ist äußerst einfach: Normal ist jede Form des Verhaltens, das im Rahmen einer solchen Show gezeigt werden kann.) Es ist ganz normal und völlig in Ordnung, ein irgendwie schräges menschliches Individuum zu sein – das ist die einzige generelle Botschaft, die diese Sendungen vermitteln. Diese Heiligsprechung der Normalität kommt auf dem Weg einer beharrlichen Apologie des alltäglichen Lebens der Protagonisten zustande – einer Apologie freilich, die *außerhalb* des Alltagszusammenhangs inszeniert wird. Die Lösung persönlicher Probleme (oder jedenfalls: der Schein einer solchen Lösung) wird durch die enthusiastische, mitfühlende und manchmal auch zynische Anleitung der Showmaster und des Showteams bewerkstelligt.

Teilnehmern und Zuschauern verschafft diese Choreografie einen unterschiedlichen Gewinn. Die Teilnehmer auf der einen Seite erfahren eine öffentliche Bejahung ihres privaten Lebens; wenigstens für eine kurze Zeit gewinnen sie das Gefühl, in ihrer Besonderheit allgemein anerkannt zu sein. Auf der anderen Seite erhält das

Publikum die Gelegenheit, Szenen aus dem privaten Leben Dritter zu verfolgen, die im Kontext des Alltagslebens gerade nicht öffentlich zugänglich sind; außerdem können sie diese Szenen inmitten ihres eigenen alltäglichen Lebens verfolgen. Sie haben ein Vergnügen daran, mit Szenen eines echten menschlichen Dramas unterhalten zu werden.

Zweite These

Trotz dieser gravierenden Asymmetrie teilen beide Seiten eine spezifische Erfahrung. Ihnen wird ein gemeinsamer Raum eines scheinbar unbegrenzten menschlichen Verstehens zugänglich. Hierbei geschieht eine öffentliche Überschreitung der Privatsphäre – im Namen einer Heiligsprechung der alltäglichen Existenz von jeder und jedem. Mit einer Anspielung auf Hans-Georg Gadamers Theorie der Tragödie könnte man dies eine ‚Kommunion des Dabeiseins' oder auch eine ‚Kommunion gegenseitigen Verstehens' nennen.[7]

Ungeachtet ihrer unterschiedlichen Positionen gegenüber dem Geschehen der Sendungen bewegen sich Teilnehmer sowie das Publikum auf einem gemeinsamen Feld. Sie wohnen zusammen einer inszenierten Überwindung der Beschränkungen des zwischenmenschlichen Verstehens bei. Dank des Fernsehens kommen sie in der Erfahrung zusammen, dass jeder und jede im Grunde so ist wie du und ich. Jeder *kann*, jeder *sollte* und alle *werden* in ihrer persönlichen Eigenart verstanden werden: Das ist das Versprechen, das in der formalen Dramaturgie der Sendungen liegt. Auf diese Weise bilden alle Beteiligten – diejenigen, die Situationen ihres Lebens verändern und diejenigen, die dieser Darbietung beiwohnen – eine profane Versammlung von Gläubigen. Freilich glauben die Angehörigen dieser temporalen Gemeinde nicht an einen höheren Sinn oder ein höheres Sein (jedenfalls ist kein solcher Glaube für den Beitritt in diese Gemeinde nötig). Sie glauben an die heilende Kraft von Kommunikation und Verstehen. Sie glauben, dass Kommunikation alle persönlichen Probleme lösen kann. Sie teilen die Überzeugung, dass Verstehen der Anfang und das Ende menschlicher Anerkennung ist.

Dritte These

Das performative Realitätsfernsehen stellt Formen der Unterhaltung bereit, die eine quasi-religiöse Vergemeinschaftung ermöglichen. Jedoch impliziert dieses Zusammenkommen lediglich einen höchst formalen Konsens, wie es eine höchst informelle soziale Einheit erzeugt. Die an diesen Sendungen als Teilnehmer oder Zuschauer Beteiligten sind nicht durch gemeinsame Überzeugungen miteinander verbunden, sondern allein

---

7 Gadamer (1975), S. 126.

durch die Gewohnheit der Teilnahme an einem öffentlichen Ritual des wechselseitigen Verstehens.

Die hier als Beispiele herangezogenen Shows überschreiten die Grenzen des alltäglichen Lebens mit dem Effekt einer Verteidigung der Kontingenzen eben dieses Lebens, das sie mit ästhetischen Mitteln transzendieren. Indem sie eine begrenzte, aber doch in ihren Grenzen unbestimmte Öffentlichkeit mit dem individuellen Schicksal einzelner Menschen konfrontieren, lassen sie eine Gemeinschaft von Gläubigen entstehen, die aufgerufen ist, sich den generellen Umstand in Erinnerung zu rufen, dass alle ein solches individuelles Schicksal haben. Insofern erscheint es legitim, eine Analogie zu bestimmten Formen religiöser Andacht zu ziehen – jedenfalls solange wir ein liberales Verständnis ‚religiöser' Orientierungen zugrunde legen, wie es Thomas Luckmann in seinem Buch über *Die unsichtbare Religion* vorgeschlagen hat.[8]

Doch auch wenn diese Analogie zwischen (bestimmten Formen der) Massenkommunikation und religiöser Imagination und Kommunikation haltbar ist, sollte beachtet werden, dass die medial erzeugte Transzendenz eine höchst spezifische Verfassung hat. Denn die fraglichen Unterhaltungsshows kommunizieren keine allgemeinverbindlichen Gehalte außer der nach Kräften propagierten Einstellung, alles Menschliche der verstehenden (und darin weitgehend: verzeihenden) Hinwendung zuzuführen. Darin bleibt ihre Botschaft strikt *formal*. Keine bestimmten Werte, Normen oder Maximen werden dem Publikum zugemutet, von Weltsichten ganz zu schweigen. Außerdem dürfte das Gefühl der gemeinsamen Menschlichkeit aller Beteiligten oft kaum länger dauern als die fraglichen Sendungen. Aber auch wenn es anhält, bleibt es unverbindlich; es hat keine praktischen Konsequenzen irgendeiner Art. Das von den performativen Realityshows hervorgerufene virtuelle menschliche Zusammenkommen bleibt auf diese Weise hochgradig *informell*. Es konstituiert ein zeitlich und praktisch begrenztes Ritual der Unbegrenztheit. Es modifiziert das tägliche Leben der Betrachter allein in dem Sinn, dass es eine verklärende Perspektive auf die Verschiedenheit biografischer Situationen eröffnet. Diese Transzendenz erzeugt nicht mehr als das Gefühl, dass niemand mit seinen Freuden und Leiden allein ist, oder genauer: dass jeder seine eigenen Freuden und Leiden hat, die sich jedoch im Lichte ihrer medialen Erscheinung als nicht allzu verschieden erweisen.

Vierte These
Obwohl ich von einer ‚quasi'-religiösen Funktion dieser Sendungen gesprochen habe, bleibt es eine offene Frage, ob die hier erzeugte Transzendenz tatsächlich unzweideu-

---

8 Luckmann (1991).

tige religiöse Implikationen hat. Je nachdem, wie sehr man den ‚quasi‘-religiösen oder den religiösen *Charakter dieser Shows betont, gelangt man zu einer unterschiedlichen Einschätzung der religiösen Funktion der Medien.*

Auch wenn die bis hierher gezogenen Analogien überzeugend sein sollten, fallen zumindest zwei Disanalogien auf. Erstens: Die fraglichen Shows kommunizieren keine substanziellen Werte oder Überzeugungen wie man es für eine in einem strengen Sinn religiöse Kommunikation erwarten könnte. Zweitens: Während fraglos religiöse Rituale in der Regel eine Vergegenwärtigung exklusiver Wahrheiten enthalten, präsentiert die Inszenierung der performativen Unterhaltungssendung keine solchen Wahrheiten. Die ‚Wahrheit‘ – sprich: die allgemeine Bedeutung – dieser Sendungen liegt allein in den Formen ihrer Präsentation, durch die eine Atmosphäre des ungehemmten Verstehens erzeugt wird. Wegen der extremen inhaltlichen Flexibilität dieses Verstehens sind Zweifel erlaubt, ob es tatsächlich als ein Modus religiösen Bewusstseins aufgefasst werden kann.

Darum neige ich dazu, in der Rede von ‚quasi-religiösen‘ Funktionen des Fernsehens die Betonung auf das ‚quasi‘ zu legen. Dennoch, wie ausgeführt, *besteht* eine Analogie. Die Betrachtung der performativen Unterhaltungssendungen transzendiert die Grenzen des alltäglichen Verstehens. Diese Transzendenz bleibt unverbindlich, soweit *konkrete* praktische Konsequenzen betroffen sind, und sie ist nicht an eine Kommunikation *bestimmter* Überzeugung hinsichtlich der richtigen menschlichen Lebensführung gebunden. Trotzdem ist damit zu rechnen, dass diese Transzendierung auf eine eher unbestimmte Weise durchaus Konsequenzen hat. Diese betreffen die Art, in der die Leute über soziale Probleme wie homosexuelle Partnerschaft, Abtreibung, Kindererziehung usw. denken. Indem diese Themen in den Massenmedien eine öffentliche Bühne erhalten, kommt ein offener Prozess der Veränderung von Werten und Normen in Gang. Doch obwohl dieser Prozess normalerweise zu einer Veränderung sozialer Orientierungen *führt*, ist er nicht auf eine Revision bestimmter normativer Einstellungen *gerichtet*.

Auf der einen Seite ist daher festzuhalten, dass die medial etablierte Gemeinde der Verstehenden *eine der Funktionen* religiöser Rituale erfüllt. Sie konstituiert eine aus der Kontinuität des Alltags herausragende Sphäre der Wahrnehmung der Welt des alltäglichen Lebens. Da jedoch dieses außeralltägliche Verstehen nicht auf Quellen eines transzendenten Sinns bezogen ist, sondern sich lediglich an eine offene Gemeinschaft von Leuten richtet, die sich als normale Menschen sehen und akzeptieren, handelt es sich auf der anderen Seite um eine eindeutig *profane* Erfüllung des menschlichen Bedürfnisses nach Transzendenz.

Verglichen mit den Teilnehmern an einem dezidiert religiösen Ritual, sieht sich das Publikum der Fernsehunterhaltung in eine deutlich andere Position zu seiner alltäglichen Umgebung versetzt. Das Publikum des performativen Realitätsfernsehens *erweitert* zwar seine Sicht auf die eigene Lebenswelt und gewinnt auf diese

Weise Zugang zu einer von seiner Lebensumgebung *verschiedenen* Wirklichkeit. Aber es *verlässt* diese Welt nicht, um sie von einem höheren externen Blickpunkt zu sehen. Mit einer (frei verwendeten) Unterscheidung von Luckmann könnte man hier von „kleinen" und „mittleren" im Unterschied zu „großen" Transzendenzen sprechen.[9] Kleine und mittlere Transzendenzen überschreiten nicht die Welt des alltäglichen Lebens, sondern nur die Grenzen des eigenen Involviertseins in diese Welt. Was hier erfahren wird, kann prinzipiell innerhalb der Welt des Alltagslebens erfahren werden, wie sehr es auch außerhalb der *Reichweite* des eigenen Erfahrungshorizonts liegen mag. Große Transzendenzen überschreiten dagegen die Welt des *alltäglichen* Erlebens oder auch die Welt der Erfahrung *als solche*. Sie beziehen sich auf eine andere oder höhere Wirklichkeit. Im Unterschied zu Luckmanns (und auch Soeffners[10]) sehr liberalem Verständnis, ziehe ich es vor, von einer dezidiert religiösen Erfahrung nur im Fall einer *starken* Transzendenz zu sprechen, die sich auf eine ‚höhere' oder ‚wahrere' Welt bezieht. Will man die besondere Überschreitungskraft religiöser Erfahrungen nicht analytisch preisgeben, so muss man ihr eine andere Reichweite zuschreiben als jenen kleinen und mittleren, ebenso harmlosen wie meist konsequenzlosen Überschreitungen, mit denen das heutige Fernsehen sein Publikum unterhält.

Fünfte These
Während unzweideutig religiöse Rituale die Präsentation einer höheren Wahrheit darstellen (oder eine Initiation in sie), offenbaren die hier zum Beispiel genommenen Sendungen keinerlei höhere Wahrheit – und beanspruchen dies auch nicht. Das Fernsehen transformiert die Transzendenzen, die es auf profane Weise adoptiert.

In dem weiten Sinn, in dem Luckmann in der Tradition der Husserlschen und Schützschen Phänomenologie von „Transzendenzen" spricht, ist Transzendenz als solche kein religiöses Verhältnis und kein religiöser Vorgang. Daher sollte, wenn das Fernsehen seinen Benutzern einen Spielraum von Transzendierungen anbietet, nicht sofort auf eine religiöse Funktion dieses Mediums geschlossen werden. Analogien in der Transzendierung des Alltagslebens, wie sie sich in der Tat beobachten lassen, reichen meines Erachtens für die Diagnose einer funktionalen Äquivalenz medialer und religiöser Praktiken nicht aus. Auch der medial inszenierte Sport und die Kunst transzendieren den Alltag, ohne dass deswegen pauschal von einer religiösen Praxis die Rede sein kann.[11] Daher ist die Rede von einer ‚Fernsehreligion' gewiss eine erhellende Übertreibung, nicht jedoch eine Diagnose, bei der die Forschung stehen bleiben könnte.

---

9 Luckmann (1991), S. 167f.
10 Soeffner (1994).
11 Das Argument bezüglich der Kunst habe ich ausgeführt in Keppler (1999).

9 Reality-TV:
Ein Genre zwischen Dokumentation und Fiktion

Die Frage, wie sich Medien und ihr Gebrauch zu den übrigen Dimensionen der Realität verhalten, ist eine der in der Einleitung zu diesem Buch aufgeworfenen Grundfragen der Mediensoziologie. Auf das Fernsehen gemünzt, kann sie auch so gestellt werden: Stellt das Ensemble seiner Sendungen Wirklichkeit *dar* oder stellt es Wirklichkeit *her*? Diese Frage jedoch suggeriert eine irreführende Alternative. Denn die Antwort kann nur lauten, dass das Fernsehen – wie auch die anderen Kommunikationsmedien, allen voran die Sprache – ein Teil der Konstruktion der gesellschaftlichen Wirklichkeit ist, die im Zuge der mit ihm verbundenen Praktiken in sich historisch und kulturell wandelnder Weise ausgebildet und erschlossen wird. Das Fernsehen trägt – wie andere Instanzen der Sinnerzeugung auch – zu dem gesellschaftlichen Orientierungshaushalt bei, der die Basis unseres Wirklichkeitsverständnisses und unseres Handelns ist. Die ‚Medienwirklichkeit' ersetzt nicht die Alltagswirklichkeit, sondern steht in einem besonderen Verhältnis zu ihr, indem sie Einstellungen zu Dimensionen des Wirklichen entwirft, die nur deshalb als informativ, unterhaltsam und (mehr oder weniger) sinnvoll aufgenommen werden können, weil sie sich stets zugleich auf die Werte der Welt außerhalb ihrer Präsentationen beziehen.

Einen aufschlussreichen Testfall für diesen Zusammenhang stellt das sogenannte ‚Reality-TV' dar. Im Fernsehen entwickelte sich neben dem Dokumentarfilm schon sehr früh die eigene Gattung der Dokumentation und seit den frühen 1990er-Jahren kam es auf beinahe allen Kanälen zu einem rasanten Siegeszug diverser Varianten des Reality-TV, dessen Formate zunehmend von einer Verwischung der Grenzen zwischen Realität und Fiktion geprägt waren und sind. Dokumentation und Fiktion werden hier – weit weniger noch als in anderen Fällen – systematisch miteinander vermischt. Mittlerweile operieren fast alle Formen des Reality-TV auf dem Grenzgebiet dieser Großgattungen, sodass sich die Frage stellt, was dies nicht allein für den Stellenwert *dieser* Produkte, sondern auch für den Realitätsstatus der *anderen*, scheinbar oder tatsächlich eindeutig dem Genre der Dokumentation *oder* der Fiktion zuzurechnenden Formate des Fernsehens bedeutet.

9.1 Dokumentation und Fiktion

Um zu verstehen, inwiefern das Reality-TV nicht einfach nur eine weitere Form der Vermischung fiktionaler und nichtfiktionaler filmischer Darstellungsverfahren, sondern eine Fernsehgattung eigener Art darstellt, ist es nötig, sich zunächst der

Differenz zwischen Dokumentation und Fiktion zu vergewissern. Dies aber ist kein leichtes Unterfangen.[1] Denn Genres sowohl der Dokumentation als auch der Fiktion bieten dem Publikum ‚Bilder des Wirklichen' an. Jedoch unterscheiden sie sich darin, wie sie dies tun. Je auf ihre Weise präsentieren sie Sichtweisen historischer, sozialer und individueller Lebensmöglichkeiten und -wirklichkeiten. Je auf ihre Weise tragen sie zum Verständnis jeweiliger Aspekte des Wirklichen bei und modifizieren damit das, was in der Gesellschaft – in Gegenwart, Vergangenheit oder auch Zukunft – als wirklich und unwirklich, wahrscheinlich und unwahrscheinlich, denkbar und undenkbar, vorstellbar oder (nahezu) unvorstellbar gilt. Immer haben wir es mit arrangierten Ton-Bild-Konfigurationen zu tun, niemals mit einer bloßen Wiedergabe oder gar Widerspiegelung des außerfilmisch Gegebenen. Denn auch und gerade dokumentarische Formate sind das Erzeugnis einer spezifischen Rhetorik der Darstellung.

Trotzdem ist die Unterscheidung zwischen dokumentarischen und fiktionalen Sendungen allen Fernsehzuschauern geläufig. Beim Zappen durch die Programme des Fernsehens findet sie in vielen Fällen ganz unproblematisch Anwendung. Der Ort der Differenz zwischen Fiktion und Dokumentation, so liegt es daher nahe zu sagen, besteht im Verhältnis von medialem Text und vormedialer oder außermedialer Realität. Mit Dokumentationen oder Formen des Dokumentarischen, so könnte man vermuten, haben wir es immer dann zu tun, wenn filmische Bilder erkennbar auf außerbildliche Dinge und Ereignisse Bezug nehmen. Entsprechend heißt es bei Knut Hickethier:

> Eine als faktisch behauptete Darstellung zeichnet sich in der Regel durch eine unmittelbare Referenz aus. Damit ist gemeint, dass das Dargestellte in der Realität auffindbar bzw. nachweisbar ist und dieser Nachweis durch einen Verweis auf etwas erfolgt, das außerhalb der Repräsentation liegt.[2]

Ein Bezug auf außerbildliche Realitäten kann jedoch für sich genommen nicht als ausschlaggebendes Kriterium der Differenz von Fiktion und Dokumentation dienen, da beispielsweise viele Spielfilme durchaus einen Bezug zur außerbildlichen Realität haben, man denke nur an die oft identifizierbaren Schauplätze, an denen sie ihre Geschichten stattfinden lassen. Allerdings werden viele der spezifischen Gegebenheiten an diesen Orten und das, was sich dort unabhängig von der Filmproduktion zugetragen hat, in mehr oder weniger starkem Maß dekontextualisiert, sodass sich die erkennbaren Dimensionen der unabhängig von der Fiktion bestehenden (außermedialen) Realität in Dimensionen der „Welt eines Films" verwandeln, in der vieles nicht so geschieht, wie es irgendwo sonst geschehen ist oder hätte geschehen

---

1 Vgl. zum Folgenden Keppler (2006a), bes. S. 158–182 sowie Seel (2013), Kap. 6.
2 Hickethier (2008), S. 364.

können.[3] Fiktional operieren demnach Filme, die in meist narrativer Form eine Sequenz von Handlungen und Ereignissen präsentieren, die sich in dieser Abfolge und Anordnung nirgendwo anders zugetragen haben. Spielfilme führen mögliche Wirklichkeiten menschlichen Tuns und Widerfahrens mit häufig exemplarischer Bedeutung vor, die einem ‚realen' Szenario mehr oder weniger nahe oder fern stehen können, ohne dabei den Anspruch zu erheben, dass der individuelle Gang der Dinge, den sie schildern, jenseits des Blicks auf Leinwand oder Bildschirm zu beobachten (gewesen) wäre.

Hieran wird ex negativo der anders gelagerte Anspruch eindeutig dokumentarischer Formate von Film und Fernsehen erkennbar. Ein plausibler Vorschlag stammt von Heinz Heller:

> Dokumentarischen Filmen liegt das Motiv zugrunde, Bilder zu erzeugen, die über ihre unmittelbare Präsenz (über das was sie zeigen) hinaus zugleich auch auf etwas in ihnen Abwesendes: auf reale Tatsachen verweisen und diese – über Sujetwahl und ästhetische Gestaltung – in einem für den (tatsächlichen oder imaginierten) Zuschauer bedeutsamen Licht erscheinen lassen sollen. Und umgekehrt bemisst sich das Interesse des Zuschauers an dokumentarischen Filmen daran, inwieweit er deren besonderes Authentizitätsversprechen aufrechterhalten sieht und über die Bilder Wirklichkeit in einer für ihn bedeutsamen Perspektive erkennen kann.[4]

Dabei können auch und gerade dokumentarische Filme die Wirklichkeiten, auf die sie sich beziehen, nur ausschnitthaft präsentieren. Insofern geben auch sie ein filmisch konstruiertes Bild – und damit stets eine Deutung – der dargestellten Wirklichkeit. Dokumentarische Filme selegieren das, was sie jeweils präsentieren, nach Gesichtspunkten der Relevanz für die jeweilige Thematik sowie nach Gesichtspunkten der Nachvollziehbarkeit aufseiten des Publikums. Dadurch entwerfen sie eine spezifische Perspektive auf die in ihnen präsentierten Zustände und Ereignisse, die einen erhellenden oder entstellenden, nüchternen, poetischen oder polemischen Einblick in die jeweiligen Verhältnisse bietet.

Dokumentarfilme sind filmische Formen, die eigens dazu gemacht sind, als Vergegenwärtigung eines realen Geschehens angesehen zu werden. Immer aber haben wir es mit einer *filmischen Inszenierung* von Realität zu tun. Damit wir etwas als filmische Dokumentation wahrnehmen, muss es mehr geben als nur einen Verweis auf außerbildliche Zustände; es bedarf einer *Darbietung*, die ein audiovisuelles Geschehen als *Zeichen* einer von ihrem Tonbildverlauf unabhängigen Realität lesbar macht. Einen dokumentarischen Anspruch erheben Filme wesentlich durch Strategien der Authentisierung. Diese sollen glaubhaft machen, dass sich das im filmischen Arrangement Gezeigte in den relevanten Hinsichten tatsächlich so wie gezeigt zugetragen hat. Hierzu gehören: das filmische Beharren auf der Kontingenz des

---

3 Vgl. Conant (2006).
4 Heller (1994), S. 96.

jeweils Sicht- und Hörbaren; genaue Angaben zu Raum und Zeit des jeweiligen Geschehens; dessen Einordnung in geografische, historische und soziale Zusammenhänge; die Präsentation von Zeugen; die Hervorhebung der Augenzeugenschaft der Dokumentaristen oder Journalisten; Zitierung von Quellen und anderes mehr.

Dokumentarische Qualität gewinnt somit ein filmisches Format durch eine Kombination von Indikatoren, die das bildliche Geschehen als Wiedergabe eines außerbildlichen Geschehens ausweisen: als Dinge und Ereignisse, Zustände und Prozesse, die sich nicht allein im Film, sondern in der historischen Wirklichkeit oder in der Welt der Natur abgespielt haben. Die primäre Funktion dieser Indikatoren ist es, dem jeweiligen Film einen dokumentarischen *Charakter* oder *Anspruch* zu verleihen. Durch die Verwendung verschiedener stilistischer Inszenierungsmittel wird in unterschiedlichen filmischen Formen eine Dramaturgie entwickelt, die einen Film oder eine Sendung als Dokumentation, als eine realitätsnahe Fiktion oder als ein anderes auf ein reales Geschehen referierendes Format deklariert – oder, im Gegensatz hierzu, als eine fantastische Erzählung, die keinen Anspruch auf Wirklichkeitsnähe erhebt. Die betreffenden Indikatoren der Realität und der Irrealität eines filmisch dargebotenen Geschehens verhalten sich insofern zueinander komplementär: Die einen erhalten ihre Signifikanz abhängig von den anderen, und zwar jeweils abhängig von der jeweiligen historischen, kulturellen und technischen Entwicklung.[5] Dass sich kein alleiniges und eindeutiges übergreifendes Kriterium der Differenz von Dokumentation und Fiktion angeben lässt, bedeutet aber keineswegs, dass es diesen Unterschied nicht gibt. Es gibt ihn, weil er in filmischen Formaten immer wieder hergestellt und an Filmen bzw. Sendungen wahrgenommen wird. Es gibt ihn in der Form eines jeweiligen *Bündels* von Indikatoren, die ihren Stellenwert wesentlich aus der Abwesenheit der entsprechenden *Gegenindikatoren* erhalten. Einen dokumentarischen Anspruch erheben Filme, die hinreichend viele und eindeutige Indikatoren der Referenz auf außerbildliche Zustände und Ereignisse zeigen.

Eine solche stilistische Charakterisierung lässt freilich die Frage offen, ob es sich bei diesem Anspruch um einen tatsächlich erfüllten Anspruch handelt – ob wir es also mit einer authentischen Dokumentation zu tun haben. Ob ein Film einen dokumentarischen Anspruch *erhebt*, lässt sich an seinen formalen Eigenschaften erkennen. Ob ein Film den von ihm erhobenen dokumentarischen Gestus *erfüllt*, und wie gut er ihn erfüllt, zeigt sich hingegen nicht an seinen formalen Eigenschaften allein. Hier ist letztlich das Urteil des Publikums gefragt.[6] Dabei spielen neben

---

5 Eine Liste möglicher Indikatoren findet sich in Keppler (2006a), S. 179f.; vgl. auch Keppler (2005b).

6 Ähnlich Heller (1994), S. 91. In der Dokumentarfilmtheorie werden die Authentisierungsstrategien eines Films als zentral dafür angesehen, welche Haltung dem Zuschauer für die Rezeption eines Films nahegelegt wird. Die Theorie des kommunikativen Kontrakts geht davon aus, dass

stilistischen und semantischen Kriterien auch pragmatische Faktoren eine wichtige Rolle. Im Rahmen der Nachrichtensendungen eines für verlässlich gehaltenen Senders werden die Zuschauer dem dokumentarischen Appell von Filmsequenzen einen gewissen Kredit einräumen; bei den quasi-dokumentarischen Sequenzen in Filmen wie *Zelig*[7] oder *Forrest Gump*[8] sieht dies vermutlich anders aus. Bei der Beurteilung, ob ein jeweiliges Format, das im Gestus einer Dokumentation daherkommt, das Versprechen einer Vergegenwärtigung außerbildlicher Realitäten tatsächlich erfüllt, müssen die Zuschauer sich auch auf ihre eigene Weltkenntnis und somit stets auf weitere mediale Zeugnisse stützen. Selbst wenn es einmal möglich ist, sich direkt vor Ort zu begeben, so kann dort nicht geradewegs ‚die Wirklichkeit‘ mit ihrer filmischen Repräsentation, sondern allein die eigene *Deutung* mit der der betreffenden Filme verglichen werden. Auch in allen anderen Fällen greifen wir bei der Beurteilung des Realitätsgehalts von Dokumentationen auf komparative Verfahren zurück. Als glaubhaft erscheinen Berichte, von denen wir aus *unterschiedlichen* Quellen Zeugnis haben: Was in unterschiedlichen Berichten im Fernsehen, in der Zeitung und im Radio als Neuigkeit präsentiert und von unterschiedlichen Zeugen bestätigt wird, wird einen hohen Grad von Glaubwürdigkeit erreichen, jedenfalls solange es möglich ist, den verfügbaren Medien und Zeugen ein gewisses Grundvertrauen entgegenzubringen. Und auch der Zweifel an medialen Institutionen oder Sendungen oder Produkten muss sich seinerseits auf Quellen stützen, die im Vergleich als die glaubhafteren erscheinen. Es verhält sich bei der Überprüfung des Anspruchs dokumentarischer Filme nicht grundsätzlich anders als bei der Überprüfung von Berichten anderer Art. Ein entscheidendes Kriterium ist hierbei das der inneren und äußeren *Konsistenz* dieser Berichte: ob sie sich glaubhaft als *Berichte* zu präsentieren vermögen und ob sie mit *anderen* glaubhaften Berichten über dieselben Ereignisse übereinzustimmen vermögen.

Der Unterschied zwischen ‚echten‘ und ‚manipulierten‘ Bildern lässt sich nicht allein durch einen Bezug auf den Gegenstand bestimmen, er erfordert immer auch den Bezug auf die gesellschaftliche Bildpraxis und ihre Regeln, die festlegen, welche Verfahren bei einem behauptenden Bildgebrauch zulässig sind.[9]

---

zwischen filmischer Kommunikatorinstanz und dem Publikum ein Kontrakt in Kraft tritt, der die Zuschauer nicht nur anleitet, sondern sie gegebenenfalls auch dazu zwingen kann, ihre Wahrnehmung zu verändern. „Wird der Repräsentationsmodus im Film gewechselt (wie etwa am Ende von *Waltz with Bashir*, Israel [...] 2008, Ari Folman), greift der Wechsel in den geltenden Kontrakt ein und zwingt den Zuschauer dazu, eine zentrale Wahrnehmungsvoraussetzung der Geschichte fundamental zu verändern." (Wulff 2014) Vgl. auch Wulff (2001) sowie das Themenheft „Pragmatik des Films" der Montage/AV von 2002.

7 *Zelig* (USA 1983; R: Woody Allen).

8 *Forrest Gump* (USA 1994; R: Robert Zemeckis).

9 Dietz (2009), S. 216. Unter Bezug auf Keppler (2006a), S. 316 ergänzt Dietz, das Fernsehen schaffe als Leitmedium „ein gemeinsames Bezugsystem und einen Bereich gemeinsamer Erfahrung ‚geteil-

9.2 Reality-TV

Soweit lässt sich festhalten: Im Unterschied zu fiktionalen Filmen oder Beiträgen erheben dokumentarische Filme den Anspruch, Aspekte der Realität wiederzugeben, die weitgehend und vorrangig außerhalb des Films bestanden haben oder bestehen: solche Aspekte, die für das Tun und Erleiden des Menschen (direkt oder indirekt) bedeutsam sind. Ihre Darstellung vergegenwärtigt und erkundet Zustände der menschlichen Handlungswirklichkeit in ihrer historischen und sozialen – meist komplexen und vielfach kontingenten – Faktizität. Sie leisten dies durch eine Inszenierung von Bild- und Tonverläufen, die zu wesentlichen Teilen durch die dargestellten Zustände hervorgerufen wurden und in ihrer Komposition eine aufschlussreiche Perspektive auf ein außerfilmisches Geschehen eröffnen. Ob ein Film oder filmischer Beitrag sich nur dokumentarisch gibt oder dokumentarisch ist, entscheidet sich somit an seinem Bezug auf die tatsächlichen Orte, Zeiten sowie Personen, von denen jeweils berichtet wird. Im Fall einer echten Dokumentation müssen es vor allem diese Gegebenheiten sein, die die auf der Leinwand oder dem Bildschirm sichtbaren Bildfolgen verursacht haben. Dokumentarisch sind somit Formate, die sich glaubhaft als Darstellungen von Zuständen und Ereignissen präsentieren; die sich unabhängig von der Filmproduktion an den Orten sowie zu den Zeiten und unter Beteiligung der Personen zugetragen haben; die in den filmischen Sequenzen sichtbar sind; die sich in einer Folge und einem Zusammenhang ereignet haben, der nicht der Regie eines Filmskripts und seiner Umsetzung unterlag; die relevante Aspekte der jeweiligen außerfilmischen Wirklichkeit vorführen oder aufdecken.

Damit sind wir vorbereitet für eine Analyse der Eigenheiten des Reality-TV. Die Ausdrücke ‚weitgehend‘ und ‚vorrangig‘ am Beginn des vorigen Absatzes verweisen bereits auf die zahlreichen Mischformen, wie sie nicht allein im Kinofilm, sondern vor allem im heutigen Fernsehen anzutreffen sind. Für das gesamte Spektrum des Reality-TV nämlich ist eine Verwischung der Grenzen zwischen Dokumentation und Fiktion konstitutiv. Sie realisieren ihren dokumentarischen Anspruch durch Inszenierungsweisen, die ebenso eindeutig wie auffällig fiktionalisierende Elemente enthalten, womit sich zugleich die Frage nach der Art ihres dokumentarischen Anspruchs stellt – eine Frage, die die entsprechenden Sendungen nicht allein einer soziologischen Analyse aufgeben, sondern mit der sie durchaus auch – und häufig durchaus offensiv – ihr Publikum konfrontieren. Dabei macht jedoch nicht die durchgängige Inszeniertheit der betreffenden Formate ihre Besonderheit aus. Denn

---

ter Gegenwart‘, unabhängig davon, wie gut oder schlecht, echt oder unecht, wahr oder falsch seine Botschaften im Einzelnen sein mögen. ‚Gerade weil das Fernsehen im Fluss und in der Fülle seiner Sendungen insgesamt kein realistisches Medium ist, hält es die Frage nach der Wirklichkeit des Wirklichen offen: die Frage danach, worauf es ankommt, wenn das Wirkliche vom Unwirklichen und das Wichtige vom Unwichtigen unterschieden werden soll‘.“ Dietz (2009) S. 225f.

diese Eigenschaft teilen sie ja mit allen filmischen Verfahren einer ‚echten' Dokumentation. Vielmehr ist es die *Art* der Inszenierung realer Lebenszusammenhänge,
aus der sich die Eigenheiten und Attraktionen des Reality-TV ergeben. Zur Unterhaltung des Publikums werden (tatsächlich oder vermeintlich[10]) reale Lebensprobleme
realer Personen auf eine spezifische Weise nach dramaturgischen und genrespezifi-
schen Mustern so gestaltet, und das heißt hier immer auch: so umgestaltet, dass sie
ein anderes Gesicht gewinnen, als es sowohl im Alltag der Protagonisten als auch in
demjenigen der Zuschauer der Fall ist. Sendungen des Realitätsfernsehens geben
nicht – wie es der Anspruch des dokumentarischen Fernsehens ist – etwas wieder,
was sich (weitgehend) unabhängig von seiner medialen Aufbereitung zuträgt oder
zugetragen hat. Sie bieten aber auch nicht – wie es in fiktiven Formaten geschieht –
etwas dar, was keinerlei oder keinen bestimmten Ort im Kontext der historischen
und sozialen Wirklichkeit hätte. Stattdessen spielen sie ein Spiel – *ihr* Spiel – mit
faktischen Verhältnissen und deren praktischer Bewältigung. Mehr oder weniger
stark und mehr oder weniger deutlich *gestaltete* Wirklichkeit wird als gestaltete
Wirklichkeit ausgegeben: Nach diesem Prinzip verfährt dieses Format.

   Das Reality-TV ist eine höchst dynamische Gattung, die sich insbesondere in
den letzten zwanzig Jahren auch hierzulande rasant entwickelt hat. Die Gattung
kam nicht aus dem medialen Nichts. Die Wurzeln zu Fernsehsendungen, die diese
Gattung geprägt haben, liegen in amerikanischen Fernsehformaten, aber auch in
früheren deutschen Fernsehserien. Zu nennen ist insbesondere die Dokusoap *An
American Family* des Fernsehsenders PBS aus dem Jahr 1972, in der ein Kamerateam
die amerikanische Familie Loud sieben Monate lang begleitet hat. Ein weiterer Vorläufer ist die Sendung *COPS*, die zum ersten Mal 1989 vom Fernsehsender FOX ausgestrahlt wurde und bis heute gesendet wird. Sie gilt als einer der Auslöser des Reality-TV-Booms in den USA. Im deutschen Fernsehen gehört die seit 1967 bestehende
Sendung *Aktenzeichen XY... ungelöst* (ZDF) zu den Paten des Realitätsfernsehens. Zu
nennen wären auch Talkshows à la *Arabella* (ProSieben), die in den frühen 1990er-
Jahren für Aufsehen sorgten. Der erste Boom des Formats fand in Deutschland zwischen 1992 und dem beginnenden 21. Jahrhundert statt. Neben der ältesten Subgattung, dem gewaltzentrierten Reality-TV, differenzierte sich das Genre nach und
nach immer weiter aus, nicht unwesentlich befördert durch die Einführung des
Privatfernsehens. Anfang der 1990er-Jahre startete das Reality-TV im deutschen
Fernsehen vor allem mit Adaptionen amerikanischer und britischer Vorbilder. *Not-
ruf* beispielsweise war eine ab 1992 über 14 Jahre hinweg ausgestrahlte deutsche
Reality-Show-Serie des privaten Fernsehsenders RTL, die sich mit Hilfsorganisatio-
nen in Rettungsaktionen beschäftigte. Von BBC übernommen wurden die Formate
Children's Hospital mit der deutschen Entsprechung OP. *Schicksale im Klinikum*

---

10 Darauf, wie diese Klausel zu verstehen ist, gehe ich in meiner Schlussbetrachtung ein.

(ZDF) ebenso wie *The Cruise* als *Das Clubschiff* (RTL). Höhepunkt des Reality-TV-Booms bildet in Deutschland das Jahr 2000 mit dem Start der Container-Show *Big Brother* (RTL II), dem Begründer der Realitysoap, und *Popstars* (RTL II), dem Begründer der äußerst erfolgreichen Subgattung der Castingshows. Dass der steten Ausdifferenzierung und Weiterentwicklung des Genres keine Grenzen gesetzt zu sein scheinen, legt auch das gegenwärtige Fernsehprogramm nahe: Allein 2014 starteten knapp 59 neue Formate. In einer durchschnittlichen Woche laufen auf den Hauptsendern in Deutschland allein 71 verschiedene Reality-TV-Formate.[11] „Reality TV is here to stay", wie Annette Hill bereits 2005 schrieb.[12]

Eine signifikante Verschiebung innerhalb des Genres ereignete sich bereits zu Beginn der 1990er-Jahre. Das ‚narrative' Realitätsfernsehen, in dem der Zuschauer vorwiegend mit der authentischen oder nachgestellten Wiedergabe tatsächlicher Katastrophen unterhalten wurde, wurde durch ein ebenfalls mit narrativen Elementen operierendes ‚performatives' Realitätsfernsehen ergänzt und schließlich weitgehend durch dieses ersetzt. Diese Sendungen griffen mehr oder weniger direkt in die Alltagswirklichkeit der teilnehmenden Personen ein, indem in ihrem Rahmen soziale Handlungen des Heiratens, der Verzeihung und Versöhnung etc. *ausgeführt wurden*, die als solche bereits – zumindest dem Anspruch nach – das soziale Leben der Akteure verändern sollten.[13] Auf diese Entwicklungen zurückblickend stellt Margrit Tröhler im Jahr 2005 fest:

> Wenn wir von einem alltäglichen Verständnis des Dokumentar- und des Spielfilms ausgehen, wie es heute beim Publikum, in Kritik, Produktion und Verleih dominiert, so können wir eine vor allem in Filmkritiken oft thematisierte Annäherung zwischen den beiden Gattungen erkennen. Ich möchte annehmen, dass diese vor allem auf einer seit Ende der 1980er Jahre verstärkt wahrnehmbaren Tendenz in der Praxis des internationalen Filmschaffens beruht, die Grenze zwischen Fiktion und Nichtfiktion zu verwischen und sie damit gleichzeitig bewusst zu machen. Dokumentarfilme relativieren ihre Aussagen, indem sie sie vielstimmig und manchmal widersprüchlich gestalten und indem sie ihr narratives Arrangement und ihre (zumindest) in der Anlage fiktionalisierende Inszenierung transparent machen: Über ihre mediale Reflexivität lenken sie die Aufmerksamkeit auf den subjektiven Standpunkt des Films, auf die Funktion der Kamera als Katalysator im profilmischen Geschehen, auf die Konstruiertheit von Diskursen und Fakten.[14]

Diese formale Zwischenwelt zwischen Dokumentation und Fiktion zeichnet sich einerseits durch einen demonstrativ aufrechterhaltenen Authentizitätsanspruch

---

11 Diese reichen von *Endstation Wildnis – Letzte Chance für Teenager* (Kabel eins) über *Henssler hinter Gittern* (RTL), *Reset – Zurück ins Leben* (RTL), *Verfolgt – Stalkern auf der Spur* (RTL), *Mission Familie* (Sat.1), *Einmal Camping, immer Camping* (VOX), über *Harte Hunde – Ralf Seeger greift ein* (VOX) und *Ticket ins Abenteuer* (VOX) bis hin zu *Der Party-Profi Nelson Müller* (ZDF).
12 Hill (2005), S. 2.
13 Keppler (1994b).
14 Tröhler (2005), S. 150.

aus, der jedoch andererseits durch eine – oft nicht minder demonstrative – Spannungsdramaturgie verbunden wird, die sich der Techniken des Blick- und Szenenwechsels, des erzählenden Vor- und Rückgriffs sowie der musikalischen Kommentierung und Untermalung bedient, wie sie ansonsten vor allem in Spielfilmen beheimatet sind. Verglichen mit der durchkomponierten, von professionellen Schauspielern getragenen, einem artistischen Kalkül folgenden Regie von Spielfilmen zeichnen sich die Sendungen des Reality-TV jedoch durch eine rohe, imperfekte Klang- und Bildgestaltung aus, durch Unschärfen des Bildes, eine unruhige Kameraführung sowie ein laienhaftes Sprechen und Agieren der Protagonisten. Dies ist zwar gewiss auch dem weit geringeren Budget ihrer Produktion geschuldet, gehört aber zugleich zu den entscheidenden Erkennungsmerkmalen dieser Sendungen. Mehr noch: Es gehört zu ihrem konstitutiven Verfahren, Elemente sowohl der Dokumentation, der Showsendung als auch der Soap-Opera miteinander zu kombinieren. Bei der Analyse dieser Sendungen sollte dies jedoch nicht als ein simpler Widerspruch oder Widersinn verbucht werden. Vielmehr sind die spezifischen Gesetze zu beachten, denen sie folgen. In der Herstellung und Ausstellung inszenierter, oft einem Skript unterliegender Realitätsbezüge entwickeln sie einen durchaus eigenen Gestus, einen durchaus eigenen Anspruch, der in der besonderen, nur auf den ersten Blick heterogenen Form dieser Sendungen verankert ist.[15]

Die große Sendungs- und Formenvielfalt im Bereich des Reality-TV nämlich zeichnet sich trotz ihrer strukturellen, formalen und inhaltlichen Variationen durch ein übergreifendes, allen Formen des Reality-TV zugrunde liegendes audiovisuelles Basismuster aus.[16] Es kann daher von einer durch Familienähnlichkeiten strukturell, inhaltlich und formal miteinander verwandten und verbundenen Gattungsfamilie des Reality-TV gesprochen werden, zu der Subgattungen mit unterschiedlichen Verfestigungsgraden wie *Dokusoaps* (mit z. B. Detektiv- und Kriminaldokus als weitere Ausdifferenzierung), *Castingshows, Beratungs- und Gerichtsshows*, aber auch die *Daily Talks* gehören. Nichtprominente und prominente Menschen mit ihrem privaten und/oder beruflichen Leben stehen in fiktiven und nichtfiktiven Bewährungssituationen im Mittelpunkt des inszenatorischen Interesses. Intime Aspekte aus dem Leben der präsentierten Personen werden hervorgehoben, komplexe Zusammenhänge werden reduziert und dramatisch fokussiert dargeboten. Eine stereotype Personenzeichnung bindet die Personen in oppositionelle Strukturen ein. Ein Live-Charakter wird vorgetäuscht, obwohl alle Sendungen aufgezeichnet und nachträglich passend zur spezifischen Sendungsdramaturgie nachbearbeitet werden. In allen Varianten der Gattungsfamilie werden fiktionale und nichtfiktionale Elemente

---

15 Vgl. auch Axel Schmidt (2011).
16 Die folgende Charakterisierung beruht auf den Ergebnissen eines in den Jahren 2001–2004 von der DFG geförderten Forschungsprojekts. Mein Dank gilt hier insbesondere Marit Kunis, die als wissenschaftliche Mitarbeiterin für den Bereich des Reality-TV zuständig war.

gemischt; Ereignisse werden nachgestellt oder authentisches Filmmaterial wird, versehen mit einem Kommentar und Musik, in den Verlauf der Sendung integriert, sodass das Spannungsverhältnis zwischen Authentizität und Inszenierung für den gesamten Bereich als konstitutiv angesehen werden kann. Die Sendungen des Reality-TV folgen zudem weitgehend einer fixen narrativen Struktur: Der Zuschauer wird in einer Vorgeschichte mit dem Thema der Sendung vertraut gemacht, anschließend wird ein Problem dargestellt, das im Rahmen der Sendung entweder gelöst werden oder aber in ihrer noch nicht erreichten bzw. verfehlten Lösung vorgestellt werden soll. Dabei werden bereits vergangene außergewöhnliche Situationen des Alltäglichen und deren erfolgreiche Bewältigung mit nachgespielten Szenen, inszenierten Ereignissen, Originalaufnahmen oder über Interviews in Szene gesetzt. Dies geschieht unter Verwendung von Groß- und Nahaufnahmen, durch Einsatz von ‚Living Camera‘, Schwenk und Zoom in Auf- und Untersicht, dem Spiel mit Farbfiltern und elaborierterer Animationstechnik sowie durch schnelle Schnitte. Überraschende Szenenwechsel und die Aneinanderreihung kurzer Einstellungen, begleitet von emotionsgeladener Musik, steigern die Spannung und tragen zur Dramatisierung der Ereignisse bei. Die handelnden Personen sprechen meist Dialekt und/oder Soziolekt. Begleitet werden diese Äußerungen von Musik und O-Tönen. Originaltöne zusammen mit atmosphärischen Geräuschen zählen zu den wichtigsten Indikatoren der Gattung. Durch den verbalen Kommentar eines Moderators werden die einzelnen Narrationsstränge zudem häufig zusammengeführt und bewertet.

In allen Sendungen des Reality-TV wird sowohl auf der visuellen Ebene als auch auf der filmsprachlichen Ebene moralisiert – entweder dienen humorvolle Äußerungen als Träger von indirekter Kritik und moralischer Wertung oder es wird direkt moralisiert. Die Kamera erzeugt eine drastische Realistik mit Detail- bis Nahaufnahmen, die nur kurz durch Aufnahmen in der Totale unterbrochen werden. Akteure und ihre Umgebungen werden durch stereotype Darstellung und/oder mit Lichtspots und Farbfiltern in ‚schlechtes‘ bzw. ‚schönes‘ Licht gesetzt und ‚gut‘ wird gegen ‚böse‘ gestellt. Auf der auditiven Ebene übernehmen neben dem Moderator auch die Experten, die in diesen Sendungen auftreten, die Rolle moralischer Instanzen. Nach anfänglicher kritischer Bewertung eines dargestellten Lebensstils werden die Akteure durch die Experten verurteilt und von diesen dann allerdings auch wieder ‚auf den rechten Pfad‘, nämlich hin zu gesellschaftlich anerkannten Lebensformen geführt. Wird dies von den Akteuren akzeptiert, erfahren sie Lob und Anerkennung. Im Vergleich mit dem in Kapitel 5 erörterten Spektrum der normativen Wertung liegt darin eine besonders drastische Form der Moralisierung. Die aufgezeigten Lebensweisen werden so inszeniert, dass sie stets über erkennbare Handlungsschritte in ein nach gängigen Standards sozial verträgliches Verhalten münden oder in eindeutigem Kontrast zu ihm stehen. Damit beansprucht das Reality-TV, Vorbilder zu präsentieren, Ratgeber zu sein, praktische Tipps zu liefern und somit Funktionen der Lebenshilfe zu erfüllen. Den Zuschauern werden komprimierte Lebenswelten und Alltagssituationen fremder Menschen vorgeführt, verbunden mit dem Gestus, auch den Zuschauern Orientierungen für ihre eigenen Lebensprobleme zu bieten.

9.3 Dokusoaps

Das grundsätzliche Verfahren des Reality-TV habe ich bereits bei der Analyse der Castingshow *Germany's Next Topmodel* in Kapitel 4, bei der Interpretation der Talk-show *Arabella* in Kapitel 5 sowie in den Thesen zur Medienreligion in Kapitel 8 kommentiert. Deshalb soll in den beiden folgenden Beispielen eine weitere Variante der Form der belehrenden Unterhaltung in den Blick genommen werden: die soge-nannten „Dokusoaps". Wie der Name schon sagt, steht dieses Format auf eine be-sonders auffällige Weise zwischen Fiktion und Dokumentation; es kombiniert Merkmale fiktionaler Serien mit denen der authentischen Dokumentation. Wie in Soap-Operas haben wir es in einem mehr oder weniger konstanten Setting mit einer überschaubaren Zahl von (teils gleichbleibenden, teils wechselnden) Protagonisten zu tun, die als kleine Gemeinschaft im Mittelpunkt stehen. Die Sendungen haben eine serielle Struktur, folgen festen, auf Drehbücher gestützten Plots und unterlie-gen einer einheitlichen Dramaturgie, die mit Verfahren wie Cliffhangern oder paral-lelen Handlungssträngen operiert. Behandelt werden Themen aus dem sogenannten Human-Interest-Bereich; meist sind es Konflikte, die den Charakter der dargestell-ten Akteure auf die Probe stellen oder die ihr Leben problematisch machen. Diese Akteure aber werden nicht als fiktive *Figuren*, sondern als reale *Personen* vorge-stellt; die inszenierten Ereignisse werden als Vorkommnisse aus dem tatsächlichen Leben der vorgeführten Menschen präsentiert. Dies ist wesentlich für ihren zugleich dokumentarischen Charakter, der durch die oben beschriebenen formalen Eigen-schaften der Sendungen hervorgehoben wird. In ihrer alltäglichen Lebensumge-bung wird das beobachtete Verhalten der Probanden zu einer narrativen Sequenz zusammengefügt, durch Re-Inszenierungen ergänzt und mit allerlei klanglichen und bildlichen Kommentierungen versehen. Die jeweils verhandelten Probleme werden so in einer Art und Weise personalisiert und stereotypisiert, dramatisiert und emotionalisiert, wie dies weder für fiktionale Serien noch für faktuale Doku-mentationen typisch ist. Bevor ich in meiner Schlussbetrachtung auf den allgemei-nen Charakter des Reality-TV zurückkomme, lohnt es sich, einen genaueren Blick auf zwei Fallbeispiele solcher Dokusoaps zu werfen.

9.3.1 Christopher Posch – Ich kämpfe für Ihr Recht!

Unter diesem Titel lief ab 2010 bei RTL eine Dokusoap, in der es darum ging, wie ein Rechtsanwalt dabei half, aktuelle, zum Teil auch vor Gericht nicht lösbare Probleme zerstrittener Parteien zu lösen.[17] Im Vorspann der jeweiligen Folgen sieht man stets – von Musik untermalt – einen sympathisch wirkenden Mann (Christopher Posch) jüngeren Alters auf einem Fahrrad herankommen und anschließend in großer Eile durch breite Glastüren eines großen Amtsgebäudes gehen, wobei er sich eine Robe überstreift; darauf folgt in Großaufnahme der Kopf eben dieses Mannes, unterlegt mit dem Insert: CHRISTOPHER POSCH § ICH KÄMPFE FÜR IHR RECHT!. Dieser Mann, so sagt allein dieser zehn Sekunden lange Vorspann, vermag Türen zu öffnen und Licht ins Dunkel undurchsichtiger Fälle zu bringen. In den jeweiligen Folgen der Sendung werden in der Regel zwei unterschiedliche Fälle vorgestellt und gelöst, von denen jedoch nicht nacheinander, sondern in einer Parallelmontage berichtet wird, sodass sich immer wieder Cliffhanger ergeben, mit denen die Spannung, wie es denn ausgehen werde, künstlich gesteigert wird.

In der Folge vom 06.11.2013 ging es unter dem Titel § *DER FALL HEIMTÜCKISCHER PAKETKLAU* um einen Fall von „Homeshopping-Betrug". Eine namentlich vorgestellte Frau (Petra Richter) bekam vom Homeshopping-Sender HSE24 eine Rechnung für Waren, die sie, ihrer eigenen Aussage nach, nie bestellt hatte. Sie verdächtigte ihre ehemalige Nachbarin, in ihrem Namen Bestellungen aufgegeben und die Pakete dann entwendet zu haben. Die folgende Sequenz leitet in die Facetten des Falls ein:

Transkr. 9.1: *Christopher Posch – Ich kämpfe für Ihr Recht!* (Staffel 03/Episode 04) (RTL), 06.11.2013: § *DER FALL HEIMTÜCKISCHER PAKETKLAU*, Ausschnitt: 00:07:09–00:08:06

Nr. Zeit	Bild	Ton	
01 '5	T(US): VG: Gänseblümchen am Straßenrand; HG: Straße, schwarze Limousine nähert sich, TS: VG auf HG, Auto fährt vorbei (Nummernschild zensiert), BE[u,re]: Insert: Schriftzug „DER FALL HEIMTÜCKISCHER PAKETKLAU" (bis einschl. Einstellung 3), BE[o,li]: Insert: „RTL" (alle Einstellungen)	Mu: S[m,off]:	((dramatisch; Klavier, Percussions)) Christopher Posch ist eilig aufgebrochen.

---

17 Sender: RTL; Sendezeitraum: 06.06.2010 bis 04.12.2013. Der durchschnittliche Marktanteil lag bei 12,9 %, also sahen durchschnittlich 2,9 Millionen Zuschauer diese Sendung. Quelle: AGF in Zusammenarbeit mit der GfK/TV Scope 5.2/media control GmbH.

Nr. Zeit	Bild	Ton	
02 '3	N(US): Christopher Posch (CP) am Steuer eines Autos, Jacke, gestreiftes Hemd	Mu: $S^{m,off}$:	((dramatisch; Klavier, Percussions)) Im rheinlandpfälzischen Meien scheint ein junges Paar
03 '4,5	W: S^{re}, Z^h Felder, Landstraße, schwarzer Kombi fährt von li nach re	Mu: $S^{m,off}$:	((dramatisch; Klavier, Percussions)) betrogen worden zu sein. Mit einer besonders dreisten Masche; (-) Die
04 '2,5	T: VG: gelbe Blüten (unscharf); HG: Petra Richter (PR) und ein Mann, beide Jeans und T-Shirt, Arm in Arm. laufen auf Feldweg von re nach li	Mu: $S^{m,off}$:	((dramatisch; Klavier, Percussions)) einunddreißig jährige Petra Richter hat bei einem Home Shopping
05 '2	HN: F^h, Z^v weiterhin das Pärchen (BH^{li}: Er, BH^{re}: PR)	Mu: $S^{m,off}$:	((dramatisch; Klavier, Percussions)) Kanal hohe Schulden. Obwohl sie dort
06 '1,5	HT(US): VG: Feldweg; HG: Beine laufen auf Kamera zu, TS: VG auf HG	Mu: $S^{m,off}$:	((dramatisch; Klavier, Percussions)) noch NIE etwas bestellt hat; Nach einer letzten
07 '2,5	W, Z^v: VG: Sträucher; HG: Pärchen ABBL	Mu: $S^{m,off}$:	((dramatisch; Klavier, Percussions)) Mahnung ist ihr bereits ein Inkassobüro auf die
08 '5	AUFBL CFX: Graufilter, leichte Vignettierung N, B: Silvia Rataj in Türrahmen, Perlenkette, Ohrringe, Paillettenjacke. ABBL	Mu: $S^{m,off}$:	((dramatisch; Klavier, Percussions)) Pelle gerückt. Petra Richter verdächticht ihre Nachbarin, (.) DIE habe in ihrem Namen Pakete bestellt und
09 '4	AUFBL N: BR^{li}: Schulter Mann; BM: PR lächelt, läuft vorbei; HG: Feld, TS: HG wird unscharf	Mu: $S^{m,off}$:	((klingt aus)) abgefangen, (.) Die junge Frau hat Anzeige erstattet.
10 '7,5	Ü HN(US^l): BR^{li}: CP am Steuer seines Autos	CP:	Also die Frau Richter hat am Telefon schon ziemlich verzweifelt geklungen; Teleschoppingsender möchte von ihr tausendzweihundert Euro haben; die machen jetzt auch richtig Druck.
11 '3	N: BH^{li}: CPs Hinterkopf; BM: Sicht durch Windschutzscheibe; HG: Landstraße, Felder	Mu: $S^{m,off}$:	((dramatisch; Klavier, Percussions)) POSCHs neuer Fall wird ihm Einblicke in eine

Nr. Zeit	Bild	Ton	
12 '2	D: VG: CPs Augen im Rückspiegel; HG: Straße, Wald	Mu $S^{m,off}$:	((dramatisch; Klavier, Percussions)) Millionenindustrie geben. Mit einem Undercover
13 '2,5	D: BM: CPs Hand (Ring am Ringfinger) auf der Gangschaltung	Mu: $S^{m,off}$:	((dramatisch; Klavier, Percussions)) Test deckt der Anwalt diesmal
14 '2	D: BH^{li}: CPs Profil; HG: Häuser ziehen vorbei CFX: BE$^{li, o}$: grellweißer Lichteffekt	Mu: $S^{m,off}$:	((dramatisch; Klavier, Percussions)) sogar ungeahnte Schlupflöcher auf.
15 '10,5	cGf: Ausschnitt aus Teleshoppingkanal „HSE24": BR^u Insert: „Angebot der Stunde", BR^{re} Insert: „YVESSE* STEINKETTE", dann weitere Produkte mit jeweils neuen Inserts (fahren von re nach li durchs Bild): ein Ring, Ohrringe, ein Anhänger HG: unscharfes Bild von CPs Gesicht	Mu: $S^{m,off}$: Mu: $S^{w,off}$:	((treibende elektronische Musik)) TELEschopping BUHMt! EINS komma FÜNF Milliarden Euro Umsatz wird damit in Deutschland pro Jahr gemacht. ((E-Gitarren-Melodie)) Und morgen erwarten sie die Favoriten aus der aktuellen Mode sowie Bastel, Beauty, Schmuck und Haushaltshighlights.
	BR^{re}: Insert: „CHRISTOPHER POSCH", darunter: „ICH KÄMPFE FÜR IHR RECHT!"		

Zu einem Kommentar aus dem Off beginnt die Sequenz mit einem Zusammenschnitt von Aufnahmen, die Posch in seinem Auto, Frau Richter mit ihrem Mann beim Spaziergang sowie bereits die verdächtigte ältere Dame namens Rataj ins Bild bringt (E 01–09). Daran schließt sich ein Statement des am Steuer seines Wagens sitzenden Anwalts an (E 10), gefolgt von einem erneuten Kommentar aus dem Off, der den Fall in den größeren Zusammenhang verbreiteter Netzkriminalität stellt und weitreichende Enthüllungen verspricht (E 11–14), woraufhin auf einem eingeblendeten Bildschirm Ausschnitte des Angebots des Teleshopping-Senders HSE24 vorgestellt werden, unterlegt mit dem Originalton der Eigenwerbung dieses Senders. Durch das einigermaßen heterogene Bild- und Tonmaterial wird der behandelte Rechtsbruch vorgreifend dramatisiert, zugleich aber als ein Vorgang von weitreichender gesellschaftlicher Bedeutung präsentiert. Zusammengehalten durch Kommentare aus dem Off, die immer wieder Andeutungen über die weitere Entwicklung enthalten, ist auch die übrige Darstellung des Falls von ständigen Ortswechseln, Unterbrechungen und Zeitsprüngen geprägt. Interviews mit Frau Richter und ihrem Mann, eine erste Begegnung von Posch mit der Verdächtigten sowie Stellungnahmen des

Anwalts (im Auto, in seinem Büro und bei Gericht) werden – teilweise entgegen ihrer zeitlichen Ordnung – so miteinander kombiniert, dass der eher harmlose Betrugsfall in einem möglichst spektakulären Licht erscheint.[18]

Im Verlauf der Sendung wird das angängige Gerichtsverfahren gegen die verdächtige ehemalige Nachbarin von Frau Richter eingestellt (da diese wegen eines ähnlich gelagerten Falls belangt werden soll, in dem es jedoch um einen höheren Streitwert geht). „So unfassbar das auch klingen mag", lautet der Kommentar aus dem Off, „Posch und seine Mandantin, Frau Richter, stehen wieder bei null. Aber damit möchte sich der Anwalt nicht abfinden. Sein neuer Plan: Er muss noch einmal zu Frau Rataj" (00:45:04 bis 00:45:11). Nun bahnt sich eine überraschende Wende des Falls an. Von vorwärtstreibender Musik unterlegt, nähert sich Posch erneut dem Haus der Beschuldigten.

Transkr. 9.2: *Christopher Posch – Ich kämpfe für Ihr Recht!* (Staffel 03/Episode 04) (RTL), 06.11.2013: § *DER FALL HEIMTÜCKISCHER PAKETKLAU*, Ausschnitt: 00:45:23–00:48:45

Nr. Zeit	Bild	Ton	
01 '3	HN: S^{li}, VG: Christopher Posch (CP) (fellbesetzter Parka, Karohemd, Jeans) läuft auf Gehweg HG: frei stehende Häuser mit Vorgärten, schneebedeckt BE$^{o\,li}$: Insert: Schriftzug „RTL" (alle Einstellungen)	Mu: S^{m,off}:	((Schlagzeug, Bass, mittleres Tempo)) Wird Posch bei der Frau dieses Mal (-) Mehr Erfolk ha
02 '1,5	N: Z^v, zwei Fenster mit heruntergelassenen Rolläden	Mu: S^{m,off}:	((Schlagzeug, Bass, mittleres Tempo)) ben? (-) zunächst sieht=es
03 '2,5	N^{hk}: Z^h, CPs Hand auf Klingel, F^h,	Mu: S^{m,off}:	((Schlagzeug, Bass, mittleres Tempo)) alles andere als danach aus;
04 '9	G^{hk} (US): VG: Hüfte CP, vor Haustür, Hände in Jackentaschen, S^{re}, HN^{hk}: BH^{li} CP, BM: sich öffnende Tür, BR^{re,o}: Briefkasten, darüber Hausnr. 22, darüber Lampe, F^u, S^{re}, A^{hk}, US (s): VG: CP, HG: Frau Rataj (FR) (Joggingjacke, weißes Shirt, graue Hose) steht in halb offener Tür,	Mu: CP: FR: CP:	((wie vorher, fade out: 2sec)), G: Klingelgong 3×, G: Türöffnen Schön=guten=Tach=Frau Rataj; (HG) [Was] wolln=sie von mia. [Tag;] Ich wa:r schomma bei, ihn; mein Name ist Christopher Posch=ich vertret immer=noch

---

18 Besonders drastisch geschieht dies in der ersten Begegnung des Anwalts mit der beschuldigten Frau Rataj, als plötzlich zusammen mit einem Knall aus dem Off ein Blitz durch das Bild fährt, um anzuzeigen, dass sich die Sache jetzt zuspitzt (00:18:38).

Nr. Zeit	Bild	Ton	
	BR^{li}: Besenstiel, li daneben weiterer Briefkasten	CP:	Frau Richter=ihre ehemalige Nachbarin=sie ke[nn sie noch?
		FR:	[äh das=is eingestellt worden]
05 '14	N^{hk}: VG, BH^{li}: CPs Hüfte, HG, BM: FRs Gesicht im Türrahmen, schüttelt Kopf, Schritt zur Seite, schließt dann Tür, Z^h, Z^v,	G:	Statik
		CP:	Na:=Sie hamn Strafbefehl bekommen für das gleiche; Sie ham_unter nem (-) Unter em Pseudonym ha:bn=sie auch bei H-S-E versch- ham=sie n- ganz kurz; ganz kurz
		G:	((Tür fällt ins Schloss))
		S^{m,off}:	Doch auch eine zugeschlagene Tür hält ihn (.) noch lange nicht auf
	CP klingelt erneut,	G:	((Klingel))
		Mu:	((Orgelmusik + gepfiffene Melodie, in E 06–17))
	ABBL		
06 '4	AUFBL T: SFX: Vignettierung, Grau-Filter, Flackerndes Bild (in E 06–19), Wohnhaus von SR, BR^{li}: CP im Vorgarten, halb zum Haus gewendet, Z^{v,o}, zwei Fenster	CP^{off}:	Frau Rataj::; (--) ,ch=würd mich gern mit ihn' unterha:lte:n.
07 '3,5	HN^{hk}: CP steht nach re schauend vor geschlossener Haustür BH^{li}: SFX als CB: 2× kurze Rosafärbung Bild	G:	((Vogelgezwitscher im HG, E 08–21))
		CP:	,ch weiß doch dass sie mich jez=grade; hörn.
08 '1,5	N^{hk}: SFX: Rosa verschwindet, CP vor Tür, Kopf nach li zur Tür, senkt den Kopf und schaut nach u	CP:	Frau Rataj- (--) Machens=uns doch beiden nich=so schwe:
[...]			
23 '2	AUFBL N, Blick schräg auf Hauswand, BH^{li}: Fenster mit heruntergelassenem Rollladen; BH^{re} MG:, Rollladen an Fenster wird hochgezogen BH^{re} HG: verschneites Haus, blauer Himmel	Mu:	((gepfiffene Melodie))
		G:	Rollladen
		S^{m,off}:	Und- (-) tatsächlich. (-) Poschs Hart

Nr. Zeit	Bild	Ton	
24 '16	HN, US (l): CP steht an Haustür, öffnet sie; Blick ins Treppenhaus $F^{hk,v\,li}$; BH^{li}: CPs Rücken, blickt in Treppenhaus; BH^{re}: Haustür; vereinzelt sieht man FR im HG in ihrer Wohnungstür stehen	$S^{m,off}$:	näckigkeit; (.) wird belohnt.
		MU:	((gepfiffene Melodie endet))
		CP:	Frau Rataj danke dass se jez nochmal aufmachen ja? (---)
		FR:	Bitteschön;(.) gern geschehn; (-)
		CP:	Darf ich reinkomm;
		FR:	Ja; Sie könn.
	F^v: CP geht durch den Eingangsbereich auf die Wohnung von FR zu; Belichtung wird höher T: CP betritt FRs Wohnung (Rücken zur Kamera) und schüttelt ihr die Hand	MU:	((langsames Gitarrenriff)
		CP:	Danke.
		$S^{m,off}$:	Und weil dieser Fall sich schon lange genug zieht; (-) kommt Posch? (-) ganz Anwalt? (-) auch gleich zum Punkt.
		Mu:	((endet))

Nachdem die Frau dem Anwalt die Tür vor der Nase zugeschlagen (E 14) und die Stimme aus dem Off Poschs Hartnäckigkeit hervorgehoben hat, verändern sich Bild und Ton in den folgenden (im Transkript ausgelassenen) Einstellungen signifikant. Zu einer elegischen, gepfiffenen Melodie redet Posch in Richtung der Tür und der Fenster mit heruntergelassenen Jalousien unbeirrt weiter auf Frau Rataj ein und versucht ihr – nun nicht mit juristischen, sondern moralischen Vorhaltungen – klarzumachen, dass ihr Verhalten „nicht in Ordnung" sei. Während dieser Passage (E 06–19) zeigt das zuvor klare Bild eine schäbige, bräunliche, von einem rosa und gelben Flackern gestörte Farbqualität – woraus man schließen könnte, dass die übrigen Aufnahmen weit stärker gestellt sind, was aber zugleich der Krise in dem Vorgehen des Anwalts einen besonders realistischen Anstrich gibt.[19] Als sich die Sache dann zum Besseren wendet, wird das Bild (ab E 20) plötzlich wieder klar, eingeleitet durch eine zu dem folgenden Gespräch mit Frau Rataj überleitende, zunächst vor deren Haus und danach in seiner Kanzlei gefilmte Stellungnahme des Anwalts. Als Posch nun doch in das Haus gelassen wird, steht die nächste Überraschung bereit. Denn Frau Rataj tischt dem Anwalt nun ihre eigene Geschichte auf – es sei vermutlich ihre Freundin gewesen, die die Waren auf Frau Richters Namen bestellt habe. Nach dieser verblüffenden Auskunft wird die Handlung zunächst

---

19 Ein anderes Beispiel für den gebrochenen Realismus dieser Sendung sind die vier (!) verschiedenen Limousinen mit ihren nur höchst notdürftig kaschierten Markenzeichen, mit denen Posch in ihrem Verlauf unterwegs ist.

einmal erneut zugunsten des anderen Falles unterbrochen. Nach einer kurzen Erinnerung an die Erzählung der Beschuldigten, die, wie der Off-Kommentar betont, stark den Charakter eines Märchens hat, wird das Ende des Gesprächs mit Posch gezeigt, in dem Frau Rataj auf dessen Frage, wo denn ihre Bekannte zu finden sei, die bündige Antwort erhält: „Am Friedhof". Wieder scheint alles in einer Sackgasse zu enden, aber nicht umsonst ist der Held dieser Sendung ein Anwalt, der zwar erhebliche Zweifel an der Wahrheit der Geschichte von Frau Rataj hat, ihre Gesprächsbereitschaft aber doch noch für einen Ausweg aus der verfahrenen Sache zu nutzen weiß.

Transkr. 9.3: *Christopher Posch – Ich kämpfe für Ihr Recht!* (Staffel 03/Episode 04) (RTL), 06.11.2013: § *DER FALL HEIMTÜCKISCHER PAKETKLAU*, Ausschnitt 01:02:46–01:03:22

Nr. Zeit	Bild	Ton	
01 '6	AUFBL HT(AS^s): BH^li: Frau Rataj (FR) lehnt an orangener Küchenzeile, Hände ineinander gefaltet; blaues Paillettensakko, graue Hose; HG: lila Blumentapete, Durchgang mit grünen Vorhängen; BH^re: Christopher Posch (CP) in Winterjacke an Glastisch sitzend, nach li gewandt; auf Tisch vor CP liegt Karte von HSE24 S^re v, F^v auf CP G(AS^s): CP wendet Blick von FR ab nach u BE^o, li Insert: Schriftzug „RTL" (über alle Einstellungen)	Mu: S^m:	((einzelne E-Gitarrentöne)) <<t> Ein weiteres Mal in diesem Fall steht Posch bei Null (-) Jetzt muss er noch einmal seine Taktik ändern. (-) um seiner Mandantin zu
02 '3,5	G(AS): Kopf von CP; blickt nach u, richtet Blick auf und nach li; noch mal kurz nach u; öffnet Mund	Mu: S^m:	((einzelne E-Gitarrentöne)) helfen;> (-) Aber der Anwalt hat schon eine Idee.
03 '16,5	HAT(AS^s): S^re, F^v: CP mit erhobenem Zeigefinger, blickt abwechselnd nach li zu FR und nach re u S^li A(AS^l): wie E1, nur FR hat Arme locker herunterhängen	CP: FR^off: CP: FR^off: CP:	gesetzt den Fall; (.) ich würde mit H-S-E vierundzwanzich (-) sprechen; (-) ja; (--) und ich- (-) es würde dazu- (---) beitragen; (---) [.hh] [ja] wenn Sie auch mit denen sprechen und diesen Sachverhalt mal erläutern [mit] dieser (-)

Nr. Zeit	Bild	Ton	
		FR:	[ja;]
		CP:	Bekannten; mit dieser Ka[rin;]
		FR:	[ja;]
			(1.5)
		CP:	und das würde der Frau Richter helfen würden sie das tun;
04 '3	N: BH^{li}: FR hat Hände erhoben und offen, blickt na re; HG: BH^{li}: Blumendekoration; BH^{re}: Durchgang S^{re} ABBL	FR:	ja; (--) bin ich bereit,
05 '7	AUFBL HN: BM: SR blickt nach re o zu CP, CP mit Zeigefinger auf FR gerichtet, blickt nach li u auf FR CP wendet sich nach h, geht durch Durchgang S$^{re\,u}$, FR geht hinterher Z auf HSE24-Karte auf Glastisch	CP: FR: CP: FR: CP: FR^{off}: Mu:	[ich] komme auf sie zu, [und-] <<h>ja; (-) [können Sie;]> [und ich nehm] Sie beim Wort. (1.0) <<h>[mach ich-]> [alles klar.] (-) bis dahin, tschau; Wenn ich der Frau Richter jetzt helfen kann- ((Einsatz eines Drumbeats))

Mit den Worten „Wenn ich der Frau Richter jetzt helfen kann" (E 05) gibt Frau Rataj ihr Einverständnis, dem Shopping-Kanal von ihrer Bekannten und ihrem Verdacht gegen diese zu erzählen. Mithilfe dieses Zugeständnisses von Frau Rataj gelingt es dank der „der Hartnäckigkeit von Christopher Posch" am Ende der Sendung schließlich, den Shopping-Kanal HSE24 dazu zu bewegen, die Forderungen an seine Mandantin fallen zu lassen. Ende gut, alles gut. Ob nun die ältere Nachbarin schuldig war oder nicht, in jedem Fall ist sie geläutert, denn sie hat sich von Christopher Posch dazu bewegen lassen, zu einem besseren, weil schließlich doch kooperativen Menschen zu werden. Dabei wird der Anwalt in dieser Episode – wie in der gesamten Sendung – nicht allein als ein Fachmann präsentiert, dessen besondere Expertenschaft in den Off-Kommentaren immer wieder hervorgehoben wird, sondern zugleich als eine moralische Instanz, die durch ihren vorbildlichen Einsatz in einer undurchsichtigen Welt in kleinen Schritten etwas zum Guten zu bewegen vermag. Eben dies erweist sich als das eigentliche Markenzeichen dieser Sendung. In der Behandlung der diversen Rechtsfälle geht es in allen Folgen dieses Formats stets zugleich – und letztlich sogar vorwiegend – um eine moralische Bewertung des Verhaltens der Beteiligten und damit um eine Kommunikation der Differenz von

Recht und Unrecht in einem durchaus alltäglichen, das lebensweltliche Handeln betreffenden Sinn.

9.3.2 Frauentausch

Die ganz anders geartete Dokusoap *Frauentausch* ist die deutsche Version des britischen Formats *Wife Swap* (Stephen Lambert, RDF Media, 2003–2009), das ebenfalls in den USA und Australien adaptiert worden ist. Frauentausch ist seit 2003 wöchentlich im Programm von RTL II mit aktuellen Folgen zu sehen.[20] Das Grundprinzip der Sendung ist denkbar einfach: In zwei Familien, in deren einer eher geordnete, in deren anderer eher ungeordnete Verhältnisse herrschen, lassen sich die jeweiligen Ehemänner oder männlichen Partner auf einen vom Sender arrangierten „Frauentausch" ein. Mit therapeutischer Geste, vor allem gegenüber den Frauen in den mehr oder weniger chaotischen Familien, werden so die Gewohnheiten des Zusammenlebens in beiden Lebensgemeinschaften durcheinandergebracht, woraus sich künstlich erzeugte Alltagsdramen und (jedenfalls für die Zuschauer am Bildschirm) Alltagskomödien ergeben.

Jede Folge ist nach demselben Muster aufgebaut: Zunächst werden die beiden Frauen mit ihren Familien vorgestellt, inklusive der Städte, in denen sie wohnen. Die Frauen führen durch ihre jeweiligen Wohnungen, zeigen Küche, Kinderzimmer, Bad, Wohnzimmer (sofern vorhanden) und ihre Schlafzimmer. Bereits hier werden durch eine entsprechende Musik und in den jüngeren Folgen auch gern durch ins Bild eingeblendete Textkommentare die Aussagen der Frauen zu ihrem eigenen Lebensumfeld aus dem Off kommentiert. Im Anschluss daran werden Ausschnitte aus dem Alltag der Familien gezeigt, die ihre typischen Rollenverteilungen und Wertesysteme sowie Spannungen und Konflikte repräsentieren. Die Frauen schreiben daraufhin für die sogenannte „Tauschmama" Zettelbotschaften, die einerseits Auskunft darüber geben, was in der jeweiligen Familie als besonders wichtig erachtet wird; andererseits werden Regeln aufgestellt, Aufgaben verteilt oder auch Bitten bzw. Forderungen formuliert. Nachdem der Abschied der Frauen von ihren jeweiligen Familien und Lebenspartnern gezeigt wird, folgt die jeweilige Ankunft im ‚neuen Zuhause'. Dieses erkundet die ausgetauschte Frau zunächst ohne die Anwesenheit der ‚fremden' Familie. Auch dieser Rundgang wird durch die Einspielung von

---

20 Sender: RTL II. Erstausstrahlung in Deutschland: 14.07.03, RTL II, 20:15 Uhr. Alte Folgen laufen aktuell von Mo–Fr jeweils um 08:50/14:55 und Do 21:15 Uhr, die neuen Folgen werden So 06:10 Uhr ausgestrahlt oder 06:15 Uhr die jeweilige Wiederholung. Nach der TV-Ausstrahlung sind alle Folgen sieben Tage lang (auf rtl2now.de) abrufbar. Der durchschnittliche Marktanteil liegt bei 5,3 %, also durchschnittlich 1,54 Millionen Zuschauern. Quelle: AGF in Zusammenarbeit mit der GfK/TV Scope 5.2/media control GmbH.

Musiktiteln und durch unterschiedliche Bild-Inserts zusammen mit den dabei hörbar wiedergegebenen Selbstgesprächen der Frauen zum Teil recht drastisch von der Regie der Sendung kommentiert. Danach wird gezeigt, wie die beiden Frauen Videobotschaften der jeweils anderen anschauen und wie sie darauf reagieren. Erst im Anschluss daran lernen die Tauschfrauen die weiteren Familienmitglieder kennen und kommentieren ihre ersten Eindrücke direkt in die Kamera. Im Hauptteil der Sendung wird dann der jeweilige ‚Alltag' im fremden Haushalt vor allem im Hinblick darauf vorgeführt, wie – oder wie wenig – die Frauen diesen meistern, wie sie ihn dabei auch verändern oder zu verändern versuchen. Nach Ablauf der zehn Tage des wechselseitigen familiären ‚Fremdgehens' gibt es einen häufig, aber nicht immer tränenreichen Abschied von der Tauschfamilie. Die Rückkehr der beiden Frauen in die eigene Familie wird zudem unterbrochen von einem ‚Zwischenstopp', in dem sich die beiden Frauen treffen, über ihre Erfahrungen sprechen und einander Tipps geben, was die jeweils andere ihrer Meinung nach künftig besser machen sollte. Die Folgen enden mit Bekenntnissen und Vorsätzen aus dem Kreis der nun wieder vereinten Familien.

Die Sendung *Frauentausch* lebt vom Kontrast. Immer werden in Aussehen, Bildungsgrad, Schichtzugehörigkeit möglichst unterschiedliche Frauen vorgestellt, die in möglichst unterschiedlichen sozialen, ökonomischen und kulturellen Verhältnissen leben. Kleinfamilie versus Groß- oder Patchworkfamilie; von konservativen Werten geprägter dörflicher Kleinfamilienhaushalt versus gleichgeschlechtliche, im großstädtischen Milieu verankerte Partnerschaft, aufopfernde Familienmutter versus ihren eigenen (beruflichen) Erfolg in den Mittelpunkt stellende ‚Powerfrau' – das sind die Oppositionen, mit denen die Sendung operiert. Solche stets extremen Kontrastierungen sowohl im Aussehen wie im Lebensstil der betreffenden Frauen und Familien lassen sich in jeder beliebigen Folge finden, so auch in der Sendung vom 09.05.2013 (RTL II). Yvi, 35, Hausfrau (und extrem übergewichtig) lebt mit ihrem Mann und einem bei ihnen wohnenden jungen Mann, der wie ein Familienmitglied behandelt wird und auch agiert, in Berlin Marzahn/Hellersdorf auf 80 Quadratmetern zur Miete in einer Hochhaussiedlung (Abb. 9.1). Sie ist die meiste Zeit des Tages mit ihrer Spielkonsole beschäftigt.

Dagegen steht die ‚fürsorgliche' Renate aus Duisburg (mit schwäbischem Akzent), die aus dem Off mit den Worten „eine gut funktionierende Familie bekommt man nicht geschenkt" vorgestellt wird (Abb. 9.2). Sie „residiert" im Stadtteil Neumühle, in einem „großzügigen 6-Zimmer-Eigenpalast" oder, in Renates Worten, „meinem kleinen schicken Haus".

Das dramaturgische Ziel jeder Sendung ist der Aufbau größtmöglicher Gegensätze auf der einen und die Förderung der Entstehung von Konflikten auf der anderen Seite. Diese Konflikte sind der Grundmotor der Sendung und ihr Inszenierungsprinzip. Deren Bewältigung stellt das leitende Spannungsmoment bereit. Innerfa-

Abb. 9.1: *Frauentausch* (RTL II), 09.05.2013, 00:08:14

Abb. 9.2: *Frauentausch* (RTL II), 09.05.2013, 00:11:04

miliäres Sozialverhalten in vorarrangierten Situationen wird dem Zuschauer zum eigenen Studium und Amüsement angeboten.

In der Folge vom 09.05.2013 geht es dabei nicht allein darum, dass die „fürsorgliche Renate aus Duisburg" in allem vorbildlich ist, sondern auch darum, ob und wie ihrem Gegenpart auf die Sprünge einer besseren Lebensbewältigung und Alltagsorganisation geholfen werden kann. Zwar ist Renate die Mutter, die sich um die Hausaufgaben ihrer Kinder kümmert, die täglich frisches Essen zubereitet, die am Wochenende mit Mann und Kindern gemeinsame Unternehmungen macht, die Verständnis für ihren pubertierenden Sohn aufbringt und selbstverständlich nicht nur einen ebenso sauberen wie ordentlichen Haushalt hat, sondern selbst auf eine ordentliche und gepflegte Erscheinung achtet. Aber auch an Yvi, ihrem Gegenbild und Gegenteil in all diesen Hinsichten, wird nicht einfach nur ein negatives Exempel statuiert. Zwar resümiert Magnus, der vorbildliche Ehemann von Renate, nach Yvis Abreise erst einmal: „Bin ja richtig froh dass die Yvi jetzt weg ist, nehm an, dass Yvi hier gar nix kapiert hat gar nix gelernt hat und die geht genauso ignorant nach Hause wie se hergekommen is."[21] Und auch Yvi selbst sagt erst einmal, dass sie nur froh sei, in ihr altes Leben zurückzukehren „also ich bin froh, dass ich die zehn Tage rum habe und in mein eigenes Leben wieder reinversetzen kann und weiterleben kann."[22]

Dennoch aber gibt es am Ende der Folge dann doch Hoffnung, dass das Wirken der „Powerfrau Renate", wie es im Off-Kommentar heißt, auch für Yvi und ihre Familie eine positive Veränderung herbeiführen wird, auch wenn es trotz Renates Wirken in Berlin und Yvis Lehrzeit in Duisburg zunächst nicht diesen Anschein hat. Jedoch zeichnet sich eine mögliche Wende zum Guten erst ab, als die Lage nach Yvis Rückkehr eskaliert. Die computerspielsüchtige Frau bricht zu Hause in Tränen aus, ‚rastet aus' und macht sogar Anstalten, sich aus dem Fenster des Hochhauses

---

21 *Frauentausch*, 09.05.2013, 01:44:57–01:45:05.
22 *Frauentausch*, 09.05.2013, 01:45:08–01:45:19.

zu stürzen, da ihre Familie ihr die Spielkonsole weggenommen hat. Schließlich aber findet auch diese Familie zu neuer Einheit und gelobt Besserung, nachdem die Schwäbin aus Duisburg die Familie umgekrempelt hat (Abb. 9.3). So äußert Yvis Mitbewohner Sven am Ende: „Wir wollen dir beide helfen wir wollen abr och dat de uns hilfst dat funktioniert nur wenn wir drei zusammenarbeiten Yvi wir wollen dir helfen Yvi hm ok." – Schnitt, Großaufnahme Yvi: „Ick kann mein Leben auch ohne ick kann mein Leben auch mit Wii[23] ändern weil so oft spiel ick überhaupt garnich weil det interessiert mich garnich schon." – Schnitt, Flash und nochmals Sven: „Man merkt det wird nich leicht mit Yvi wenn wer alle arbeiten alle zusamn dann denk ick wird mer det schon hinkriegn."[24]

Abb. 9.3: *Frauentausch* (RTL II), 09.05.2013, 02:02:28

Diese versöhnliche Schlussszene hat freilich nicht den Charakter eines zu Tränen der Erleichterung rührenden Finales, sondern bildet den Endpunkt einer Zurschaustellung der Nöte einer realen Person. Den Respekt, den diese in der Sendung von ihren Angehörigen einfordert, gewährt die Sendung ihr keineswegs. Denn dem Publikum ist eine sich über die Protagonisten erhebende Sichtweise des Gezeigten geradezu aufgedrängt worden. Zum Beispiel teilt Yvi ihrem „Tauschehemann" mit, dass sie die ihr von der „Tauschmama" per Videobotschaft ausgetragenen Aufgaben keinesfalls erledigen könne, da sie unter anderem einen Bandscheibenvorfall und ein kaputtes Knie habe. Sobald Yvi eine ihrer körperlichen Einschränkungen erwähnt, ertönt ein langgezogenes Stöhnen oder Raunen aus dem Off. Aber nicht nur hier wird die Frau einer öffentlichen Belustigung freigegeben. Ein Übriges tun insbesondere die vielfach eingespielten Musiktitel, die das Geschehen auf ihre Weise kommentieren. Als Yvi die Söhne ihrer Tauschfamilie frühmorgens wortlos weckt, erklingt ein Ausschnitt aus dem Song „Wenn Worte meine Sprache wären" von Tim Bendzko, in dem es heißt „Ich bin ohne Worte ich finde die Worte nicht". Am Ende schließlich, als Yvi weinend auf dem Sofa sitzt und alle sich versprechen, in ge-

---

23 Gemeint ist ihre Spielkonsole.
24 *Frauentausch*, 09.05.2013, 02:01:44–02:02:19.

meinsamer Anstrengung etwas zu verändern, erhebt Peter Alexander seine Stimme und singt „Hier ist ein Mensch". Die Art, wie die Inszenierung der Szene ihrer Protagonistin hier scheinbar zur Seite steht, lässt sich jedoch von dem Gegenteil einer parodistischen Infragestellung des sich angeblich abzeichnenden Familienglücks kaum unterscheiden. Diese Musikeinspielung hält sich vielmehr auf der Kippe zwischen Zuspruch und Verspottung. In ihr kommt eine Haltung zum Ausdruck, die für die Folgen dieser Sendung – und darüber hinaus für das Reality-TV generell – typisch ist. Nur auf Abruf sind sie mit denen solidarisch, die sich auf die Regeln ihrer wirklichkeitsnahen Spiele einlassen. Denn ihr therapeutisches Ethos steht im Konflikt mit dem Versprechen, die Sorgen ihrer Probanden in ein kurzweiliges Schauspiel zu verwandeln.[25]

9.4 Eine besondere Gattung

Die beiden zuletzt behandelten Beispiele haben einige der charakteristischen Eigenheiten des Reality-TV noch einmal vorgeführt. Sie haben zugleich die für eine Analyse dieser Sendungen entscheidende Frage erneut exponiert, nämlich, wie diese sich zu der Alternative zwischen Dokumentation und Fiktion verhalten. Um meine anfängliche These zu wiederholen: Sie stehen so zu ihr, dass sie im Unterschied sowohl zu eindeutigen Dokumentationen als auch zu eindeutigen Fiktionen (als auch zu anderen Mischformen, wie sie sich im Kinofilm nicht selten finden) eine eigene Gattung des Fernsehens bilden.

Während Spielfilme im Standardfall mögliche Wirklichkeiten menschlichen Tuns und Widerfahrens mit häufig exemplarischer Bedeutung präsentieren, ohne dabei zu behaupten, dass sich der individuelle Gang der Dinge, den sie schildern, jemals unabhängig von seiner filmischen Inszenierung abgespielt hat (oder hätte abspielen können), nehmen die Sendungen des Reality-TV für sich in Anspruch, durchaus Einblicke in *tatsächliche* Vorgänge der sozialen Welt zu geben. Sie tun dies jedoch nicht in derselben Weise wie eindeutig dokumentarische Formate. Denn während dokumentarische Filme und Filmbeiträge ihr klangbildliches Geschehen als Wiedergabe außerbildlicher Zustände und Geschehnisse ausweisen, die sich in wesentlichen Hinsichten *unabhängig* von ihrer filmischen Inszenierung abgespielt haben, bleiben Art und Grad dieses Bezugs im Reality-TV nachhaltig *unterbestimmt* und *offen*.

Das beginnt schon mit dem Verhältnis von Personen und Figuren, dem sich das folgende Kapitel ausführlicher widmen wird. Ob und inwieweit die Menschen, die in

---

25 Dabei ist überdies zu bedenken, dass das therapeutische Ziel dieser Sendungen, selbst wenn es in der Inszenierung der betreffenden *Sendungen* erreicht wird, noch lange nicht im *Leben* der Protagonisten erreicht ist, wie es allein in ihrer alltäglichen Lebens*führung* geschehen könnte.

ihren realen Lebenssituationen aufgesucht und beobachtet werden, in den betreffenden Sendungen ihr ‚natürliches' Alltagsverhalten zeigen oder doch lediglich eine Rolle spielen (oder zu spielen versuchen), ob und inwieweit zumal die Personen, die in den dem Genre zugehörigen Talkshows auftreten, eher als Darsteller ihrer selbst oder eines Typus fungieren, dergleichen lässt sich vor dem Bildschirm oft nicht entscheiden. Hinzu kommt zum einen die besondere Rahmung der betreffenden Sendungen, durch die eine lebensnahe Geschichte, ein fesselnder Wettbewerb, ein vorgegebener Plot mit Serienstruktur usw. angekündigt werden. Charakteristisch sind zum anderen die verschiedenen Verfahren der Zuspitzung, Dramatisierung und Kommentierung des jeweiligen Geschehens, die erkennbar den ‚natürlichen' Gang der Dinge sei es beeinflussen, sei es in einem artifiziellen Licht erscheinen lassen. Deshalb hieß es oben, dass die vom Reality-TV präsentierten Wirklichkeiten stets mehr oder weniger stark *gestaltete* Wirklichkeiten sind. Auf diese Weise erfüllen die Formate des Reality-TV weder das formale Versprechen echter filmischer Dokumentationen noch dasjenige echter filmischer Fiktionen.

Aber sie *geben* dieses Versprechen auch gar nicht. Ihrer gesamten formalen Organisation nach geben sie nicht *vor*, ein rein dokumentarisches Format zu sein. Sie geben vielmehr eine möglichst kurzweilige *Rekombination* tatsächlicher Lebensverhältnisse zum Besten. Sie verwandeln echte Alltagssorgen in ein medial aufbereitetes Spektakel. Die hieraus entstehende Unentscheidbarkeit dessen, in welchem Grad das jeweils Dargebotene sich tatsächlich so wie gezeigt abgespielt hat, ist so gesehen kein Mangel oder Makel dieser Sendungen, sondern ihr ostentatives Vorgehen. Das Publikum wird nicht hinters Licht geführt oder getäuscht, es wird mit den dramaturgisch forcierten Irrungen und Wirrungen in der Lebensführung realer Personen unterhalten. Dies geschieht jedoch hier auf eine durchaus andere Weise als in fiktionalen Serien, deren Verfahren ich in den beiden folgenden Kapiteln untersuchen werde. Zwar werden auch in Fernsehserien oft Konflikte und Probleme verhandelt, die der Lebenssituation der Zuschauer mehr oder weniger nahestehen. Hier sind es aber nicht nur eindeutig *Figuren*, deren Schicksale durchgespielt werden, die Fährnisse, die hier verhandelt werden, bleiben stets *mögliche* Verwicklungen, in denen die Zuschauer eine Verwandtschaft mit (ihren eigenen) *realen* Verhältnissen entdecken können oder auch nicht. Der besondere Gestus des Reality-TV – und der besondere *Thrill* für sein Publikum – dagegen liegt in dem durch seine konstitutiven Echtheitsmarkierungen entfachten *Spiel* mit *faktischen* Freuden und Nöten.

Eine dauerhafte Verwechslung mit (durchgängig) realen Vorkommnissen ist hier wie dort nicht möglich. Sowenig sich das Publikum angesichts fiktionaler Serien über deren Spielcharakter täuschen kann, sowenig kann dasjenige des Reality-TV über dessen besonderen Status im Unklaren bleiben. Denn der Kontrakt mit dem Zuschauer des Reality-TV basiert gerade auf der immer wiederkehrenden oder immer wieder andersartigen Mischung fiktionaler und dokumentarischer oder semidokumentarischer Elemente der einzelnen Formate.[26] Diese Kombination ist es, die die Attraktion dieser Sendungen ausmacht. Sie gewährt ein voyeuristisches Vergnügen besonderer Art: anderen Menschen in sicherer Distanz bei ihren oft unbeholfenen, peinlichen, verqueren oder bizarren Bemühungen um Lebensbewältigung zuzuschauen, wie es im Alltag so nicht möglich und schon gar nicht erlaubt wäre.

So sehr dies aufseiten der Zuschauer auch eine Haltung ermöglicht, sich auch auf die eigenen Unzulänglichkeiten zu besinnen, der vorherrschende Gestus des Reality-TV ist ein anderer. Seine Sendungen stellen ihre Probanden zur Schau und geben sie nicht selten einer schonungslosen Betrachtung preis. Sie bieten es den Zuschauern an oder stellen es ihnen zumindest frei, sich über ihre Mitmenschen zu mokieren, gerade weil ihre ausgestellten Verhaltensweisen den eigenen in besonderer Weise nahe sind. In den Angeboten des Reality-TV gehen nicht allein – in der Form ihrer Darbietungen – Dokumentation und Fiktion, sondern – in der Perspektive auf das Dargebotene – zugleich Nähe und Distanz eine eigene Verbindung ein. Sie eröffnen die Möglichkeit einer Haltung zynischer Empathie, in der der Spaß an den Sorgen und Nöten anderer für eine Weile das Bewusstsein ihrer Nähe zu den eigenen bei Weitem überwiegt. Sofern und soweit dieses anrüchige Angebot von Teilen des Publikums angenommen wird, ergibt sich eine eigentümliche Spielart der klassischerweise den Künsten zugesprochenen Gabe eines gleichzeitigen *prodesse et delectare*. Die Animation der Künste, so die herkömmliche Auslegung, vermag die Weltkenntnis des Publikums auf eine erfreuliche und erfreuende Weise bereichern. Orientierung und Unterhaltung gehen hier auf das Schönste zusammen. Die Agitation des Reality-TV dagegen favorisiert zwar nicht überall, aber doch zu erheblichen Teilen eine weit weniger noble Variante: diejenige, sich ungehemmt an den Problemen anderer zu delektieren. Sie lässt damit zugleich erkennen, dass eine Gesellschaft, in der die Gebote des gegenseitigen Verstehens, der Empathie und Solidarität in aller Munde sind, diese noch lange nicht überall beherzigt.

---

26 Vgl. Hill (2005).

10 Person und Figur. Dissonante Identifikationsangebote in Fernsehserien

Menschen, mit denen wir im alltäglichen Leben zu tun haben, nehmen wir *als* Personen wahr; Menschen hingegen, denen wir beim Betrachten einer Fernsehserie begegnen, nehmen wir zumeist *wie* Personen wahr, wissend, dass sie keine realen Personen, sondern Figuren einer fiktiven Handlung sind. Die Helden einer Fernsehserie sind allgemein verständliche Zeichen von Personen oder Personentypen, jedoch keine wirklichen Personen; wirkliche Personen hingegen sind je besondere Individuen, ohne jedoch Zeichen ihrer Fähigkeiten und Eigenheiten zu sein.

Im Folgenden soll nach der Signifikanz dieser Unterscheidung gefragt werden. Ich möchte untersuchen, ob und in welchem Maß Figuren als Personen wahrgenommen werden können und welche Bedeutung dies für die Dramaturgie von Serien im Fernsehen hat. Nach einer Erinnerung an einige elementare Bedingungen der Rezeption von Fernsehserien und einigen Stichworten zur Differenz zwischen medialer und alltäglicher Realität wende ich mich einer bestimmten Form der Rede über reale und fiktive Personen zu – dem Klatsch. Ausgehend von einem Blick auf die Serie *Wir sind auch nur ein Volk*, die seinerzeit heftig dafür kritisiert wurde, dass in ihr bloß Figuren, aber keine echten Personen zu sehen seien, möchte ich anschließend klären, in welchem Verhältnis Fernsehserien identifikatorische und nichtidentifikatorische Wahrnehmungsweisen nahelegen.

Dieses Kapitel beschäftigt sich mit Fernsehserien eines eher konventionellen Typus, von dem sich die sogenannten ‚Neuen Serien‘ nach Meinung vieler Kommentatoren signifikant unterscheiden. Diese jüngeren Formate, wie sie z. B. von dem amerikanischen Bezahlsender HBO produziert wurden, haben seit Ende der 1990er-Jahre zunächst den amerikanischen, aber bald auch den europäischen Markt erobert. In diesem Kapitel werde ich erörtern, was es mit den eher ‚klassischen‘ Serials auf sich hat und damit zugleich eine Grundlage bieten für die im folgenden Kapitel sich anschließende Behandlung ihrer jüngsten Formen.

10.1 Bedingungen der Rezeption von Fernsehserien

Fernsehserien sind in erster Linie Serien. Sie beziehen ihre Wirkung vor allem aus der Wiederholung bekannter Elemente. Diese Repetition ist für den Zuschauer keineswegs verdeckt oder verschleiert, im Gegenteil, sie ist offensichtlich und darf es auch sein. Denn ein großer Teil des Vergnügens, das diese Serien ihren Betrachtern bieten, entsteht gerade aus der Vertrautheit der Fernsehzuschauer nicht nur mit den Serienfiguren, sondern auch mit den im Wesentlichen gleichbleibenden Situationen, in denen diese agieren, also mit dem gleichbleibenden Erzählschema einer Serie.

Serien bieten ein in hohem Maß schematisiertes und fiktives Bild der Wirklichkeit dar und müssen keineswegs für bare Münze genommen werden, um als unterhaltend wahrgenommen werden zu können. Serienzuschauer zeichnen sich meist durch ein kontinuierliches Zuschauen aus; wer seit Jahren jede Woche die *Lindenstraße* (Das Erste) oder jeden Tag *Verbotene Liebe* (Das Erste) sieht, kann gar nicht umhin, die Wiederholung bekannter Elemente zu bemerken. Für ein permanentes Übersehen des Bekannten sind derartige Serien nicht gemacht. Die Vertrautheit der Zuschauer mit den fixen Charakteren und den im Wesentlichen gleichbleibenden Situationen erzeugt vielmehr ein charakteristisches Interesse an den Möglichkeiten der unendlichen *Variation* des – nach den Regeln der Serie – Immergleichen.[1] Repetition und Innovation werden durch die Serialität in ein periodisches Kontinuum gesetzt, an dem die Zuschauer Gefallen finden sollen: Sich in der Welt einer bestimmten Serie auszukennen heißt, das nie ganz vorhersehbare Spiel aus Regel und Abweichung verfolgen zu können. Weil dies zum Witz einer Fernsehserie gehört, gehört auch die Möglichkeit einer Distanzierung des Gezeigten zur Lust an ihrer Wahrnehmung – eine Distanzierung, die sich sowohl auf die inhaltlichen Variationen des im Grundmuster voraussehbaren Geschehens als auch auf die formalen Bedingungen seiner Präsentation richten kann.

Eine wichtige Bedingung dieses Vergnügens ist die ‚Expertenschaft‘ der Zuschauer in Fragen der betreffenden Serien, eine Kennerschaft, die sich immer auch auf die Gemachtheit der Produkte, d. h. auf dramaturgische, ökonomische oder auch formalästhetische Bedingungen der Fernsehproduktion erstreckt. So sehr nämlich die Produkte solcher Serien auf Identifikation angelegt sind – und zwar auf eine Identifikation nicht nur mit den Helden der Serie, sondern auch mit der oft einigermaßen grotesken Schematisierung der Wirklichkeit, in der diese ihre Taten vollbringen –, so wenig darf man übersehen, dass die bloße Form der Serie Effekte erzeugt, die nicht vollständig mit der Ideologie einzelner oder auch aller Folgen einer Serie vereinbar sind. Die Bindung an Handlung und Botschaft der Serie ist gleichsam gelockert durch die Auffälligkeit dessen und somit das wachgerufene Interesse dafür, wie gut oder schlecht es den Machern der Serie gelingt, den Knoten der Handlung zu lösen bzw. aufs Neue zu schürzen. Ohne dieses durch ihre Organisation am Leben erhaltene Interesse für die Form der Serie, und dies bedeutet zugleich, ohne diesen Blick für ihre Besonderheit als Fernsehsendung im Unterschied zur dramaturgischen Armut des realen Alltagslebens, gibt es kein Interesse an der fiktiven Wirklichkeit einer Serie. Wer Serien anschaut, schaut eben nicht einen endlosen Film an, dem er mit zunehmender Dauer auf den Leim geht; er schaut eine

---

1 Vgl. Eco (1987).

Folge von Episoden an, die er immer wieder im Kontrast zu den vorangegangenen Folgen wie auch zur eigenen Wirklichkeit erlebt. Deswegen ist es falsch, zu meinen, in der ‚Vermischung' von eigener Welt und Fernsehwelt liege der primäre Reiz für die Zuschauer von fiktiven Fernsehserien. Die Zuschauer können sich der Künstlichkeit der Welt der Serienfamilien durchaus bewusst sein, sie wollen nicht, wie immer wieder behauptet wird, die Grenze zwischen der Sendung und ihrem Alltag vergessen. Sie wollen bei aller (ihrerseits unsteten, nur auf Abruf gewährten) Identifikation mit einzelnen Figuren eher die Differenz dieser beiden ‚Welten' erleben.[2]

Dass bei stereotypen und eindimensionalen Produkten der Kulturindustrie wie den Fernsehserien eine distanzierte Aufnahme nicht allein (‚unter den Gebildeten') möglich, sondern auch (‚im Volk') verbreitet ist, lässt sich empirisch recht gut belegen. Die kulturpessimistisch beklagte oder postmodern bejubelte ‚Vermischung der Realitäten' findet weit seltener statt als viele Kritiker dies vermuten.[3] In alltäglichen Unterhaltungen beispielsweise wird oft ein ironischer Umgang mit den Serienhelden gepflegt. So wird häufig gelacht, wenn etwa die Handlungen eines Seriendarstellers kommentiert werden, als wären es solche der Serienfigur, wobei das Lachen nichts anderes ist als das wechselseitig kundgegebene Wissen um die entscheidende Differenz. Viele Unterhaltungen thematisieren außerdem die Machart der Serien: Es wird erörtert, wie die Produzenten einen bestimmten Eindruck von etwas erzeugen, etwa wie in der *Lindenstraße* verhüllt wird, dass sich das Gezeigte nicht – wie suggeriert – in einer Straße in München, sondern in einer Pappkulisse in einem Kölner Studio abspielt. So ist es immer auch dieses mehr oder weniger spielerische, mehr oder weniger distanzierte Interesse an den Inszenierungsweisen der Serien, das die Zuschauer bei der Stange hält. Sie erquicken sich zum Beispiel daran, ‚was denen vom Fernsehen da wieder eingefallen ist' oder ‚wie sie das nun wieder hingekriegt haben', dass dieser oder jene plötzlich wieder auftaucht, nachdem man glaubte, er oder sie habe sich endgültig aus der Serie verabschiedet – so wie etwa in einer Folge der *Lindenstraße* der nach Amerika geflüchtete Lebensgefährte von Helga Beimer, als Scheich verkleidet, plötzlich wieder im ehemals gemeinsamen Reisebüro stand.[4] In den Gesprächen, die Anhänger bestimmter Serien über diese führen, gehen Bemerkungen zu formalen Eigenschaften oder über die Qualität von Schauspielern oft in einem Atemzug mit solchen über bestimmte Serienereignisse einher. Eine Verwechslung fiktiver Figuren mit realen Personen aber findet dabei in

---

2 Auf die Frage, ob und wie das Publikum ‚wollen kann', komme ich im folgenden Kapitel zurück.

3 Vgl. Keppler (1994b), S. 27–40 sowie Keppler/Seel (1991).

4 Im Unterschied zu Eggo Müller (1995) möchte ich allerdings aufgrund empirischer Evidenzen behaupten, dass es sich hierbei nicht bloß um eine allmähliche Aufmerksamkeitsverlagerung von den Figuren hin zu der Machart von Serien handelt, die dann eintritt, wenn die Produzenten einer in die Jahre gekommenen Serie ihre „eigenen Ideologien, Konstruktionsweisen und Stereotypen" (ebd., S. 90) selbst thematisieren, sondern um einen grundsätzlichen, die Rezeption von Serien generell kennzeichnenden Vorgang.

der Regel nicht statt. In alltäglichen Unterhaltungen zeigt es sich vielmehr, dass gerade das *Verhältnis* der verschiedenen Welten zueinander nicht selten das Gespräch über die Medien prägt. Ein solches Verhältnis aber ist dasjenige zwischen der Person, die jemand ist, und der Figur, die im Rahmen einer filmischen Inszenierung durch jemanden zur Darstellung gebracht wird.

Die Vermutung, dass die Grenze bei der Wahrnehmung von Figuren und Personen bei vielen Zuschauern zunehmend unscharf werde, hat manche Medienkritiker gerade im Zusammenhang mit Fernsehserien dazu veranlasst, von ‚Ersatznachbarn‘ zu sprechen, die für einen Großteil der Bevölkerung die realen Nachbarn ersetzten. Nun ist gewiss nicht zu bestreiten, dass gerade Fernsehserien ihr Publikum zu verschiedenen Arten der Identifikation mit ihren Figuren einladen. Nur darf man dies nicht als Indiz dafür nehmen, dass die Zuschauer nicht länger zu unterscheiden wüssten zwischen Schauspielern und den Figuren, die sie verkörpern. Mit einer Serienfigur mitzuleiden oder sich mit ihr zu freuen, vor dem Fernsehapparat in Tränen oder Lachen auszubrechen, diese emotionale Identifikation hat nichts damit zu tun, dass die Zuschauer nicht länger um den Unterschied zwischen dargestellten und realen Personen wüssten. Denn das Fernsehpublikum befindet sich keineswegs in Platons Höhle.[5] Es weiß zu unterscheiden zwischen der Welt des Fernsehens und seiner eigenen Alltagswirklichkeit – der Welt, in der Personen inmitten ihrer Mitmenschen handeln, auf die sie einwirken und die von vielerlei pragmatischen Zwängen beherrscht wird. Knut Hickethier ist daher zuzustimmen, wenn er sagt, dass die „Mehrheit der Zuschauer bereits nach wenigen Sekunden nach dem Einschalten eines Programms weiß, ob man sich gerade in einer dokumentarischen oder einer fiktionalen Form befindet".[6] Es reicht jedoch nicht aus, zu sagen, dass der Zuschauer „die Teilhabe an den verschiedenen Wirklichkeiten durch das televisuelle Ein- und Aussteigen als Teil seiner Wirklichkeit versteht"[7], solange der Wirklichkeitsbegriff nicht differenzierter gebraucht wird. „Das Einklinken in Diskursströme und Erzählkontexte, die das Fernsehen dem Zuschauer als ‚Wirklichkeit‘ anbietet"[8], stellt sicher eine dem Kinoerlebnis gegenüber andere Form des Zuschauens dar; aber die Rede von „parallelen Welten", an denen der Fernsehzuschauer teilhaben kann[9], erscheint mir dennoch unzureichend. Denn in welchem Sinn sind diese Welten ‚parallel‘ – und in welchem Sinn nicht? Sind fiktionale und dokumentarische Sendungen in derselben Weise parallel? Und: Wozu stellen sie Parallelen dar? Wenn es die Lebenswelt ist, zu der die Fernsehwelt Parallelen darstellt, können wir die eine so gut wie die andere bewohnen? Oder ist es nicht vielmehr so, dass wir nur die

---

5 Hierzu Keppler (1994b), S. 11–25.
6 Hickethier (1995), S. 77.
7 Ebd., S. 80.
8 Ebd.
9 Ebd., S. 81

eine bewohnen können, in Wohnungen freilich, in denen heute stets der Übergang zur Betrachtung und zum fantasierenden Miterleben der anderen Welt offensteht?

10.2 Begegnung mit Personen und Figuren

Auf diese Fragen suche ich eine Antwort am Leitfaden des Verhältnisses von Figur und Person. Das ästhetische Verfahren von Fernsehserien lebt wesentlich davon, dass Figuren zwar nicht *als* ein reales Gegenüber, aber doch *wie* Personen wahrgenommen werden können. An dem Unterschied zwischen diesem ‚Als‘ und diesem ‚Wie‘ im Verhalten zu Personen lässt sich die Differenz zwischen sozialer und parasozialer Interaktion mit exemplarischer Deutlichkeit erkennen. Einerseits handelt es sich um Wahrnehmungen ganz verschiedener Gegenstände – zeichenhafter Konstrukte zum einen, individueller Akteure zum anderen. Andererseits aber steht das Verhalten zu den Figuren in Fernsehserien häufig in einer hohen Kontinuität mit Erfahrungen des sozialen Austauschs in der primären lebensweltlichen Praxis der Rezipienten. Insofern können wir hier tatsächlich von einer Fortsetzung der alltäglichen Interaktion sprechen. Aber dies ist eine Fortsetzung mit anderen Mitteln und anderen Möglichkeiten. Und genau darum, weil es sich um eine Fortsetzung sozialer Erfahrung *auf ganz anderer Ebene* handelt, kann hier auch eine Bereicherung der wirklichen sozialen Welt erfahren werden. Die Figuren der Serien könnten uns nicht interessieren, wenn das Interesse an ihnen nicht mit demjenigen wenigstens verwandt wäre, das wir an einem menschlichen Gegenüber haben können.[10]

Der grundsätzliche Unterschied im Umgang mit Personen oder Figuren liegt trivialerweise in der Form der möglichen Kommunikation. Diese ist nur im letzteren Fall wechselseitig und unmittelbar, im ersteren Fall medial vermittelt, also nichtwechselseitig und mittelbar. Dieser trivial erscheinende Unterschied hat jedoch für die Form der Wahrnehmung der entsprechenden Personen respektive Figuren und deren Handlungen weitreichende Folgen. Die Protagonisten einer Fernsehserie sind

---

10 Die Überlegungen, die ich hier anstelle, könnte man mit dem etymologischen Hinweis zu unterlaufen versuchen, dass die Unterscheidung zwischen Personen und Figuren selbst fiktiv sei, da der Begriff der ‚Person‘ (seiner lateinischen Herkunft nach) doch eigentlich nichts anderes bedeute als Figur, Rolle oder Maske (ursprünglich: innerhalb einer Bühnenaufführung). Abgesehen von dem zweifelhaften Status etymologischer ‚Argumente‘ in sachlichen Kontexten, wäre dieser Hinweis aber auch deshalb unangebracht, weil die hier beobachteten Differenzen nicht in einem fixen Verständnis von ‚Personsein‘ liegen (davon, was Personen ‚eigentlich‘ sind), sondern in *Unterschieden der Interaktion*. Ich unterscheide zwischen Individuen (Personen oder solche, die es werden und waren), die faktische oder potenzielle *Teilnehmer* an wechselseitiger sozialer Praxis sind, und fiktiven Gestalten (Figuren), die dies nicht sind. Die einen interessieren uns (wenn sie uns interessieren), weil sie an sozialen Praktiken teilhaben wie wir selbst, die anderen interessieren uns (wenn sie uns interessieren), weil sie nicht in dieser Position sind, sondern eine andere, eine fiktive, eine Spielwelt bevölkern.

trotz ihrer individuellen Züge Typisierungen, wirkliche Personen hingegen sind immer je besondere Individuen, die wir manchmal – etwa im Klatsch – sozial typisieren, d. h. einer allgemeinen Kategorie zuordnen. Doch diese Typisierungen sind nicht notwendigerweise von Dauer, sie können jederzeit wechseln. Mit den Veränderungen, denen die Personen unterliegen, verändern sich auch die Schemata, die ihnen zugedacht werden; diese beiden Veränderungsprozesse bilden im sozialen Leben eine Einheit. Figuren einer Fernsehserie dagegen ändern sich in aller Regel nicht grundsätzlich; sie verkörpern einen bestimmten Typus Mensch und bleiben sich deshalb im Wesentlichen gleich, solange das Drehbuch ihnen nicht einen Gestaltwechsel verordnet, was aber nur selten passieren darf, wenn die Serienfigur ihre Kontur nicht verlieren soll.

Diese Fixiertheit der Charaktere ist – anders als im wirklichen Leben, wo man sich miteinander vertraut machen oder halten und sich wieder voneinander entfernen oder entfremden kann – die Voraussetzung für eine Vertrautheit des Betrachters mit den Figuren. Man kennt die ‚Regel‘ der Figur, und man kann nach dieser Regel das Spiel ihrer Welt verfolgen, wobei es nicht selten zu einem Spiel mit dieser Welt kommt. Die Tatsache, dass man hier, von allen Handlungszwängen entlastet, die – überschaubar geregelten – Interaktionen anderer verfolgen kann, setzt auch Potenziale frei für einen distanzierten und kritischen Umgang mit den Serienfiguren, für ein Sich-lustig-Machen über bestimmte Handlungen oder auch über die von ihnen ausgefüllten und verkörperten Rollen. Wie feministische Untersuchungen zu Serienfans betonen, kann dabei ein karnevalistischer Effekt im Sinn Bachtins entstehen.[11] Ein Lachen bricht aus, das subversiv ist und das Distanz zur eigenen Rolle ebenso beinhalten kann wie zu gesellschaftlichen Rollenklischees. Eine Distanz zur eigenen Rolle, wie sie im Alltag eingenommen wird, kann so in der Rezeption von Fernsehserien spielerisch ausprobiert werden.

Eine solche Analyse des in Serien angelegten Rezeptionspotenzials setzt eine Konzeption voraus, die Serien als ‚offene Texte‘ begreift, als Darstellungsformen also, für die es nicht nur eine einzige ‚richtige‘ Lesart gibt. Sendungen des Fernsehens sind immer Kommunikations*angebote*, die einige Wahrnehmungen eher nahelegen als andere, zu einigen Aktivitäten der Aneignung eher ermutigen als zu anderen, in denen eine Art der Rezeption eher angelegt ist als eine andere. Doch ist die Wahrnehmungslenkung durch das Produkt, seine potenzielle Rezeption nur ein Teil der Rezeption im Ganzen. Die faktische Rezeption kann, aber sie muss nicht gemäß der intendierten oder angelegten Rezeption erfolgen. Diesen Aspekt betonen zahlreiche Untersuchungen aus dem Bereich der Cultural Studies, insbesondere Analysen des Rezeptionsverhaltens von ‚Soap-Operas‘ durch weibliche Zuschauergruppen. Medienrezeption wird hier grundsätzlich als ein Ineinandergreifen von medial

---

11 Cantor/Pingree (1987); Brown (1990).

vermittelter und unmittelbar-konkreter, von medialer und personaler, von produzierter und angeeigneter Kultur gesehen.

So versucht Mary Ellen Brown in ihren Analysen von Fernsehserien eine Verbindung zu ziehen zwischen den narrativen Praktiken der Serien, den Gesprächen mit Fans, Bachtins Karnevalisierungs-Theorie und der Funktion des Klatschs als einer spezifisch weiblichen Form des Diskurses. Am Beispiel zahlreicher Gesprächsausschnitte zeigt sie, dass

> soaps' audiences often play with conversations about characters as if they existed in real life. "Real life" is, of course, contained and articulated by dominant discursive practices, and the audience's talking about the characters as though they were real defies that dominant conception of what constitutes reality. The extent of the viewers' willingness to entertain the fiction can be seen in the elaborate published genealogies of soaps' characters, which assign them actual dates of birth. There is an insistence on the value of such fantasy to certain subcultural groups in this intertextual practice. Far more is involved than the audience's being simply sucked in by the fictional world of the soap opera. Likewise, the importance of genealogies in the soaps and in women's culture in general denies the status of the official "histories" promulgated in dominant discourse. [...] It is easy to see that the genealogies are very disorderly indeed in soap operas, and knowledge of the former relationships and parentage of characters is an important element in gossip and discussions between fans and in their understanding of narrative developments.[12]

Die stabile Ordnung der fiktionalen Serienwelt wird von diesen Benutzerinnen zum Anlass genommen, die Ordnungen ihrer sozialen Welt spielerisch auf den Kopf zu stellen:

> It is, however, through the cheerful suspension of "first world" reading practices that soap fans play with the construction of "second world" meanings. In addition, kinship systems entail elaborate rules of social behaviour, and women are often entrusted with the important role of knowing who is kin to whom and at what level. The fact that kinship on the soaps is different from the dominant kinship situations operating in our culture constitutes a kind of in-joke on the subject of kinship. [...] A striking element in such reading practices is laughter. Often it is laughter at the absurdity of plot construction or characters.[13]

Dieses Lachen wird von Brown im Anschluss an Bachtin als ein „karnevalistisches" interpretiert, in dem alles, einschließlich der eigenen Rolle und Position, in Frage, auf den Kopf gestellt wird.[14] Das geschieht in einem Bewusstsein nicht nur der Relativität der kulturellen Ordnungen, in die man ansonsten eingefügt ist, sondern auch noch der humoristischen Überschreitung und Verlachung dieser Ordnungen:

---

12 Brown (1990), S. 195.
13 Ebd., S. 196.
14 Bachtin (1990).

> The ability to see things both ways, as both humorous and serious, characterises both carnival participants and soaps fans. [...] They codify life in some humorous and grotesque ways, ways in which utterance takes precedence over the language. They help us to laugh at ourselves and the absurdity of subordinate cultural positioning.[15]

So einleuchtend diese Interpretation ist, in einem Punkt greift sie doch zu kurz. Brown schreibt, dass Serienfans mit den Konstruktionen der Serienwelten spielen, indem sie die „first world reading practice" außer Kraft setzen. Gleichzeitig ist aber ein elaborierter Alltagsverstand, z. B. eine genaue Kenntnis von Verwandtschaftssystemen und deren Bedeutung, die Voraussetzung dafür, sich an den oftmals ‚unplausibel' konstruierten *Verwandtschaftsverhältnissen* der Serienfiguren delektieren zu können. Die Erfahrung einer *Differenz* der Welten ist also auch hier die Voraussetzung für das Vergnügen der Rezeption – was freilich nicht heißt, dass nicht *beide* in ihrer Differenz bewussten Welten Gegenstand der karnevalistischen Verlachung werden können.

10.3 Klatsch über Personen und über Figuren

Wie sich diese Differenzerfahrung in alltäglichen Unterhaltungen niederschlägt, lässt sich am Beispiel der Gesprächsform des Klatsches genauer verfolgen. Auch hier zeigt sich, dass der Klatsch über gute Bekannte oder Nachbarn anders funktioniert als der Klatsch über Fernsehfiguren. Um dies zu belegen, sind einige Hinweise auf die allgemeine Verfassung von Klatschgesprächen nötig.[16] Klatsch lebt in erster Linie von einer intimen Kenntnis des Klatschobjekts, der Person also, über die geklatscht wird. Die Kenntnis der dritten, abwesenden Person, über die gesprochen wird, ist die Voraussetzung dafür, dass das, was berichtet werden soll, das, worüber gesprochen wird, überhaupt interessant ist. Denn so sehr der Klatsch von der Neuheit einer Begebenheit oder einer Information lebt, so sehr gewinnt diese ihren Stellenwert und ihre Brisanz erst im Hinblick auf den Charakter der betreffenden Person. Geklatscht wird zumeist und in erster Linie über Ereignisse und Verhaltensweisen, die als auffällig, erstaunlich, befremdlich, unkonventionell, beunruhigend, verfehlt oder verkehrt angesehen werden. Gegenstand eines Klatschgesprächs sind Vorfälle, die vom Klatschproduzenten entweder selbst beobachtet oder miterlebt wurden oder über die er von einer beteiligten Person informiert wurde. Im Allgemeinen wird eine Handlungsweise beschrieben, bewertet und kommentiert. Durch die Mitteilungen findet nicht nur eine Transmission neuer Informationen statt, es werden auch subjektive Interpretationen der fraglichen Ereignisse übermittelt. Mit der Klatschgeschichte wird ein Verhalten rekonstruiert und bewertet, auf

---

15 Brown (1990), S. 197.
16 Vgl. zum Folgenden Keppler (1987).

dessen Basis dem Klatschobjekt ein bestimmter moralischer Charakter zugesprochen wird. Auf diese Weise verständigen sich die Gesprächsteilnehmer über ihre eigenen normativen Standards, ohne diese als Standards thematisieren und begründen zu müssen. In der gemeinsamen Anwendung (und auch Modifikation) dieser Standards wird vielmehr ihre Gemeinsamkeit kommunikativ beglaubigt.

Klatsch aber ist keine einseitige Sache. Zum Klatschen gehören immer mindestens zwei oder eigentlich drei Personen: diejenige, die im Besitz einer neuen Information ist, diejenige, die sich für diese Information interessiert, und diejenige, von der die Geschichte handelt. Konstitutiv für diese kommunikative Gattung ist die wechselseitige wertende Kommentierung der berichteten Geschehnisse oder Verhaltensweisen durch den Klatschproduzenten und den Rezipienten. Die Tatsache nun, dass es sich bei der Person, über die gesprochen wird, um eine allen Klatschparteien persönlich bekannte Person handelt, führt in der konkreten Interaktion allerdings in aller Regel dazu, dass deren Verhalten oder Handlungen zwar verurteilt, aber niemals vollends niedergemacht werden. Dies hat seinen einfachen Grund darin, dass Klatsch ein ganz wesentliches Mittel zur Aufrechterhaltung und Stabilisierung sozialer Beziehungen und Netzwerke ist und so vorwiegend Personen betrifft, mit denen man in relativ intimen, häufig auch in freundschaftlichen, verwandtschaftlichen oder kollegialen Beziehungen steht. Dieses spezifische soziale Beziehungsgeflecht der beteiligten Personen, das die Voraussetzung des Klatschens ist, findet seinen pragmatischen Niederschlag in einer den Klatsch fast immer auch kennzeichnenden Sympathiekomponente; man verständigt sich über eine andere Person, an der einem in irgendeiner Weise doch auch etwas liegt. Informationen über deren persönliche Angelegenheiten werden aber nur an mehr oder weniger vertraute Personen weitergegeben – mit Fremden klatscht man nicht über Freunde und Bekannte. Eine gewisse Vertraulichkeit auch dem Objekt des Klatsches gegenüber bleibt gewahrt; allzu extreme Formulierungen werden vermieden bzw. durch nachfolgende positive Äußerungen relativiert. Diese aus dem sozialen Beziehungsgeflecht ableitbare Verpflichtung zur – wie auch immer limitierten – Solidarität mit dem abwesenden Klatschobjekt rührt nicht zuletzt daher, dass alle an einem Klatschgespräch Beteiligten wissen, dass sie selbst morgen schon Gegenstand eines ebensolchen Gesprächs sein können, in dem die, mit der oder denen man jetzt spricht, nun über einen selbst herziehen können. Darin unterscheidet sich die Klatschkommunikation wesentlich von anderen Gattungen der mündlichen Kommunikation wie dem Verbreiten eines Gerüchts oder der Verleumdung.

Gerade diese Komponente der Rücksicht auf den Gegenstand der despektierlichen Rede fällt beim Klatsch über Figuren aus. Weil sie moralisch nicht belangbar sind, müssen sie moralisch auch nicht berücksichtigt werden – so sehr die Verständigung über ihr Verhalten ebenfalls eine Verständigung über die evaluativen und normativen Standards der Gesprächspartnerinnen ist. Außerdem sind die Figuren einer Serie selbst keine potenziellen Kommunikatoren – von ihnen haben die am

Klatsch Beteiligten keine Gegenrede zu erwarten. Dieser doppelte Ausfall im Vergleich mit der Standardsituation von Klatschgesprächen – Ausfall eines moralischen Gegenübers und Ausfall eines potenziellen kommunikativen Akteurs – ermöglicht jene von Brown beschriebene „karnevalistische" Reaktion, die auf nichts und niemanden Rücksicht zu nehmen braucht, die alles, selbst die eigene Position, mit umfassen kann. Es besteht kein – wie immer potenzielles – soziales und kommunikatives Band zu den und mit den Figuren, über die gesprochen wird. Sie sind zu nichts sonst da als zur Unterhaltung mit ihnen und über sie (was vermutlich niemand von seinen realen Mitmenschen wird sagen wollen).

Daher können die Reaktionen hier auch viel extremer und ungeschützter ausfallen. Moralische Verurteilungen des Verhaltens von Figuren sind dementsprechend häufig wesentlich rabiater und grundsätzlicher. Sie sind gleichzeitig aber ohne jede Konsequenz. Wird Helga Beimer, eine der Hauptprotagonistinnen in der *Lindenstraße*, heute für völlig bescheuert und unzurechnungsfähig erklärt, hindert das keinen Zuschauer daran, sie beim nächsten Mal als vernünftige Person und blitzgescheite Reisebüroleiterin einzustufen. Denn Charaktere in Serien, so festgelegt sie auch sein mögen, dürfen im Unterschied zu realen Personen in ihrem Verhalten ruhig inkonsistent sein, ohne dass man sich daran stören müsste. Inkonsistenz und Inkonsequenz ist bei Serienfiguren oft durchaus eine Tugend, während sie bei Personen meist als ein Laster empfunden wird. Die in Serien dargebotenen Charaktere sind stets abhängig von ihren vergangenen und gegenwärtigen Beziehungen mit anderen Charakteren und auch vom jeweiligen (manchmal auch wechselnden) Schauspieler, der die Figur verkörpert. Ein Teil der Gespräche kenntnisreicher Zuschauer über Serien dreht sich deshalb gerade um die Wahrnehmung solcher Kontraste. Während Inkonsistenz des Verhaltens im Alltag ein Anlass zu massiven Beschwerden über eine Person wäre, kann Inkonsistenz bei Serienfiguren als eine unvermeidbare Konsequenz der Produktionsgesetze ihres fiktiven Daseins gesehen werden. Denn das oberste dieser Gesetze lautet, dass die Figuren und ihre Handlungen *interessant* sein müssen, gleichgültig, ob ihre Verhaltensweisen als lebensnah, einleuchtend oder richtig erscheinen. Dass sie uns immer wieder *interessieren*, ist viel wichtiger, als dass sie uns in ihrem Verhalten *überzeugen*. Sie müssen uns nur darin überzeugen, dass sie das Spiel der Serie so vorantreiben und tragen, dass wir uns kurzweilig auf dieses Spiel einlassen und über es auslassen können.

10.4 Wenn Figuren als Figuren erscheinen

Dafür ist es freilich in den meisten Fällen wichtig, dass uns die Figuren einer Serie nicht *als Figuren* begegnen, sondern *wie Personen*. Obwohl die dargebotenen Charaktere (wie die Zuschauer wissen) nur Figuren sind, agieren sie doch, als wären sie echte Personen. Nur so ergibt sich die Spielwelt einer Serie. Die Vertauschung, die hierin liegt, ist ebenso wichtig wie das Wissen um diese Vertauschung. Der Schein, es gehe in der Serie so zu wie im richtigen Leben, ist für die meisten Serien durchaus konstitutiv – nicht weniger aber das Bewusstsein der Zuschauer, dass es sich hierbei um einen Schein handelt. Denn ihr Interesse gilt ja gerade nicht der Wirklichkeit, sondern eben ihrem Schein: einer vereinfachten, geordneten und nach dramatischen Gesetzen rhythmisierten Wirklichkeit, die auf *andere* Weise verfolgt und genossen werden kann als die viel komplexere, weit ungeordnetere, oft ereignisarme und erheblich unverlässlichere Wirklichkeit des eigenen Lebens.

Wäre das Bewusstsein des fiktionalen Charakters von Serien nicht wesentlich für ihre Betrachtung, ließe sich nur schlecht erklären, wie es Serien geben kann, die ostentativ auf ihren fiktionalen Status verweisen: die ihre Geschichten immer mal wieder als fiktive zu erkennen geben, die in ihren Charakteren immer mal wieder die Figur durchscheinen lassen.[17] Wenn ich im Folgenden eine derart verfasste Serie kommentiere, möchte ich freilich nicht behaupten, im Grunde seien alle Fernsehserien entsprechend verfasst. Ich möchte vielmehr die Gelegenheit nutzen, das Verhältnis von Person und Figur an einem Fall zu studieren, der uns gerade weil er kein repräsentativer Fall ist, viel über das in Serien übliche Verhältnis von realer und fiktiver Lebenswirklichkeit verrät.

Die von Jurek Becker geschriebene und Werner Masten inszenierte, im Winter 1994/95 ausgestrahlte Miniserie *Wir sind auch nur ein Volk* zeichnet sich dadurch aus, dass sie die Fiktion, ihre Darsteller seien Personen aus dem wirklichen Leben, immer wieder durchsichtig werden lässt.[18] Dies ist weder ein Versehen oder Versagen noch eine postmoderne Marotte, sondern entspricht der satirischen Konzeption der Serie. Am Beispiel eines arrivierten, aus dem Westen der Bundesrepublik stammenden Schriftstellers, der von einer Produktionsfirma den Auftrag bekommen hat, das Drehbuch einer Fernsehserie über das Leben im Osten des wiedervereinigten Deutschland zu schreiben, und seiner Beispielfamilie, die ihm – gegen Bezahlung – möglichst viele Einblicke in dieses Leben verschaffen soll, werden die Unmöglichkeiten eines entspannten Zusammenlebens der beiden deutschen Kulturen vor Augen geführt, bis am Ende der letzten Folge doch noch ein unverkrampftes Miteinander in Aussicht gestellt wird. Dort bahnt sich eine Männerfreundschaft zwischen den beiden Hauptfiguren an, die wiederum durch die sich ebenfalls anbahnende Liaison zwischen dem Sohn des einen und der jugendlichen Gattin des anderen konterkariert wird. Dabei changiert das Spiel aller Akteure zwischen der Verkörperung ‚wirklicher' Menschen und ihrer komisierenden Herausstellung als soziale Typen, in denen überindividuelle Charakterzüge in übertreibender Drastik hervorgehoben werden. Besonders die Vertreter des ‚Westens' – der wenig volkstümliche Schriftsteller und seine ebenso schöne wie oberflächliche Frau, daneben die Bande

---

17 Vgl. hierzu auch Müller (1995), S. 90.

18 *Wir sind auch nur ein Volk.* Miniserie in acht Teilen; erste Sendung: 18.12.1994 (Das Erste); Buch: Jurek Becker, Regie: Werner Masten; mit Manfred Krug und Dietrich Mattausch in den Hauptrollen.

der Produzenten und Fernsehdirektoren – werden immer wieder als Karikaturen ihrer selbst gezeichnet, im Unterschied zu der warmherzigen Schlichtheit und leidgeprüften Schlauheit der ‚Ostmenschen', die zwar immer wieder auch als Klischees, aber doch als Klischees mit Gemüt agieren dürfen.

Dieses Changieren der dargestellten Charaktere zwischen fiktivem Personsein und bloßem Figursein hat seinerzeit nicht wenigen der professionellen Kritiker missfallen. Barbara Sichtermann ließ ihren Unmut in *DIE ZEIT* vom 30.12.1994 folgendermaßen vernehmen:

> Wie sieht ein Schriftsteller aus? Es gibt da kaum etwas Typisches. Er kann aussehen wie sonstwer – aber nicht wie Dietrich Mattausch. [...] Für diesen Beruf, dessen Profil sozusagen nach innen gekehrt ist, bringt er einfach nicht die richtige Ausstrahlung mit. Die leicht säuerliche Miene, das korrekt-eckige Auftreten und schließlich die frisierte Schnauze, all das disqualifiziert ihn für die Rolle eines Dichters. [...] Wie kommt nur Jurek Becker, der sich ja in Ost und West gleich gut auskennt, auf die Idee, ein im Westen beheimateter Kollege sei konstitutionell unfähig, sich in Ostverhältnisse hineinzudenken? [...] Da hilft auch Manfred Krug nicht weiter, der den Ost-‚Haushaltsvorstand' Benno Grimm in der ihm eigenen Mischung, mit Mutterwitz und Verschlagenheit bestechend hinlegt.[19]

Die Kritikerin erwartet eine Darstellung von Menschen, wie sie wirklich sind oder wenigstens sein könnten – und trifft auf Charaktere, die, wie es der satirischen Absicht dieser sehr speziellen Serie entspricht, diese Erwartung gerade nicht erfüllen, sondern immer wieder *als* Figuren eines Spiels mit Verhaltenserwartungen agieren. Die Serie arbeitet nicht nur – wie jede andere – mit Figuren, die so agieren, als wären sie Personen aus Fleisch und Blut, sie betont zugleich immer wieder, dass dies nur *Figuren* sind. Die Kritikerin erwartet und vermisst, mit anderen Worten, ein ‚normales' Serienverhalten – den Genuss des Scheins, dass es zugehe wie im wirklichen Leben. Das ist zwar schon für eine ‚normale' Serie eine ziemlich riskante Erwartung, insbesondere wenn es um Schriftsteller geht, an denen ja oft – wie Sichtermann feststellt – außer ihren Texten überhaupt nichts Besonderes ist. Die Stilisierung, die für die fiktionale Darstellung eines Schriftstellers unvermeidlich ist, soll aber nach dem Geschmack der Kritikerin gerade so ausfallen, dass sie als Vereinfachung und Vereinseitigung nicht eigens auffällt – so, dass der Seriencharakter auch ‚als Mensch' glaubhaft ist. Dieses Kriterium nun erfüllt Dietrich Mattauschs Darstellung des Schriftstellers in *Wir sind auch nur ein Volk* evidentermaßen nicht.

Ob Sichtermann dieses Kriterium zurecht auf diese Serie angewandt hat, soll hier nicht weiter interessieren. Denn ich behaupte, wie oben gesagt, keineswegs, dass diese Serie ein repräsentatives Format wäre. Aber an diesem Grenzfall – und an der Reaktion der Kritikerin auf ihn – zeigt sich ex negativo eine durchaus zentrale Dimension des potenziellen Umgangs mit Serien generell. Deshalb ist es wichtig zu

---

19 Sichtermann (1994).

erkennen, dass die Kritikerin eine Erwartungshaltung formuliert, die durch viele andere Serien erfüllt, aber durch bestimmte Serien auch unterlaufen werden kann: die Erwartung, dass uns die Figuren eines Spielfilms oder eben einer Filmserie ,wie Personen', wie Menschen aus dem richtigen Leben begegnen. Es ist aber genau dieses Prinzip, das im satirischen und grotesk-komischen Film (und anderen Kunstformen) durchbrochen wird und durchbrochen werden muss, wenn es zu den gewünschten Effekten einer erhellenden oder zersetzenden Komik kommen soll. Und wie unser Beispiel zeigt, gibt es eben auch Fernsehserien, die die gängigen Erwartungen *als Serien* durchaus durchbrechen können (wie es etwa auch in der Fortsetzung der ursprünglich von Becker geschriebenen Serie *Liebling Kreuzberg* der Fall gewesen ist[20]).

Der Ausschnitt aus Sichtermanns Rezension gibt Anlass zu weiteren Beobachtungen. Dem ihrer Ansicht nach fehlbesetzten Dietrich Mattausch wird der Schauspieler Manfred Krug gegenübergestellt, der zwar die Serie nicht retten könne, aber doch wenigstens die Rolle des Benno Grimm überzeugend ausfülle. Krug also erfüllt den Anspruch der Kritikerin, nicht nur eine Figur, sondern eine echte Person zur Darstellung zu bringen (obwohl man bezweifeln könnte, dass er es tatsächlich durchgängig tut). Aufschlussreich ist aber der Zusatz, durch den die Kritikerin ihre Meinung begründet: Krug gebe den Familienvater „in der ihm eigenen Mischung, mit Mutterwitz und Verschlagenheit". Erneut tut sich hier eine Differenz auf zwischen der Person, die in der Fiktion zur Darstellung kommt und – diesmal nicht: der *Figur*, die sie in Wahrheit (nur) ist, sondern – dem *Typus*, den dieser Schauspieler generell, in vielen oder all seiner Rollen, zum Besten zu geben versteht. So wie man von Humphrey Bogarts späten Filmrollen sagen kann, in ihnen werde in Variationen doch immer derselbe Typus zur Darstellung gebracht, so wird Krugs Könnerschaft darin gesehen, dass ihm dies auch hier, im Kontext einer (vermeintlich) missratenen Produktion, gelungen sei. Von der Kritikerin wird eine weitere Hinsicht genannt, in der der Schein, es werde eine wirkliche Person (und nichts als das) zur Darstellung gebracht, innerhalb einer Serie durchbrochen werden kann: In allen Rollen, die der Schauspieler X oder die Schauspielerin Y zum Besten gibt, erkennen die Zuschauer – zu ihrer Freude, aber manchmal auch zu ihrem Leidwesen – den berühmten X- oder Y-Effekt wieder.

Dabei aber handelt es sich um eine Brechung des Serien-Scheins, die keineswegs – wie die zunächst genannte satirische Brechung – einen Ausnahmefall in der Produktion und Betrachtung von Fernsehserien darstellt. Es ist vielmehr eine Regel bei der Rezeption solcher Serien, dass eine Serie nicht selten an Attraktivität ge-

---

20 *Liebling Kreuzberg*, Fernsehserie mit 58 Folgen von 1986–1998 auf Das Erste gesendet in fünf Staffeln, nach einer Idee von Jurek Becker, der für die Staffeln 1–3 und 5 auch das Drehbuch geschrieben hat. Regie führten Heinz Schirk (Staffel 1), Werner Masten (Staffel 2, 3, 4) und Vera Loeben (Staffel 5).

winnt, wenn die in ihr verkörperten Personen transparent werden für einen Typus, wie er von diesem Schauspieler/dieser Schauspielerin üblicherweise (mehr oder weniger virtuos) zur Darbietung gebracht wird.[21] Hier nämlich wird den Zuschauern eine doppelte Identifikation mit den Serienhelden angeboten, die manchmal sogar zu einer dreifachen wird. Sie können sich – erstens – mit der *Figur* als einer fiktiven Person identifizieren, die von einem bekannten Darsteller verkörpert wird. Sie können sich – zweitens – mit dem *Typus* identifizieren, zu dem diese Person in dieser Darstellung wird, ohne an diese Serie gebunden zu sein. Und schließlich – drittens – können sie sich mit den jeweiligen *Darstellern* als medienvermittelten Personen identifizieren, zumal wenn ihnen genügend Informationen zur Verfügung stehen, die es möglich erscheinen lassen, auch den Menschen ‚hinter‘ seinen Rollen zu bewundern. Diese Variationen innerhalb einer identifikatorischen Wahrnehmung von Serienhelden stellen nicht wie die satirische Brechung einen Sonderfall dar, sie bezeichnen einen Normalfall der Rezeption von Serien, den sich auch eine satirische Serie, wie *Wir sind auch nur ein Volk* durch den Einsatz von Manfred Krug, zunutze machen kann.

Die entscheidende Beobachtung nun, die unsere bisherigen Betrachtungen zur Verfassung von Fernsehserien bestätigt, liegt erneut darin, dass diese unterschiedlichen, von den Serien ermöglichten Arten der Identifikation mit Serienfiguren nicht unbedingt auf einer Linie liegen. Die Zuschauer können einen dargebotenen Typus bewundernswert, gleichzeitig aber die konkrete Rolle in einer bestimmten Serie dramaturgisch und psychologisch höchst unplausibel finden. Sie können für den Darsteller schwärmen, aber mit ihm leiden, weil er in einer so grausamen Serie mitspielen muss. Die drei unterschiedenen Arten der Identifikation können sich also gleich mehrfach durchkreuzen und dementieren, sodass sich nicht eine stabile, durch alle Serienfolgen hindurch gleichbleibende Identifikation aufbauen kann, sondern allein eine, die immer wieder und immer neu *unterschiedliche* Ansatzpunkte eines im weitesten Sinn ‚identifikatorischen‘ Sehens findet. Ein solches differenzielles Sehen kann außerdem jederzeit in Formen der Betrachtung übergehen, die gar nicht länger als identifikatorische beschrieben werden können. Dies führt einmal mehr zu dem Schluss, dass das identifikatorische Wahrnehmen einer Serienfigur (ebenso wie das fantasierende Sich-Einleben in eine Serienwelt, für das die Wahrnehmung einer Figur als Person hier ein Beispiel ist), so zentral es auch sein mag, die Wahrnehmung von Serien und ihren Figuren nicht durchgehend prägt,

---

21 Dieser Effekt ist natürlich nur möglich, wenn es sich um Schauspielerinnen oder Schauspieler handelt, die ihre Popularität nicht allein dem Auftreten in dieser Serie verdanken – wie es bei Manfred Krug in seiner populären Rolle als *Liebling Kreuzberg* in der gleichnamigen Serie oder bei Klaus-Jürgen Wussow als Dr. Brinkmann (in der Serie *Schwarzwaldklinik*) der Fall war, im Unterschied zu Marie-Luise Marjan alias Helga Beimer, die lange Zeit ausschließlich als Darstellerin in der Serie *Lindenstraße* bekannt gewesen ist.

sondern immer wieder von distanzierender Aufmerksamkeit durchbrochen wird. Das Interesse an den Protagonisten einer Serie, zumal dort, wo es in starker Form gegeben ist, kann jederzeit über das Interesse für die durch den jeweiligen Schauspieler verkörperte Rolle hinausgehen. Es ist niemals ein Interesse an einer fiktiven Person allein. Es ist immer auch ein Interesse daran, wie diese Person *dargeboten* wird – vom Schauspieler, in der Machart dieser Sendung und im Vergleich mit anderen Produktionen. Auch durchaus konventionelle Serien, bedeutet dies, bieten eine komplexe Identifikation mit ihren Helden an, die nur durchzuhalten ist, wenn sie nicht stur durchgehalten wird – wenn sie den Raum lässt für Formen der Distanzierung und Komisierung, für Klatsch und Gelächter, mit einem Wort: für das nicht allein verdrängte, sondern umgekehrt gerade ausgekostete und ausgespielte Bewusstsein, dass Serien Serien sind, die sich vom eintönigen und unwiederholbaren Verlauf des realen Lebens signifikant unterscheiden.

11 Noch einmal: „Kann das Publikum wollen?" Über den künstlerischen Status der Neuen Serien

Fernsehkritiker und Medienforscher diskutieren bereits seit den 1990er-Jahren, verstärkt aber seit Beginn des 21. Jahrhunderts, über einen vermeintlichen oder tatsächlichen Wandel der Landschaft US-amerikanischer Fernsehserien. Im Unterschied zu dem üblicherweise eher schlechten Ruf des Fernsehens (Stichwort: Reality-TV) wird dieses Phänomen unter dem Stichwort ‚Quality-TV' thematisiert. Im Fernsehen, so geht die Kunde, ist ein neues Zeitalter angebrochen, da es nunmehr Formate entwickelt hat und weiter entwickelt, durch die es mit den stärksten Erzeugnissen anderer Künste – allen voran Literatur und Film – mithalten kann. Nicht selten ist heute auch die Rede von einer „Post-Televison Era"[1], während Robert J. Thompson bereits 1996 von einem „Second Golden Age" des Fernsehens sprach, das seiner Meinung nach bereits in den 1980er-Jahren begann.[2] Hier werden Geschichten nicht nur in langen Erzählbögen entwickelt – was sie mit Romanen vergleichbar macht –, hier werden bereits etablierte Fernsehgenres transformiert oder Genres aus anderen Medien adaptiert.[3] Als ein weiteres spezifisches Merkmal dieser Neuen Serien gilt insbesondere auch, dass hier universal gültige Themen verhandelt werden.[4] So behandelt *The Sopranos* (HBO, 1999–2007) zum Beispiel den unauflöslichen Konflikt zwischen Familie und Clan; *The Wire* (HBO, 2002–2008) entfaltet im allegorischen Kosmos der Großstadt den Widerstreit zwischen Individuen und Institutionen; *In Treatment* (HBO, 2007–2010) dramatisiert das fragile Verhältnis von menschlicher Nähe und Distanz am Beispiel der Psychotherapie; *Mad Men* (AMC, seit 2007) inszeniert im Rückblick auf die 1960er-Jahre ein von Sexismus und Machismus beherrschtes Karrieremuster, das an das Publikum stets die Frage richtet, ob und inwieweit dieses denn überwunden ist; *Homeland* (Fox 21, seit 2010) führt in eine Atmosphäre des permanenten Verdachts, mit der der ‚Krieg gegen den Terror' den Lebensalltag in den Vereinigten Staaten infiziert; *House of Cards* (Netflix, seit 2013) bietet – wie auch *Scandal* (ABC, seit 2012) – sinistre Innenansichten der politischen Intrigen auf den höchsten Ebenen des politischen Systems der USA. Mit ihren

---

1 So z. B. im Titel des Buches von Leverette/Ott/Buckley (2008): It's Not TV. Watching HBO in the Post-Television Era.
2 Vgl. Thompson (1996).
3 Vgl. auch Mittel (2006).
4 Vgl. Cardwell (2007).

fiktionalen Serien habe das Fernsehen das Kino überflügelt, lautet angesichts solcher Produktionen ein Standardlob vonseiten der Kritiker und Kommentatoren.

> The "everyday incidents" that are the stuff of more straightforward, non-quality soap operas and sitcoms are here transformed by a suggestion that they may be read symbolically, reflexively or obliquely in order that broader truths about life or society might be found.[5]

Die wissenschaftliche Aufmerksamkeit für das Phänomen der Neuen Serien schließt die Diagnose mit ein, dass sich die Bedingungen der Produktion wie der Rezeption von Serien in den letzten beiden Dekaden deutlich verändert haben. Durch den Einsatz digitaler Videorecorder, die Nutzung des Internets als Plattform für legales und illegales Herunterladen von Sendungen und das Aufkommen von DVD-Boxen hat sich die Verfügbarkeit außerhalb des Programmschemas bestimmter TV-Sender entscheidend erweitert. Wie das Kino heute nur noch einer unter vielen Schauplätzen der Präsenz von Filmen ist, so ist auch das Fernsehen keineswegs mehr der alleinige und sogar vermutlich nicht mehr der hauptsächliche Ort, an dem die Neuen Serien zugänglich sind. Diese neuen Formen der Aneignung filmischer Geschichten färben zugleich auf die Modi ihrer Darbietung ab – und vice versa. Insofern ist das sogenannte *Quality*-TV gar nicht länger nur eine Angelegenheit des Quality-*TV*. Trotzdem behält diese Kennzeichnung ihr gutes Recht, da es weiterhin auch und gerade das Fernsehen ist, das sich mit diesen Serien ein neues Gesicht gegeben hat – sofern denn das Lob der Kritiker und seine Bestätigung durch die wissenschaftliche Nachhut tatsächlich angebracht ist.

11.1 Vorgaben

Wie es um die allseits vermutete Kunstfähigkeit und Kunstfertigkeit der einschlägigen Formate bestellt ist, soll in diesem abschließenden Kapitel erörtert werden. Dabei kommt es mir einmal mehr auf die besondere Art der Kommunikation an, die in die Machart der betreffenden Produkte eingearbeitet ist. Nicht der faktischen *Aneignung* der Neuen Serien durch verschiedene Publika werde ich mich dabei widmen, sondern den *Vorgaben* zu ihrer Aneignung, wie sie in der spezifischen Inszenierungsweise dieser Serien enthalten sind. Erneut geht es also um die *potenzielle* Rezeption, die in diesen ästhetischen Verfahren angelegt ist.

Bei der Bestimmung dieser Verfahren darf man sich nicht von einseitigen Beobachtungen leiten lassen. Das Besondere der Neuen Serien nämlich liegt nicht allein (und oft gar nicht besonders) in einer mehrdimensionalen Erzählweise, die auch bereits eher ‚klassischen' Mustern folgende Serien wie *West Wing* oder *Desperate Housewives* prägt. Es besteht auch nicht allein in der auffälligen Präsenz zwie-

---

5 Cardwell (2007), S. 26. Vgl. auch Thompson (2003) und Meteling/Otto/Schabacher (2010).

lichtiger bis verbrecherischer Hauptfiguren, wie sie ansonsten vor allem aus dem Film Noir bekannt sind.[6] Ebenso wenig lässt es sich auf den Umstand reduzieren, dass hier allgemeine existenzielle, moralische und politische Probleme anhand vielschichtig konzipierter Figuren und Sozialbeziehungen präsentiert werden. Narrative Komplexität, ethische Ambivalenz und thematische Dichte sind gewiss zentrale, mit Recht immer wieder hervorgehobene Charakteristika vieler dieser Serien. Erst die Art ihrer Verbindung zu einer veränderten Art des seriellen Erzählens selbst macht ihre eigentliche Besonderheit aus. Diese zeigt sich vor allem in der offenen Form ihres Episodencharakters, die erhebliche Variationen, Digressionen und Umbrüche der Handlungslinien zulässt und somit Transformationen des anfänglichen Grundschemas der jeweiligen Serien erlaubt. Es sind derartige Verfahren, die einen Entwurf von Charakteren und Konflikten erlauben, die sich im Verlauf der Folgen signifikant verändern können. In der Komposition ihrer Geschichten brechen sie die Geschlossenheit ihrer Episoden auf und gewinnen dadurch eine epische Qualität, wodurch sie zugleich eine veränderte, für den Großrhythmus ihrer Staffeln (und ihrem mit zunächst auch von der Produktionsseite her offenem Ausgang) aufmerksame Rezeption nicht nur ermöglichen, sondern geradezu verlangen.

Wenn – oder soweit – dies zutrifft, stellen die Neuen Serien andere Anforderungen an ihre Zuschauer als Fernsehserien konventionelleren Typs. Durch ihre ästhetische Konstruktion und die hierdurch ermöglichte ästhetische Erfahrung zwingen die Neuen Serien die Zuschauer zu einer besonderen Form aktiver Partizipation. Sie verlangen eine gesteigerte Bereitschaft zum Mitgehen mit ihnen, die ihre Adressaten aufbringen müssen, wenn sie sich von ihnen unterhalten lassen wollen. Sie präfigurieren damit eine Haltung, wie sie traditionellen Vorurteilen zufolge allein auf dem Höhenkamm der Künste, nicht aber in den Niederungen des Fernsehens gefragt ist.

11.2 Zumutungen

Angesichts dieser Zumutungen lohnt es sich, noch einmal die Frage aufzuwerfen, zu der Theodor W. Adorno im Jahr 1963 in einem Sammelband gleichen Titels Stellung genommen hat. „Kann das Publikum wollen?", so lautete die Vorgabe, auf die der Autor mit seiner kurzen Einlassung reagiert.[7] Gemeint war das – seit Platons Schriftkritik angesichts jedes vergleichsweise jungen Kommunikationsmediums stets von neuem erörterte – Problem, ob das Fernsehen die Mündigkeit seiner Zuschauer eher befördere oder behindere. Wie in seinen früheren Arbeiten zum Fern-

---

6 Anders als im Film Noir sind die anrüchigen Rollen hier allerdings vorwiegend den männlichen Protagonisten vorbehalten, sieht man von Ausnahmen wie Olivia Jones in *Scandal* und Claire Underwood in *House of Cards* einmal ab.

7 Vgl. Adorno (1998).

sehen fiel Adornos Antwort negativ aus.[8] Unter Bedingungen kulturindustrieller Produktion könne das Fernsehpublikum nur das wollen und somit von den medialen Anbietern und Angeboten nur das erwarten, was ihm „ohnehin aufgezwungen" werde.[9] Als eine der primären Agenturen der Kulturindustrie erzeugt das Fernsehen laut Adorno stets ein unmündiges Publikum, indem es dieses einem unentrinnbaren Imperativ der Unterhaltung unterwirft, der es einer ideologischen Feier des Bestehenden ausgeliefert sein lässt. Diese pauschale Diagnose war freilich schon zu Adornos Zeiten wenig plausibel, und sie ist es erst recht unter den völlig veränderten Bedingungen der gegenwärtigen Medienlandschaft.[10] Auch was die Serien des Fernsehens betrifft, so hat bereits der Blick auf ihre konventionellen Formen im vorigen Kapitel gezeigt, dass von einem Zwang zur unkritischen Übernahme ihrer Gehalte keine Rede sein kann. Schon gar nicht gilt dergleichen für die Neuen Serien. So sehr diese von kommerziellen Anbietern und also im Interesse an ökonomischem Gewinn produziert werden, und so sehr sie darauf angelegt sind, ihr Publikum bei der Stange zu halten, sie verlangen ein ebenso waches wie kritisches Publikum, denn nur ein solches kann sich von diesen Produkten überhaupt unterhalten fühlen.

Vor diesem Hintergrund wird deutlich, dass die Frage, ob – und wenn ja, wie – das Fernsehpublikum ‚wollen kann', durchaus ihre Tücken hat. Denn dass Sendungen eines bestimmten Typs bestimmte Einstellungen nicht allein zu den jeweils verhandelten Themen, sondern gleichermaßen zu ihrer Dramaturgie präfigurieren, bedeutet bereits, dass die Zuschauer, wenn sie ihrem Verlauf folgen, in ihren Reaktionen nicht völlig frei sein können. Solange sie dabei bleiben, sind sie ihrem Duktus ausgesetzt, wie immer distanzierend sie sich zu ihm auch verhalten mögen. Diese Zumutung aber wird noch erheblich gesteigert, wo wir es mit Produkten zu tun haben, denen man gar nichts abgewinnen kann, wenn man nicht bereit ist, sich von der Art ihrer Darbietung fesseln und also in seinem Wünschen und Wollen einschränken zu lassen. So aber verhält es sich mit den Neuen Serien. Darin liegt ihr besonderer ästhetischer Anspruch, den nicht wenige von ihnen erfüllen. Mit Blick auf diese Produktionen kann eine angemessene Antwort auf Adornos Frage deshalb nur lauten: Ja und Nein. Das Publikum kann hier nur wollen, indem es aus freien Stücken auf sein Wollen verzichtet. Sich darauf einzulassen, was ein künstlerisches Objekt mit einem macht, ist seit jeher eine Bedingung seiner produktiven Rezeption. Angesichts künstlerischer Objekte nämlich kann das Publikum nur dann *seinem* Eigensinn folgen, wenn es denjenigen dieser *Objekte* zur Kenntnis nimmt – in unserem Fall dadurch, dass es sich auf die komplexe serielle Logik dieser Produkte einlassen und hieraus eine veränderte Perspektive auf diverse existenzielle, soziale und gesellschaftliche Phänomene gewinnt. Der ökonomische Erfolg der Neuen Se-

---

8 Vgl. Adorno (1971a) und (1971b).
9 Adorno (1998), S. 343.
10 Vgl. hierzu Keppler/Seel (1991) sowie Keppler/Seel (2008).

rien ist somit zugleich ein Indiz dafür, dass es solche Zuschauer und Zuschauergruppen vor den Bildschirmen des Fernsehens durchaus zahlreich gibt – und zwar außerhalb der engen Bezirke einer sogenannten Hochkultur.

11.3 Aktive Passivität

Um genauer zu verstehen, was es hiermit auf sich hat, lohnt sich ein zweiter Blick in Adornos kleinen Beitrag. Denn im Kontrast zu einer manipulativen Herstellung massenkultureller Erzeugnisse und ihrer bloß ‚konsumierenden' Aufnahme markiert der Autor zugleich Bedingungen einer weit anspruchsvolleren Produktion und Rezeption. Selbstständige ästhetische Erfahrung und selbstständiges ästhetisches Urteil, heißt es dort, setzt Menschen voraus, „die der Gesetzmäßigkeit und Stimmigkeit der Gebilde ungeschmälert, ohne Vorurteil und Vorbehalt sich anvertrauen. Nicht weniger allerdings wäre von denen zu verlangen, die für künstlerische Fernsehproduktion verantwortlich sind."[11] Mit dieser auffälligen Parallelisierung der Anforderungen ästhetischer Produktion und Rezeption lässt es selbst Adorno als denkbar erscheinen, dass das Fernsehen einmal mit der Unbotmäßigkeit der übrigen Künste werde mithalten können.

In seiner Ästhetik-Vorlesung im Wintersemester 1958/59 hatte sich Adorno bereits ausführlicher der besonderen Dynamik ästhetischer Erfahrung gewidmet. Es komme, so erklärt er seinem studentischen Publikum, dem er ein allzu entspanntes Verhältnis zum „Genuss" künstlerischer Objekte unterstellt, „weniger darauf an, was einem das Kunstwerk ‚gibt', als darauf, was man dem Kunstwerk gebe, das heißt: ob man in einer bestimmten Art von aktiver Passivität, oder von einem angestrengten Sich-Überlassen an die Sache, ihr das gibt, was sie von sich aus eigentlich erwartet."[12] Auch wenn das Prädikat „angestrengt" in diesem Satz einen erheblichen ethisch-ästhetischen Rigorismus markiert und einmal mehr Adornos Ignoranz und Phobie gegenüber der populären Kultur durchscheinen lässt – der Sache nach ist eine Grundstruktur der ästhetischen Erfahrung hier durchaus treffend beschrieben. „Aktive Passivität" ist hier das Schlüsselwort: Das Publikum muss bereit sein, sich von der Machart des Produkts – in unserem Fall der Serie – bestimmen zu lassen, eine Bereitschaft, die durch die betreffenden Werke selbst hervorgerufen wird. Noch einmal Adorno:

> Nur indem Sie die verschiedenen Momente des Kunstwerks, dem Sie sich überlassen, dessen Disziplin Sie mitvollziehen, indem Sie, wenn ich das so sagen darf, mitschwimmen, indem Sie dessen Momente zugleich auch reflektieren, gegeneinandersetzen, an die vergangenen sich er-

---

11 Adorno (1998), S. 345.
12 Adorno (2009), S. 190. Zum Begriff der „aktiven Passivität" s. ausführlich Seel (2014).

innern und die kommenden erwarten, nur insoweit kommen Sie zu einem wirklichen Verständnis des Gebildes.[13]

Dies kann als nochmalige Erläuterung der „aktiven Passivität" der Kunsterfahrung verstanden werden: Nur wer mitgeht, kann reflektieren, nur wer reflektiert, kann mitgehen. Dann ist sogar bei Adorno, jedenfalls wenn er vor seinem studentischen Publikum steht, so etwas wie ein genießendes Verhalten erlaubt:

> Wenn es so etwas wie Glück am Ästhetischen oder wie ästhetischen Genuß gibt, dann liegt dieser Genuß also in der Leistung, die, wenn ich so sagen darf, das Kunstwerk an uns vollzieht, indem es uns absorbiert, indem wir in es eingehen und indem wir ihm folgen.[14]

Adorno beschreibt ästhetische Erfahrung hier wesentlich als einen Mitvollzug der formalen Organisation künstlerischer Objekte. Einen solchen erfordern auch und gerade die Neuen Serien. Nur wer ihn leistet, und sich dabei gleichermaßen auf die Dramaturgie und die Thematik der jeweiligen Episoden und ihrer Folgen einlässt, wird sich von ihnen unterhalten lassen können. Schließlich stehen Aufmerksamkeit, Konzentration und Reflexion auch im Bereich der Künste keineswegs im Gegensatz zu Unterhaltung, Animation und ästhetischer Lust. Sie sind vielmehr – anders als das auch von Adorno gepflegte Vorurteil es will – Bedingungen des ästhetischen Vergnügens an allen komplexeren Spielarten künstlerischer Produktion. Die Struktur ästhetischer Erfahrung, wie sie bei Adorno ohne Rücksicht auf die populäre Kultur analysiert wird, so lässt der Wortlaut seiner Ausführungen erkennen, beschreibt auch eine signifikante Reaktionsweise auf die Neuen Serien und viele andere Produkte der populären Kultur. Wenn dies aber so ist, müssen einseitige Auffassungen des künstlerischen Potenzials – und also der komplexen Wahrnehmbarkeit – dieser Produkte korrigiert werden, die den Blick gerade auf die Verfassung maßgeblicher Teile der populären Kultur verstellen.

11.4 Eine falsche Alternative

Die Form der Publikumsbeteiligung, die durch die Neuen Serien ermöglicht wird, muss von zwei Gegenpositionen der Bestimmung ihres rezeptiven Potenzials unterschieden werden: Einem allzu ‚passivistischen' und einem allzu ‚aktivistischen' Modell. Einer Manipulationsthese, so könnte man auch sagen, steht hier eine Souveränitätsthese gegenüber. Zusammen stellen sie eine falsche Alternative in der Analyse der Rolle des Publikums dar. Die These einer fast ausnahmslosen manipulativen Vereinnahmung des Publikums, wie sie Adorno angesichts ‚kulturindustrieller' Produkte vertreten hat, wird den Spielräumen der Gestaltung der Produkte des

---

13 Adorno (2009), S. 202.
14 Ebd., S. 193.

Fernsehens und damit auch den Potenzialen ihrer Rezeption nicht gerecht. Nicht minder irreführend aber ist eine allzu aktivistische Deutung der von den Produkten des Fernsehens im besten Fall initiierten kreativen Prozesse ihrer Rezeption. Dieser Gegenposition zufolge besteht eine selbstständige oder kritische Aneignung ästhetischer Gegenstände vor allem darin, diese nach eigenem Gusto zu verwenden, ihnen eine willkürliche Deutung zu verleihen, sie ‚gegen den Strich' zu lesen oder als bloßes Material für individuelle ‚Bricolagen' zu gebrauchen.

Auch mit dieser Position wird der Eigensinn der jeweiligen ästhetischen Gegenstände verfehlt – und mit ihm das, was sie ihren Rezipienten zu erfahren und zu erkennen *geben*. Von einer ‚Souveränitätsthese' kann man hier deshalb sprechen, weil dem Publikum nun – im Gegenzug zur ‚Manipulationsthese' – eine weitgehende Verfügungsgewalt über die Produkte zugesprochen wird. Während die Manipulationsthese nahezu alle Macht aufseiten des Produkts lokalisiert, spricht die Souveränitätsthese im Gegenzug den Rezipienten nahezu alle Macht zu. Die eine Position jedoch ist so unangemessen wie die andere. Denn der ästhetischen Form der Produkte liegt jedes Mal eine unumgängliche Vorgabe zugrunde, auf die ihre Rezeption notwendigerweise bezogen bleibt. Diese Vorgabe liegt in der Dramaturgie der betreffenden Serien und kommt ihnen in diesem Sinn objektiv zu. Insofern bringen die jeweiligen Produkte, soweit sie denn erfolgreich sind, durchaus ihr Publikum hervor. Dies hat Adorno im Auge, wenn er sagt, „geistige Gebilde haben objektive Qualität, ihren objektiven Wahrheitsgehalt".[15] Freilich ließe sich die allzu pompöse Rede von einem „Wahrheitsgehalt" an dieser Stelle auch einklammern. Mit Bezug auf das Beispiel der Neuen Serien genügt es zu sagen, dass deren Gehalt in den von ihnen audiovisuell präsentierten Sichtweisen liegt. Jede spezifische, in je besonderen Kontexten stattfindende Interpretation bleibt eine Aneignung dieser Produkte. Diese ist insbesondere dann auf die ästhetische Dramaturgie der Serien bezogen, wenn Teile des Publikums durchaus eigensinnige Lesarten entwickeln. Und es gehört gerade zu den Leistungen der Neuen Serien, den Eigensinn ihrer (einsamen oder gemeinsamen) Aneignung dadurch zu fördern, dass sie von ihren Zuschauern eine besondere Aufmerksamkeit für die dargebotenen Situationen, Charaktere und narrativen Verwicklungen fordern. Die Rezipienten finden sich dazu animiert, sich passiv *und* aktiv zu den Windungen und Wendungen der Serien zu verhalten.

Ein konzentrierter, zugleich reflexiver und interpretierender Mitvollzug künstlerischer Prozesse setzt nach Adorno eine Preisgabe der Fixierung auf vorgefasste Erwartungen und somit ein Zurückstellen des eigenen Wollens voraus. Wenn eine derartige Rezeptionshaltung aber den Neuen Serien des Fernsehens gegenüber angemessen ist, so erweisen sich diese als ein *positiver Fall* jenes Nicht-Wollen-Könnens, das Adorno in seinen Arbeiten über die Kulturindustrie – im Unterschied zu den der Theorie der Kunst gewidmeten – nur in seinen *negativen* Seiten ausge-

---

15 Adorno (1998), S. 345.

leuchtet hat. In der Konsequenz bedeutet dies, dass die These, die Kulturindustrie und mit ihr das Fernsehen erzeuge ein unkritisches Publikum, keineswegs generell gültig ist. Denn durch die entsprechenden medialen Formen wird ein (vergleichsweise) unkritisches Publikum ebenso wie ein (vergleichsweise) kritisches geschaffen. In der Vielfalt seiner Formate und Programme steht das Fernsehen nicht auf einer dieser Seiten, sondern immer auf beiden zugleich.

11.5   Drei Sequenzen

Dabei gehören die Neuen Serien gewiss zu den ästhetisch innovativsten Hervorbringungen des Fernsehens. Warum das so ist, möchte ich an drei kurzen, miteinander korrespondierenden Ausschnitten verdeutlichen. Jedes dieser Beispiele gibt eine andere Darstellung desselben Typus von Situation: dem therapeutischen Gespräch.[16] Aber jeder dieser Sequenzen kommt eine völlig andere Stellung innerhalb des Kosmos der jeweiligen Serie zu.

11.5.1   The Sopranos

Mafiaboss sucht Therapeutin auf: So beginnt bekanntermaßen die allererste Episode der Serie *The Sopranos*. Bei seinem ersten Besuch erklärt Tony Soprano (James Gandolfini) seinem Gegenüber Dr. Jennifer Melfi (Lorraine Bracco) sogleich, dass er sich so etwas in seinem Beruf eigentlich nicht leisten könne. Bei ihrem zweiten Gespräch – nach Tonys zweitem Zusammenbruch – macht die Therapeutin ihm klar, dass für seine psychischen Probleme zwar die übliche Schweigepflicht gelte, etwaige Informationen über Straftaten aber müsse sie an die Polizei weitergeben. Beide wissen also von Anfang an, dass sie miteinander nicht über alles reden können, was den Mafioso möglicherweise belastet. Tonys dritter Besuch bei Dr. Melfi findet kurz vor dem Ende der ersten Episode statt.[17] Nach den Bildern einer von Tony in Auftrag gegebenen Explosion in einem Restaurant folgt ein abrupter Schnitt. Man sieht Tony erneut in dem mit Büchern und Bildern geschmackvoll eingerichteten Sprechzimmer von Dr. Melfi. Vor einem Schreibtisch sitzen beide einander auf Sesseln gegenüber, zwischen denen ein niedriger Beistelltisch steht. Elegant gekleidet, erklärt Tony in entspannter Haltung seiner Therapeutin, dass er sich gut fühle und nicht wisse, ob er noch einmal wiederkommen müsse (Abb. 11.1).

---

16 Es ist verschiedentlich beobachtet worden, dass therapeutische Gespräche in diversen neueren Serien eine markante Rolle spielen; vgl. hierzu Scheurer (2014) und Winter (2011).
17 *The Sopranos* (USA 1999; R: David Chase), Staffel 01/Episode 01: „The Sopranos"; 00:50:34– 0:53:21.

Abb. 11.1: *The Sopranos*, Staffel 01/Episode 01; 0:50:47

Abb. 11.2: *The Sopranos*, Staffel 01/Episode 01 0:53:31

Abb. 11.3: *The Sopranos*, Staffel 01/Episode 01; 0:54:14

Die Therapeutin erklärt ihm, dass dies nicht an dem Medikament liegen könne, dass sie ihm beim vorigen Mal verschrieben hatte. Was dann der Grund sei, will Tony wissen. „Coming here. Talking. Hope comes in many forms", antwortet die Therapeutin. „But who's got time for that?", lautet Tonys spontane Replik. Was er ihr denn damit eigentlich sagen wolle, fragt Dr. Melfi zurück. Tony zögert und erzählt ihr dann einen absurden Traum, in dem ein Vogel mit seinem Penis davongeflogen ist. Was für ein Vogel das gewesen sei, will Dr. Melfi wissen. Irgendein Wasservogel sei es gewesen. „What about ducks?", schlägt Dr. Melfi vor, wissend, dass der Auslöser für Tonys ersten Zusammenbruch das Davonfliegen einer Familie von Wildenten war, die ihre Jungen in seinem Swimmingpool aufgezogen hatten. Tony erstarrt, wird sentimental und erzählt unter Tränen, wie sehr ihn diese Enten gerührt haben. „Oh jesus fuck, now he's gonna cry", kommentiert er seine eigene Reaktion (Abb. 11.2).

Bis hierher hat sich der Dialog in einem ruhigen bildlichen Wechsel von Schuss und Gegenschuss entwickelt. In dem Moment aber, in dem Tony sich selbst fluchend aus der Distanz betrachtet, geht auch die Kamera für einen Augenklick auf Abstand. Sie zeigt die Ärztin und ihren Patienten in seitlicher Einstellung. Dr. Melfi beugt sich vor und schiebt eine auf dem Tisch zwischen ihnen stehende Box mit Papiertaschentüchern in seine Richtung, aus der sich Tony hastig bedient – eine verhaltene Geste der Annäherung, die andeutet, dass die beiden wohl doch länger miteinander zu tun haben werden. In der Fortsetzung des Dialogs rückt die Kamera die beiden Protagonisten näher zusammen. Wieder im Schuss-Gegenschuss-Verfahren blickt sie nun – anders als zuvor – jeweils über die Schulter des einen Gesprächspartners in das Gesicht des anderen. Die beiden beginnen eine Einheit zu bilden, was sich auch im kooperativen Fortgang der Unterhaltung zeigt. Dr. Melfi gibt Tony einen tiefenhermeneutischen Hinweis, den dieser bereitwillig aufnimmt. Als die Enten ihre Jungen bekamen, seien sie eine Familie geworden. Dieses Stichwort nimmt Tony bereitwillig auf und kommt selbst zu der Deutung, dass es die Angst um den Verlust seiner Familie sei, wovon er permanent umgetrieben werde. (Diese erste Episode der Serie wird mit einem Schwenk auf den leeren Pool seines Anwesens enden.)

Hier aber wird zugleich ein doppelter Boden nicht nur des Gesprächs, sondern der ganzen Serie sichtbar. Denn ‚Familie' bedeutet hier stets zweierlei: Einerseits die leibliche Familie und andererseits die kriminelle Gemeinschaft der Mafia, inklusive der unauflöslichen Spannungen zwischen beiden. In diesem Doppelsinn des Wortes Familie liegt der Grund von Tonys Existenzangst, was aber so in den Gesprächen mit seiner Therapeutin nicht ausgesprochen werden kann. Wenn Tony überleben will, muss er vor seiner Therapeutin wie vor sich selbst den Konflikt zwischen seinen beiden Lebensschwerpunkten verheimlichen. Er bleibt damit auch für die Zuschauer – keineswegs nur in den vielen noch folgenden Therapiesitzungen – ein Stück weit intransparent. Nicht zufällig endet der Dialog mit einem indirekten Bezug auf die Erwartungen der Zuschauer. „What are you so afraid is going to happen?", fragt Dr. Melfi – „I don't know", lautet die Antwort (Abb. 11.3). Wie Tony, so wissen auch die Zuschauer (und selbst die Produzenten) am Beginn der Serie nicht, was ihnen, der Hauptfigur und allen, mit denen diese es zu tun hat, noch bevorstehen wird. Diese Angst verspricht erhebliche Lust beim Verfolgen der Versuche ihrer Bewältigung durch den Helden der Serie. So gesehen, gewinnt auch Tonys anfängliche Bemerkung, wer denn für so etwas überhaupt die Zeit habe, einen verdeckten zweiten Sinn: Wir, die Zuschauer, sind es, die dafür am Bildschirm alle Zeit der Welt haben werden.

11.5.2 Mad Men

Die Serie *Mad Men* spielt in der – vor allem in der New Yorker Madison Avenue zentrierten – selbstverliebten und männerdominierten Welt der Werbung, der Roger O. Thornhill (Cary Grant) am Beginn von Alfred Hitchcocks berühmten Film *North by Northwest* (USA 1959) gewaltsam entrissen wird. Die 1960er-Jahre jedoch werden in dieser Serie aus einer radikal historisierenden Perspektive vorgestellt. „Enjoy the Best America has to Offer": Bereits der Untertitel der Serie gibt einen ironischen, distanzierten teilweise karikaturistisch überzeichneten Blick auf den Zeitgeist jener Jahre vor, in der die Wirtschaft boomt und allein die Männer das Sagen haben. Die Hauptfigur Don Draper (Jon Hamm) ist (bis zur dritten Staffel) mit Betty (January Jones) verheiratet. Diese fühlt sich im goldenen Käfig ihrer Hausfrauenrolle als Gattin ihres notorisch untreuen Mannes und Mutter der beiden gemeinsamen Kinder zunehmend verloren. Ihr Mann rät ihr daraufhin, einen Therapeuten aufzusuchen.

Der erste dieser Besuche findet in der zweiten Episode der ersten Staffel statt, während Don sich mit einer Gespielin vergnügt.[18] Am Beginn der Sequenz sieht man links im Bild den Kopf des Therapeuten Dr. Arnold Wayne (Andy Umberger), der im Anzug auf einem Stuhl seitlich hinter einer Liege sitzt, auf der die elegant gekleidete Betty von ihm abgewandt liegt, den Kopf auf eine Nackenrolle gestützt. Während Betty spricht, schaut Dr. Wayne von schräg hinten auf sie herab und macht sich Notizen (Abb. 11.4).

Die Kamera vollzieht einen extrem langsamen Schwenk nach rechts, wodurch der Psychiater aus dem Blick rückt und die ins Leere hinein redende, bis auf die Bewegung ihrer Hände reglos daliegende junge Frau das Bild alleine füllt. Mit einer leichten Gegenbewegung nähert sich der Bildausschnitt dem Oberkörper der Patientin. Man sieht, wie Betty die Uhr von ihrem Arm löst, die Dan ihr gerade geschenkt hat. (Das Armband besteht aus Kettengliedern aus Weißgold.) Sie wisse gar nicht, warum sie hier sei, so beginnt Betty ihren Monolog unter Beobachtung des beharrlich schweigenden Therapeuten. Doch, nervös und ängstlich sei sie schon, sie schlafe nicht gut, zudem würden ihre Hände manchmal taub. Wie ein kaputtes Auto funktioniere sie nicht mehr richtig. „Not that you are a mechanic", fügt sie sogleich hinzu, in einem ersten Versuch, Dr. Wayne zu einer Reaktion zu provozieren. Viele Leute kämen zu ihm wegen der Atombombe, vermutet sie dann. „Is that true?", spricht sie ihn nun direkt an, mit den Augen zu seiner Seite hinblickend. Der Mann reagiert nicht. Von ihrer jüngst verstorbenen Mutter habe sie gelernt, so fährt Betty fort, dass es nicht höflich sei, über sich selbst zu sprechen. Unterdessen hat sie ihre Armbanduhr auf den Beistelltisch rechts neben ihr gelegt, hinter dem der Psychiater schweigt. Ob sie hier rauchen könne, fragt sie nun, und blickt ihn mit einer Wendung ihres Kopfes direkt an. Es erfolgt ein Schnitt. Man sieht den Psychiater in

18 *Mad Men* (USA 2007; R: Alan Taylor), Staffel 01/Episode 02: „Ladies Room"; 00:38:32–0:40:24.

Abb. 11.4: *Mad Men*, Staffel 01/Episode 02; 0:38:32

Abb. 11.5: *Mad Men*, Staffel 01/Episode 02; 0:40:01

Abb. 11.6: *Mad Men*, Staffel 01/Episode 02; 0:40:21

Untersicht, wie er mit unbeteiligter Miene wortlos einen Aschenbecher in ihre Richtung schiebt, und sich wieder seinem Notizblock zuwendet (Abb. 11.5).

Nach einem erneuten Schnitt ist Betty beim Griff nach einer Zigarette zu sehen. Die nächste – und letzte Einstellung der Sequenz – zeigt Betty in Großaufnahme beim Rauchen (Abb. 11.6). (In der ganzen Serie wird exzessiv geraucht.)

„We're all so lucky to be here", sagt sie mit zitternder Stimme. Schnitt: Dan Draper im Bett einer anderen Frau.

Dies ist eine völlig andere *talking cure* als sie Dr. Melfi ihrem Gegenüber anbietet, und sie wird völlig anders in Szene gesetzt. Auf sie trifft zu, was Karl Kraus seinerzeit über die Psychoanalyse sagte: Sie sei die Krankheit, für deren Therapie sie sich halte. Betty wird buchstäblich auf ihre unterlegene Rolle festgelegt. Ihr wird ein Ventil gegeben, damit sie Ruhe gibt. Die männliche Dominanz des therapeutischen Settings wird zusätzlich durch die Kumpanei des Psychiaters mit Bettys Ehemann zementiert. Als dieser ihn am Abend, nachdem das Ehepaar gemeinsam nach Hause gekommen ist, heimlich anruft, hat der Therapeut nach nur einer Sitzung bereits eine bündige Diagnose bereit: „She's a very anxious young woman. You're doing the right thing."

11.5.3 In Treatment

In der Serie *In Treatment* bilden therapeutische Sitzungen nicht lediglich ein kurzes Intermezzo – wie in *Mad Men* – und auch nicht nur – wie in *The Sopranos* – einen zentralen Strang der Erzählung. Sie sind vielmehr selbst die eigentliche Handlung. Hier spielen sich alle im Laufe der Serie entfalteten Dramen ab, die weit stärker als in den beiden anderen Serien, trotz ihres fiktiven Charakters in einem möglichst authentisch erscheinenden Ablauf inszeniert werden. Der narrative Rhythmus ergibt sich aus den wiederkehrenden Sitzungen mit den verschiedenen Patienten von Dr. Paul Weston (Gabriel Byrne). Entsprechend ist der Schauplatz der Serie weitgehend auf die Räume begrenzt, in denen der Therapeut seine Patienten empfängt – zunächst in dem Haus in Brooklyn, in dem er mit seiner Familie wohnt, ab der zweiten Staffel in dem Appartement, in das er nach seiner Scheidung umgezogen ist. Es ist *seine* Alltagswelt, in der er von Menschen unterschiedlichen Alters und Geschlechts mit unterschiedlichem Krankheitsbild aufgesucht wird. Die Zuschauer haben es also nicht wie in *The Sopranos* oder *Mad Men* mit Figuren zu tun, deren Leben außerhalb der therapeutischen Sitzungen ihnen durch die Kenntnis der fiktiven Welt der Serie vertraut ist. Was die Patienten in die Praxis des Therapeuten führt, lässt sich allein aus den Gesprächen mit ihm erschließen. Mit Ausnahme der Sitzungen von Dr. Weston mit dessen eigener Supervisorin (und später Therapeutin) bleibt die sonstige Lebenssituation seiner Patienten vollständig ausgeblendet – und somit der Fantasie des Publikums überlassen.

Zu Beginn der dritten Episode der ersten Staffel ist Dr. Weston in seinem Haus beschäftigt, als es an die Fensterscheibe der Tür zu seinem Behandlungszimmer klopft.[19] Der Therapeut begibt sich dorthin und öffnet die klemmende Tür. Vor ihm steht ein 16-jähriges Mädchen (Mia Wasikowska), dessen beide Arme fast bis zu den Fingerspitzen in Gips sind. Dr. Paul Weston stellt sich mit seinem Vornamen vor

---

19 *In Treatment* (USA 2008; R: Rodrigo Garcia), Staffel 01/Episode 03: „Sophie: Week One"; 00:01:35–0:02:57. Die ersten beiden Staffeln dieser Serie basieren zu erheblichen Teilen auf dem Vorläufer *BeTipul* (Israel 2005–2008).

und streckt ihr die rechte Hand entgegen. Die Besucherin streckt ihm ihrerseits die Rechte entgegen und berührt seine Hand mit den Fingerspitzen. „Sophie", stellt sie sich vor. Während sie dies sagt, zeigt eine Großaufnahme die vorsichtige Berührung ihrer Hände. Der Therapeut und seine Patientin betreten einen großen Raum, der mit vielen Büchern und anderen Accessoires wie ein privates Wohnzimmer eingerichtet ist. Sophie lässt sich auf einem behaglichen Sofa nieder, Dr. Weston nimmt ihr gegenüber in einen Sessel Platz. Neben diesem steht ein kleiner Tisch mit einem Notizbuch darauf. Zwischen Arzt und Patientin befindet sich ein schmaler, niedriger Tisch, auf dem eine Karaffe mit Wasser, zwei Gläser sowie eine Box mit Papiertaschentüchern stehen. Rechts neben dem Sofa steht auf einer weiteren Ablage eine Uhr, die nur für den Therapeuten sichtbar ist. Am Ende des Schwenks, der diese Szene erfasst hat, sieht man im Halbprofil Dr. Weston und ihm gegenüber Sophie, deren eingegipste Arme nun noch deutlicher sichtbar sind. Der Raum erhält Licht von einem großen Fenster im Hintergrund, vor dem ein Schreibtisch mit einem Bildschirm steht und das den Blick auf den Garten des Hauses freigibt (Abb. 11.7).

Sophie beginnt sofort zu sprechen und erzählt die etwas komplizierte Vorgeschichte ihres Besuchs, die Dr. Weston zu mehreren Nachfragen veranlasst. Dieser erste Dialog wird – wie fast der gesamte Verlauf der 25 Minuten langen Folge – im Schuss-Gegenschuss-Verfahren gezeigt, zunächst über die Schulter der jeweils anderen Person, später zunehmend in direkter und näherer Ansicht des redenden oder zuhörenden Partners. Sophie ist sichtlich angespannt und versucht ihre Unsicherheit durch ein forciertes Auftreten zu kaschieren. Der Therapeut wendet sich ihr in freundlicher, unterstützender Haltung zu, im erkennbaren Versuch, ihr zu zeigen, dass er sie ernst nimmt (Abb. 11.8).

Es geht zunächst darum, wer Sophie empfohlen hat, zu Dr. Weston zu kommen und um und den Grund dafür, warum sie ein psychiatrisches Gutachten benötigt. (Es wird sich herausstellen, dass sie in dem – aus ihrer Sicht abwegigen – Verdacht steht, ihren Unfall aus suizidalen Motiven heraus verursacht zu haben.) „So, that's why I'm here", resümiert Sophie ihre einleitenden Erklärungen. Dr. Weston reagiert darauf mit einem ebenso skeptischen wie nachdenklichen Gesichtsausdruck und gibt dann ein mimisches Zeichen des Verstehens. Gegenschnitt: Mit entschlossener Stimme fährt Sophie fort: „I'm here for your professional opinion, not for..." – sie hält inne (Abb. 11.9).

Nach einer kurzen Pause fällt die Stimme des Therapeuten ein: „Not for..." Es folgt ein Bildwechsel auf Dr. Weston, der wiederum skeptisch blickt, zögert, noch einmal ansetzt und nun, mit hochgezogenen Augenbrauen und einem verstehenden Lächeln ergänzt: „...not for therapy" (Abb. 11.10).

Abb. 11.7: *In Treatment*, Staffel 01/Episode 03; 0:02:06

Abb. 11.8: *In Treatment*, Staffel 01/Episode 03; 0:02:19

Abb. 11.9: *In Treatment*, Staffel 01/Episode 03; 0:02:35

Abb. 11.10: *In Treatment*, Staffel 01/Episode 03; 0:02:47

Dass die Patienten zu Beginn ihrer Therapie beteuern oder sich einzureden versuchen, sie hätten eine solche gar nicht nötig, ist ein sich in *In Treatment* des Öfteren wiederholender Topos, der auch in den beiden anderen von mir betrachteten Sequenzen eine signifikante Rolle spielt. Jedes Mal stellt sich hierbei für die Zuschauer die Frage, ob, wann und wie die Schallmauer des Eingeständnisses, doch eine Therapie nötig zu haben, durchbrochen werden wird – so auch in Dr. Westons Sitzungen mit Sophie. Diese in der Selbstdarstellung der Patienten auftretende reflexive Komponente initiiert somit zugleich eine Reflexion aufseiten der Zuschauer: darauf ob und wie in der filmischen Dramaturgie ein therapeutischer Prozess in Gang kommen wird. Im Fall von *In Treatment* aber kommt ein Weiteres hinzu. Wie am Ende der soeben beschriebenen Sequenz sieht man den Therapeuten häufig innehalten oder zögern, im Versuch, auf die Äußerung seines Gegenübers angemessen zu reagieren. Dies sorgt einerseits für eine deutliche Spannung innerhalb der Gesprächsverläufe. Andererseits lässt es auch den Zuschauern Zeit, eine Erwartung zu bilden, sich vorzustellen oder zu überlegen, was eine angemessene Reaktion auf das gerade Gehörte und Gesehene sein könnte. Die kleinen Pausen innerhalb der Dialoge geben ihnen besondere Gelegenheiten, imaginativ und reflexiv an der fiktiven Handlung zu partizipieren.

11.6 Gesteigerte Partizipation

Ein solches, eine intensivierte emotionale wie intellektuelle Partizipation ermöglichendes Formgesetz, so möchte ich behaupten, ist das vorrangige Kennzeichen der Neuen Serien, soweit sie ihren künstlerischen Anspruch zu erfüllen vermögen. Obwohl es nur winzige Ausschnitte aus den betreffenden Serien waren, die wir besichtigt haben, lassen sich an ihnen doch wesentliche Züge der Komposition dieser und anderer innovativer Serien erkennen. Jede der kommentierten Szenen führt in einem ruhigen, aber elaborierten Duktus eine ebenso einfache wie komplexe soziale Situation vor Augen, die das Publikum animiert, sich Gedanken über die Rolle, Haltung und die Befindlichkeit der beteiligten Charaktere zu machen, und darüber, wie sich die Figuren im Verlauf der Sendung verändert haben und verändern werden. Die besichtigten Szenen zeigen Fragmente psychotherapeutischer Sitzungen, die jeweils auch mit den filmtypischen Klischees solcher Gespräche spielen; Situationen zwischen Ärztin oder Arzt und Patient oder Patientin, in denen Möglichkeiten und Unmöglichkeiten einer Therapie ausgelotet werden; teilweise komische und krude Verhaltensweisen, deren Witz und Sinn entweder zunächst gar nicht oder allein aus der Kenntnis aller Episoden zu verstehen ist; Figuren, die sich verändern und weiterentwickeln; soziale Situationen, die weder für die Akteure noch für die Zuschauer ohne Weiteres durchsichtig sind; Verhältnisse, in denen Grundkonstellationen und Grundkonflikte menschlichen Lebens und Zusammenlebens präsentiert und variiert werden.

Szenen wie diese – oder generell: Serien wie diejenigen, aus denen sie stammen – zu verfolgen, bedeutet, sich durch die Form ihrer Inszenierung zu einer Reflexion über die in ihnen behandelten Themen verleiten zu lassen; das Spiel mit und die ironische Brechung von Klischees sowie die Verwandlung zwischenmenschlicher Konstellationen zu erkennen; eigenes Wissen und eigene Erfahrung bei der Deutung der Szenen zu aktivieren und möglicherweise zu erweitern; für den historischen, sozialen und intertextuellen Kontext der Szenen und ihrer Art der Darbietung aufmerksam zu sein; ein Vergnügen an der durch die Dramaturgie der Serien gelenkten Ausübung dieser Fähigkeiten zu empfinden. Kurzum: Nur wer bereit ist, sich von den dramaturgischen Vorgaben der jeweiligen Serien bestimmen zu lassen, wird in ihrer Betrachtung eine eigene Sicht auf das in ihnen gestaltete Geschehen gewinnen können – und sich von ihm und seiner Gestaltung gut unterhalten fühlen.

Auf diese Weise schaffen diese Serien durchaus ihr Publikum. Ein *gemeinsames* Publikum entsteht dabei durch das geteilte Interesse an einer „denkenden Betrachtung", wie Hegel es nannte, allgemein menschlicher und gesellschaftlicher Verhältnisse anhand komplex konzipierter Figuren – und zwar durch die kollektive Teilhabe an der spezifischen artifiziellen Gestaltung der jeweiligen Serien. Diese Gemeinsamkeit aber ist vereinbar mit dem Umstand, dass jeder Zuschauer oder jede Gruppe von Zuschauern zu einer je individuellen Deutung der in ihnen dargebotenen Sichtweisen gelangt. Denn kraft ihrer Form ermöglichen die Neuen Serien eine ebenso unterhaltende wie reflektierte wie reflektierende Begegnung mit exemplarischen menschlichen Situationen, die die Zuschauer ihr je individuelles Selbst- und Weltverständnis durchspielen und durchdenken lässt.

11.7 Resümee

Das Publikum der Neuen Serien ist ein kritisches Publikum, gerade weil es dem formalen Diktat der betreffenden Serien in einer Weise unterliegt, wie es Adorno unter dem Stichwort der „aktiven Passivität" für die Rezeption von Kunstwerken beschrieben hat. Dieses Publikum lässt sich fesseln von den Verfahren der Progression durch Unterbrechung, der Variation und Digression, denen die Neuen Serien folgen. Es lässt sich vereinnahmen von den dissonanten Perspektiven, die diese Serien auf die Konstellation ihrer Figuren entwerfen, und zugleich von den wechselnden Rhythmen, in denen ihr Tun und Erleiden vorgeführt wird. Diese offene, in ihrem Verfolgen unberechenbare und unüberschaubare Komposition ist verantwortlich für das intellektuelle Vergnügen, das die Neuen Serien bereithalten. Die aktive Partizipation an ihnen entspringt der vorgegebenen Präfiguration durch sie. Das ‚Nicht-Wollen-Können' angesichts ihrer Dynamik ist die unhintergehbare Bedingung der Freiheiten, die sie ihren Zuschauern lassen. Darin liegt die künstlerische Zumutung, mit der die Neuen Serien die bildungsbürgerlichen Demarkationslinien zwischen Kunst und Unterhaltung so hartnäckig missachten.

In Erinnerung an das vorige Kapitel dieses Buches darf die Differenz zwischen den ‚neuen' und den ‚alten' Serien freilich nicht überzeichnet werden. Auch einige der vergleichsweise traditionellen Serien bieten durchaus komplexe Reaktionsmöglichkeiten an, die sich keineswegs mit Adorno auf die Optionen eines „identifizierenden Denkens" und Fühlens oder manipulativen Verführtwerdens reduzieren lassen. Einmal ganz abgesehen davon, dass nicht wenige der als ‚neue' Serien formierenden Produktionen so innovativ gar nicht sind und auch manche der älteren den neueren an Komplexität durchaus nahekommen, müsste eine blanke Entgegensetzung ihrer alten und neuen Formen erneut in die Irre führen. Umberto Eco hat bereits vor längerer Zeit zwischen einer „naiven" und einer „gewitzten" Lesart von Unterhaltungsserien im Fernsehen und anderswo unterschieden, deren eine vorwiegend die Wechselfälle der erzählten Episoden verfolgt, während die andere vorwiegend für die Varianten der Erzählweise selbst aufmerksam ist.[20] Diese beiden Einstellungen zugleich – und somit: jederzeit einen Wechsel oder ein Changieren zwischen ihnen – anzubieten, sei für die Ästhetik dieser Serien konstitutiv. Es ist diese für viele der Fernsehserien gestern wie heute zutreffende Beobachtung, die den Blick auf die Sonderstellung der besten unter den Neuen Serien eröffnet. Denn diese lassen ihren Zuschauern nicht die Wahl, sich entweder von den Windungen des Plots oder aber von den Raffinessen ihrer übergreifenden Komposition unterhalten zu lassen. Sie ermöglichen ihrem Publikum nicht allein eine mitreflektierende und mitimaginierende Lesart, sie lassen eine andere gar nicht zu. In ihrem jeweiligen Kosmos kann sich mit Lust und Gewinn nur bewegen und den Gang der Dinge hier überhaupt nur verstehen, wer Augen und Ohren für das Spiel ihrer Formen hat.

Es sollte aber nicht vergessen werden, dass keineswegs alle neuen Serien ‚Neue Serien' sind.[21] Ob alt oder neu in ihrer Machart und Entstehungszeit, sie alle koexistieren überdies, soweit sie im Fernsehen ausgestrahlt werden, mit all seinen übrigen, höchst divergenten Formaten. Mit den Neuen Serien ist insofern kein neues Fernsehen entstanden, sondern nur eine weiterer Facette seiner Evolution, die seit jeher darauf angelegt ist, alle möglichen Formen audiovisueller Präsenz und Präsentation auf ihre Weise zu adaptieren, ohne dass eine von ihnen reprä-

---

20 Eco (1987), bes. S. 57f.; vgl. Eco (1985).
21 Ein aktuelles Beispiel wäre die Serie *Lillyhammer* (NRK/Netflix, seit 2012). Steven Van Zandt, der bereits in *The Sopranos* eine tragende Rolle innehatte, spielt hier einen Mafioso, den es nach Norwegen verschlagen hat und der dort *against all odds* seinen gewohnten Lebensstil aufrechtzuerhalten sucht, was ihm in fast jeder der Episoden – mit allerlei politisch inkorrekten komischen Effekten – ein ums andere Mal gelingt, wodurch jedoch die Langzeiteffekte und Ambivalenzen der Neuen Serien gerade nicht zustande kommen.

sentativ für ‚das Fernsehen' wäre. Denn dieses, wie schon in der Einleitung beschrieben, steht inhaltlich wie formal für gar nichts Bestimmtes, was der eigentliche Grund dafür ist, dass es für das Schäbige, Schaurige und Schöne ebenso Platz
hat wie für alles andere, was die Gesellschaft, deren Produkt es ist, im Guten wie
im Schlechten bewegt.

Transkriptionssystem

1. Visuelle Dimension

Kameraoperationen

Einstellungsgrößen

D	Detailaufnahme: Eng begrenzter Bildausschnitt, Großaufnahme von Gegenständen.
G	Großaufnahme: Konzentration auf den Kopf/das Gesicht bis zum Hals.
N	Nahaufnahme: Brustbild; Darstellung von Personen vom Kopf bis zur Mitte des Oberkörpers; neben den mimischen werden auch gestische Elemente sichtbar. Oft für die Darstellung von Diskussionen und Gesprächen verwendet.
HN	Halbnahe Einstellung: Darstellung Kopf bis zur Taille; Aussagen über die unmittelbare Umgebung der abgebildeten Personen werden möglich. Oft zur Darstellung von Personen im Dialog.
A	Amerikanische Einstellung: Personen vom Kopf bis zu den Knien.
HT	Halbtotale Einstellung: Menschen von Kopf bis Fuß. Oft zur Darstellung von Personengruppen verwendet.
T	Totale: Ganze Person mit Umgebung; gibt einen Überblick über den Handlungsraum.
W	Weite Einstellung: Übersicht über eine Szenerie oder Landschaft, in der der Mensch verschwindend klein wirkt; auch Panoramaaufnahme genannt.

Aufnahme ohne Personen: Als Bezugsgröße können analog auch Gebäude oder Gegenstände verwendet werden, die als solche wie Personen behandelt werden.

Kamerabewegungen

Z	Zoom
F	Fahrt
S	Schwenk
Hk	Handkamera
F^{hk}, S^{hk}	Fahrt oder Schwenk mit Handkamera
TS	Tiefenschärfe
Schr	Schrägstellung der Kamera (gekippte Kamera)

Kamerabewegungen

B	Bewegte Kamera, ungebundene und unregelmäßige Bewegung der Kamera.
cGf	Grafik: Computererzeugte Grafik, bei der sich keine Bezugspunkte für die Festlegung von Kamerabewegungen bzw. Einstellungen finden lassen.

Kameraperspektive (in ( ) hinter Einstellungsgröße)

AS	Aufsicht: Vogelperspektive
US	Untersicht: Froschperspektive
l	leicht
s	stark

Richtung der Kamerabewegung und Bewegungen allgemein

v	nach vorn	o	nach oben
h	nach hinten	u	nach unten
li	nach links	re	nach rechts

Schnitt

Ü	Überblendung: Einige Einzelbilder von Ende Einstellung A überlappen Einzelbilder von Anfang Einstellung B.
AUFBL	Aufblende: Langsames Einblenden einer Einstellung.
ABBL	Abblende: Abdunklung der Einstellung.
CB	Computerblenden, z. B. Trickblenden (Wipes).
DB/MB	Doppel-/Mehrfachbelichtung: Zwei/mehrere Einstellungen überlagern sich.
SC	Split Screen: Zwei/mehrere Einstellungen erscheinen neben und/oder untereinander auf dem Bildschirm.

Elemente der Bildkomposition

INSERT	Inhalt des Inserts; Besonderheiten (Groß-/Fettschrift etc.).

Lokalisierung von Personen oder Gegenständen im Raum

VG	Vordergrund
MG	Mittelgrund
HG	Hintergrund
BR	Bildrand (o, u, li, re)
BM	Bildmitte
BH	Bildhälfte (o, u, li, re)

2. Akustische Dimension

Abkürzungen der akustischen Elemente

Mu	Musik: Grob-Charakterisierung in (()).
G	Geräusche: Grob-Charakterisierung in (()).
Sw, m	Stimmliche/sprachliche Elemente; Sprecher/-in, weiblich oder männlich.
OTw, m	Originalton Sprecher, weiblich oder männlich, in Interviews, Befragungen.
Name/Kürzel	Bei bekannten Sprechern
on	Geräuschquelle/Sprecher im Bild sichtbar.
off	Geräuschquelle/Sprecher nicht im Bild sichtbar.

Transkription des gesprochenen Textes

(.)	Mikropause
(-), (--), (---)	Kurze, mittlere und längere geschätzte Pausen von ca. 0.25–0.75 Sek. Dauer.
(2)	Geschätzte Pause in Sekunden (Angabe mit einer Stelle hinter dem Punkt); ab Pausendauer von ca. 1 Sek.
( )	Unverständliche Textpassage
[	Beginn einer Überlappung bzw. gleichzeitiges Sprechen von zwei Parteien.
]	Ende einer Überlappung
°ja°	Leise gesprochen
JA	Laut gesprochen
ja	Betont gesprochen
ja:::	Dehnung; Anzahl der Doppelpunkte entspricht in etwa der Länge der Dehnung.
?	Stark steigende Intonation
,	Schwach steigende Intonation
;	Schwach fallende Intonation

.	Stark fallende Intonation
=	Schneller Anschluss zwischen zwei Sprechern bzw. schnell gesprochen
hm, ja, ne	Einsilbige Rezeptionssignale
hm=hm, ja=a, nei=ein	Zweisilbige Signale
waru-	Abbruch eines Wortes oder einer Äußerung
°hh hh	Hörbares Atmen
`h `hh	Hörbares Einatmen, je nach Dauer
h` hh`	Hörbares Ausatmen, je nach Dauer
a(h)ber	Aspirationslaut innerhalb eines Wortes; Lachpartikel
haha hehe hihi	Silbisches Lachen
((lacht))	Umschreibung von paralinguistischer Information (Lachen, Husten, Räuspern, etc.)
(und)	Vermuteter Wortlaut
((...))	Auslassung innerhalb einer Äußerung
⋮	Auslassung eines Gesprächssegments im Transkript

Erweiterungsmöglichkeiten im Hinblick auf eine detaillierte Berücksichtigung paralinguistischer Phänomene:

<((stakato)) >	Paralinguistische Ereignisse während des Sprechens; Anfang und Ende sind mit spitzen Klammern markiert.
<<ff> >	Sehr laut
<<all> >	Schnell
<<len> >	Langsam
<<cresc> >	Lauter werdend
<<dim> >	Leiser werdend
<<acc> >	Schneller werdend
<<rall> >	Langsamer werdend

Literaturverzeichnis

Adorno, Theodor W. (1971a): Prolog zum Fernsehen. In: Ders.: Eingriffe. Neun kritische Modelle. Frankfurt/M.: Suhrkamp, S. 60–80.

Adorno, Theodor W. (1971b): Fernsehen als Ideologie. In: Ders.: Eingriffe. Neun kritische Modelle. Frankfurt/M.: Suhrkamp, S. 81–98.

Adorno, Theodor W. (1998): Kann das Publikum wollen? In: Ders.: Gesammelte Schriften. Hg. v. Rolf Tiedemann. Frankfurt/M.: Suhrkamp, Bd 20.1, S. 342–347.

Adorno, Thoedor W. (2009): Ästhetik (1958/59). In: Ders.: Nachgelassene Schriften. Hg. v. Eberhard Ortland. Frankfurt/M.: Suhrkamp, Abt IV: Vorlesungen, Bd. 3.

Albrecht, Gerd (1964): Die Filmanalyse – Ziele und Methoden. In: Everschor, Franz (Hg.): Filmanalysen 2. Düsseldorf: Haus Altenberg, S. 233–270.

Altman, Rick (2001): Fernsehton. In: Adelmann, Ralf et al. (Hg.): Grundlagentexte zur Fernsehwissenschaft. Theorie, Geschichte, Analyse. Konstanz: UVK, S. 388–412.

Bachtin, Michail M. (1990): Literatur und Karneval. Zur Romantheorie und Lachkultur. Frankfurt/M: Fischer Taschenbuch Verlag.

Barthes, Roland (1990a): Die Fotografie als Botschaft. In: Ders.: Der entgegenkommende und der stumpfe Sinn. Frankfurt/M.: Suhrkamp, S. 11–27.

Barthes, Roland (1990b): Rhetorik des Bildes. In: Ders.: Der entgegenkommende und der stumpfe Sinn. Frankfurt/M.: Suhrkamp, S. 28–46

Beck, Ulrich (1986): Risikogesellschaft. Auf dem Weg in eine andere Moderne. Frankfurt/M.: Suhrkamp.

Berger, Peter L./Luckmann, Thomas (1970): Die gesellschaftliche Konstruktion der Wirklichkeit. Frankfurt/M.: Suhrkamp.

Berger, Peter L./Luckmann, Thomas (1995): Modernität, Pluralismus und Sinnkrise. Die Orientierung des modernen Menschen. Gütersloh: Bertelsmann.

Boehm, Gottfried (1994): Die Wiederkehr der Bilder. In: Ders. (Hg.): Was ist ein Bild? München: Fink, S. 11–38.

Bonfadelli, Heinz (2002): Medieninhaltsforschung. Konstanz: UVK.

Borstnar, Nils/Pabst, Eckhard/ Wulff, Hans Jürgen (2002): Einführung in die Film- und Fernsehwissenschaft. Konstanz: UTB.

Brown, Mary Ellen (1990): Motley Moments: Soap Operas, Carnival, Gossip and the Power of the Utterance. In: Brown, Mary Ellen (Hg.): Television and Women's Culture: The Politics of the Popular. London: Sage Publications, S. 183–198.

Cantor, Muriel/Pingree, Susan (1987): The Soap Opera. London: Sage Publications.

Cardwell, Sarah (2007): Is Quality Television Any Good? Generic Distinctions, Evaluations and the Troubling Matter of Critical Judgement. In: McCabe, John/Akass, Kim (Hg.): Quality TV. Contemporary American Television and Beyond. New York: I. B. Tauris, S. 19–34.

Carey, James (1989): Communication as Culture. Essays on media and society. Boston: Unwin Hayman.

Casetti, Francesco/Odin, Roger (2001): Vom Paläo- zum Neo-Fernsehen. Ein semio-pragmatischer Ansatz. In: Adelmann, Ralf et al. (Hg.): Grundlagentexte zur Fernsehwissenschaft. Theorie – Geschichte – Analyse. Konstanz: UVK, S. 311–333.

Christmann, Gabriela B./Günthner, Susanne (1999): Entrüstung: Moral mit Affekt. In: Bergmann, Jörg/Luckmann, Thomas (Hg.): Kommunikative Konstruktion von Moral. Band 1: Struktur und Dynamik der Formen moralischer Kommunikation. Opladen: Westdeutscher Verlag, S. 242–274.

Conant, James (2006): Die Welt eines Films. In: Deutsche Zeitschrift für Philosophie 54, S. 87–100.

Deleuze, Gilles (1991): Das Zeit-Bild. Kino 2. Frankfurt/M.: Suhrkamp.

Dietz, Simone (2009): Lügen Bilder? Das Wahrheitsproblem in der Mediengesellschaft. In: Schnädelbach, Herbert et al. (Hg.): Was können wir wissen, was sollen wir tun? Zwölf philosophische Antworten. Hamburg: Rowohlt, S. 210–228.

Eco, Umberto (1985): Die Innovation im Seriellen. In: Ders.: Über Spiegel und andere Phänomene. München: dtv, S. 155–180.

Eco, Umberto (1987): Serialität im Universum der Kunst und der Massenmedien. In: Ders.: Streit der Interpretationen. Konstanz: Universitätsverlag. S. 49–65.

Ellis, John (2001): Fernsehen als kulturelle Form. In: Adelmann, Ralf et al. (Hg.): Grundlagentexte zur Fernsehwissenschaft. Theorie – Geschichte – Analyse. Konstanz: UVK, S. 44–73.

Engell, Lorenz (2012): Fernsehtheorie zur Einführung. Hamburg: Junius.

Fahle, Oliver (2001): Bewegliche Konzepte. Historisches Denken der Bildmedien. In: Engell, Lorenz/Vogl, Joseph (Hg.): Mediale Historiographien. Weimar: Universitätsverlag, S. 73–83.

Faulstich, Werner (2008): Grundkurs Fernsehanalyse. Paderborn: Fink.

Gadamer, Hans Georg (1975): Wahrheit und Methode: Grundzüge einer philosophischen Hermeneutik. Tübingen: Mohr Verlag.

Gehlen, Arnold (1957): Sozialpsychologische Befunde. In: Ders.: Die Seele im technischen Zeitalter: sozialpsychologische Probleme in der industriellen Gesellschaft. Hamburg: Rowohlt, S. 39–56.

Goodman, Nelson (1995): Sprachen der Kunst. Frankfurt/M.: Suhrkamp.

Grimm, Jürgen (2006): Super Nanny. Ein TV-Format und sein Publikum. Konstanz: UVK.

Hausmanninger, Thomas (2002): Voraussetzungen: Was in diesem Buch unter Ethik und unter Gewalt verstanden wird. In: Ders./Bohrmann, Thomas (Hg.): Mediale Gewalt: interdisziplinäre und ethische Perspektiven. München: Fink, S. 11–36.

Heller, Heinz B. (1994): Dokumentarfilm im Fernsehen – Fernsehdokumentarismus. In: Ludes, Peter/Schumacher, Heidemarie/Zimmermann, Peter (Hg.): Geschichte des Fernsehens in der Bundesrepublik Deutschland, Band 3: Informations- und Dokumentarsendungen. Paderborn: Wilhelm Fink Verlag, S. 91–100.

Hepp, Andreas (1998): Fernsehaneignung und Alltagsgespräche. Fernsehnutzung aus der Perspektive der Cultural Studies. Opladen: Westdeutscher Verlag.

Heritage, John/Clayman, Steven E./Zimmerman, Don H. (1988): Discourse and Message Analysis. The Micro-Structure of Mass Media Messages. In: Hawkins, Robert P./Wiemann, John M./Pingree, Suzanne (Hg.): Advancing Communication Science: Merging Mass and Interpersonal Processes. London: Sage Publications, S. 77–109.

Hickethier, Knut (1995): Dispositiv Fernsehen. Skizze eines Modells. In: montage/AV. Zeitschrift für Theorie & Geschichte audiovisueller Kommunikation 4 (1), S. 63–83.

Hickethier, Knut (2008). Die Wahrheit der Fiktion. Zum Verhältnis von Faktizität, Fake und Fiktionalisierung. In: Pörksen, Bernhard/Loosen, Wiebke/Scholl, Armin (Hg.): Paradoxien des Journalismus: Theorie – Empirie – Praxis. Wiesbaden: VS Verlag, S. 361–374.

Hill, Annette (2005): Reality TV. Audiences and Popular Factual Television. London/New York: Routledge.

Hörning, Karl-Heinz (1999): Kultur und soziale Praxis. Wege zu einer „realistischen" Kulturanalyse. In: Hepp, Andreas/Winter, Rainer (Hg.): Kultur – Medien – Macht. Cultural Studies und Medienanalyse. Opladen: Westdeutscher Verlag, S. 33–47.

Keppler, Angela (1985): Präsentation und Information. Zur politischen Berichterstattung im Fernsehen. Tübingen: Gunter Narr Verlag.

Keppler, Angela (1987): Der Verlauf von Klatschgesprächen. In: Zeitschrift für Soziologie 16 (4), S. 288–302.

Keppler, Angela (1994a): Tischgespräche. Über Formen kommunikativer Vergemeinschaftung am Beispiel der Konversation in Familien. Frankfurt/M.: Suhrkamp.

Keppler, Angela (1994b): Wirklicher als die Wirklichkeit? Das neue Realitätsprinzip der Fernseh-unterhaltung. Frankfurt/M.: Fischer Taschenbuch Verlag.

Keppler, Angela (1995): Die Kommunion des Daseins. Formen des Sakralen in der Fernsehunter-haltung. In: Rundfunk und Fernsehen 43 (4), S. 301–311.

Keppler, Angela (1999): Mediale Erfahrung, Kunsterfahrung, religiöse Erfahrung. Über den Ort von Kunst und Religion in der Mediengesellschaft. In: Honer, Anna/Kurt, Ronald/Reichertz, Jo (Hg.): Diesseitsreligion. Zur Deutung der Bedeutung moderner Kultur. Konstanz: Universitätsverlag Konstanz, S. 183–199.

Keppler, Angela (2000): Verschränkte Gegenwarten. Medien- und Kommunikationsforschung als Untersuchung kultureller Transformationen. In: Soziologische Revue, Sonderheft 5. München: Oldenbourg, S. 140–152.

Keppler, Angela (2001): Mediales Produkt und sozialer Gebrauch. Stichworte zu einer inklusiven Medienforschung. In: Sutter, Tilmann/Charlton, Michael (Hg.): Massenkommunikation, Inter-aktion und soziales Handeln. Opladen: Westdeutscher Verlag, S. 125–145.

Keppler, Angela (2002): Visuelle Gestalt und kultureller Gehalt. Über den sozialen Gebrauch foto-grafischer Bilder. In: Neumann-Braun, Klaus (Hg.): Medienkultur und Kulturkritik, Opladen: Westdeutscher Verlag, S. 89–99.

Keppler, Angela (2003): Für eine Ästhetik des Fernsehens. In: Zeitschrift für Ästhetik und Allgemei-ne Kunstwissenschaft 48 (2), S. 285–296.

Keppler, Angela (2004): Media Communication and Social Interaction: Perspectives on Action Theory Based on Reception Research. Recent developments in Europe. In: Renckstorf, Karsten et al. (Hg.): Action Theory and Communication Research. Berlin/New York: de Gruyter, S. 103–114.

Keppler, Angela (2005a): Medien und soziale Wirklichkeit. In: Jäckel, Michael (Hg.): Mediensozio-logie. Grundfragen und Forschungsfelder. Wiesbaden: VS Verlag für Sozialwissenschaften, S. 91–106.

Keppler, Angela (2005b): Fiktion und Dokumentation. Zur filmischen Inszenierung von Realität. In: Wulf, Christoph/Zirfas, Jörg (Hg.): Ikonologie des Performativen, München: Wilhelm Fink Ver-lag, S. 189–200.

Keppler, Angela (2006a): Mediale Gegenwart. Eine Theorie des Fernsehens am Beispiel der Darstel-lung von Gewalt. Frankfurt/M.: Suhrkamp.

Keppler, Angela (2006b): Die Einheit von Bild und Ton. Zu einigen Grundlagen der Filmanalyse. In: Mai, Manfred/Winter, Rainer (Hg.): Das Kino der Gesellschaft – die Gesellschaft des Kinos. Interdisziplinäre Positionen, Analysen und Zugänge. Düsseldorf: Herbert von Halem, S. 60–78.

Keppler, Angela (2015): Das Gesagte und das Nichtgesagte. Was die Dramaturgie politischer Talk-shows zeigt. In: Girnth, Heiko/Michel, Sascha (Hg.): Polit-Talkshow: Interdisziplinäre Perspek-tiven auf ein multimodales Format. Suttgart: ibidem, S. 169–188.

Keppler, Angela/Peltzer, Anja (2015): Die soziologische Film- und Fernsehanalyse. München: De Gruyter Oldenbourg.

Keppler, Angela/Seel, Martin (1991): Zwischen Vereinnahmung und Distanzierung. Vier Fallstudien zur Massenkultur. In: Merkur 45 (7/8), S. 877–889.

Keppler, Angela/Seel, Martin (2008): Adornos reformistische Kulturkritik. In: Kohler, Georg/Müller-Doohm, Stefan (Hg.): Wozu Adorno? Weilerswist: Velbrück Wissenschaft, S. 223–234.

Kepplinger, Hans Mathias (1996): Inszenierte Wirklichkeiten. In: medien+erziehung 40 (1), S. 12–19.

Knoblauch, Hubert/Tuma, René/Schnettler, Bernt (2013): Videographie. Einführung in die interpre-tative Videoanalyse sozialer Situationen. Wiesbaden: VS.

Kottlorz, Peter (1993): Fernsehmoral: Ethische Strukturen fiktionaler Fernsehunterhaltung. Berlin: Spiess.

Krotz, Friedrich (2003): Medien als Ressource der Konstitution von Identität. Eine konzeptionelle Klärung auf der Basis des Symbolischen Interaktionismus. In: Hepp, Andreas/Thomas, Tanja/ Winter, Carsten (Hg.): Medienidentitäten. Identität im Kontext von Globalisierung und Medienkultur. Köln: Herbert von Halem, S. 27–48.

Krotz, Friedrich (2007): Mediatisierung: Fallstudien zum Wandel von Kommunikation. Wiesbaden: VS.

Kunis, Marit (2000): „Arabella" – Zur gattungsanalytischen Untersuchung einer Talkshow. Dresden: Unveröffentlichte Magisterarbeit.

Leverette, Marc/Ott, Brian L./Buckley, Cara Louise (Hg.) (2008): It's Not TV. Watching HBO in the Post-Television Era. New York: Routledge.

Luckmann, Thomas (1991): Die unsichtbare Religion. Frankfurt/M: Suhrkamp.

Luhmann, Niklas (1996): Die Realität der Massenmedien. Opladen: Westdeutscher Verlag.

Merten, Klaus (1995): Inhaltsanalyse: Einführung in Theorie, Methode und Praxis. Opladen: Westdeutscher Verlag.

Meteling, Arno/Otto, Isabell/Schabacher, Gabriele (Hg.) (2010): „Previously on". Zur Ästhetik der Zeitlichkeit neuerer TV-Serien. München: Fink.

Mittel, Jason (2006): Narrative Complexity in Contemporary American Television. In: The Velvet Light Trap 58, S. 29–40.

montage/AV. Zeitschrift für Theorie & Geschichte audiovisueller Kommunikation (2002): Themenheft Pragmatik des Films 11(2).

Müller, Eggo (1995): Television Goes Reality. Familienserien, Individualisierung und ‚Fernsehen des Verhaltens'. In: montage/AV. Zeitschrift für Theorie & Geschichte audiovisueller Kommunikation 4 (1), S. 85–106.

Müller, Frank E. (1991): Metrical emphasis: Rhythmic scansions in Italian conversation. KontRI-Projekt Arbeitspapier Nr. 14, Fachgruppe Sprachwissenschaft. Universität Konstanz.

Müller, Klaus E. (1983): Grundzüge des menschlichen Gruppenverhaltens. In: Schenkel, Rudolf (Hg.): Biologie von Sozialstrukturen bei Tier und Mensch: Vorträge gehalten auf der Tagung der Joachim Jungius-Gesellschaft der Wissenschaften Hamburg am 14. und 15. November 1981. Göttingen: Vandenhoeck & Ruprecht, S. 93–112.

Münch, Richard (1998): Globale Dynamik, lokale Lebenswelten: Der schwierige Weg in die Weltgesellschaft. Frankfurt/M.: Suhrkamp.

Newcomb, Horace/Hirsch, Paul M. (1986): Fernsehen als kulturelles Forum. Neue Perspektiven für die Medienforschung. In: Rundfunk und Fernsehen 23 (2), S. 177–190.

Raab, Jürgen (2008): Visuelle Wissenssoziologie. Theoretische Konzeption und materiale Analysen. Konstanz: UVK.

Raddatz, Fritz J. (1993): In der Gewäschanlage. In: Die Zeit, 22.03.1993, S. 1.

Real, Michael (1989): Super Media. A Cultural Studies Approach. London: Sage Publications.

Reichertz, Jo (2000a): Die frohe Botschaft des Fernsehens. Kulturwissenschaftliche Untersuchung medialer Diesseitsreligion. Konstanz: Universitätsverlag Konstanz.

Reichertz, Jo (2000b): Trauung und Trost, Vergebung und Wunder. Kirchliche Dienstleistungen im Fernsehen. In: Thomas, Günter (Hg.): Religiöse Funktionen des Fernsehens? Medien-, kultur- und religionswissenschaftliche Perspektiven. Opladen: Westdeutscher Verlag, S. 205–221.

Reinhardt, Jan Dietrich (2006): Identität, Kommunikation und Massenmedien. Würzburg: Ergon.

Scharfe, Sabine (2000): Moral in deutschen Krankenhausserien. Eine Untersuchung am Beispiel der Fernsehserie „In aller Freundschaft". Dresden: Unveröffentlichte Magisterarbeit.

Scheurer, Maren (2014): Erzähler in Analyse, Therapie in Serie: Zur Produktiven Verbindung von Fernsehserie und Psychotherapie. In: Nesselhauf, Jonas/Schleich, Markus (Hg.): Quality-Television. Die narrative Spielwiese des 21. Jahrhunderts?! Berlin: Lit-Verlag, S. 159–209.

Schmidt, Siegfried J. (2000): „Between Heaven and Hell". Soap Religion in den Medien?. In: Thomas, Günter (Hg.): Religiöse Funktionen des Fernsehens? Medien-, kultur- und religionswissenschaftliche Perspektiven. Opladen: Westdeutscher Verlag, S. 271–288.

Schmidt, Axel (2011): Medien/Interaktion. Zum Zusammenhang von Handeln und Darstellen am Beispiel faktualer Fernsehformate. Baden-Baden: Nomos.

Schwitalla, Johannes (1979): Dialogsteuerungsversuche interviewter Politiker. In: Rosengren, Inger (Hg.): Sprache und Pragmatik. Lunder Symposion 1978. Malmö, S.149–168.

Seel, Martin (1995): Fotografien sind wie Namen. In: Deutsche Zeitschrift für Philosophie 43, S. 465–478.

Seel, Martin (2001): Inszenieren als Erscheinenlassen. Thesen über die Reichweite eines Begriffs. In: Früchtl, Joseph/Zimmermann, Jörg (Hg.): Ästhetik der Inszenierung. Frankfurt/M.: Suhrkamp, S. 48–62.

Seel, Martin (2008): Die Imagination der Fotografie. In: REAL. Aus der Sammlung der DZ-Bank, Katalog Städel Museum. Frankfurt/M./Ostfildern: Hatje-Kantz, S. 20–33.

Seel, Martin (2013): Die Künste des Kinos. Frankfurt/M.: Fischer.

Seel, Martin (2014): Aktive Passivität. Über die ästhetische Variante der Freiheit. In: Ders.: Aktive Passivität. Über den Spielraum des Denkens, Handelns und anderer Künste. Frankfurt/M.: Suhrkamp, S. 240–265.

Selting, Margret et al. (1998): Gesprächsanalytisches Transkriptionssystem. In: Linguistische Berichte 173, S. 91–122.

Sichtermann, Barbara (1994): Mehr als dürftig. In: Die Zeit v. 30.12.1994, S. 42.

Soeffner, Hans-Georg (1992): Die Inszenierung von Gesellschaft – Wählen als Freizeitgestaltung. In: Ders.: Die Ordnung der Rituale – Die Auslegung des Alltags II. Frankfurt/M.: Suhrkamp, S. 157–176.

Soeffner, Hans-Georg (1994): Das „Ebenbild" in der Bilderwelt – Religiosität und die Religionen. In: Sprondel, Walter M. (Hg.): Die Objektivität der Ordnungen und ihre kommunikative Konstruktion. Frankfurt/M.: Suhrkamp, S. 291–317.

Thomas, Günter (1998): Medien – Ritual – Religion. Zur religiösen Funktion des Fernsehens. Frankfurt/M.: Suhrkamp.

Thompson, Kristin (2003): Storytelling in Film and Television. Cambridge: Harvard University Press.

Thompson, Robert J. (1996): Television's Second Golden Age: From Hill Street Blues to ER. New York: Continuum.

Tröhler, Margit (2005): Filmische Authentizität. Mögliche Wirklichkeiten zwischen Fiktion und Dokumentation. In: montage/AV. Zeitschrift für Theorie & Geschichte audiovisueller Kommunikation 13 (2). S. 149–169.

Uhmann, Susanne (1992): Contextualizing relevance: On some forms and functions of speech rate changes in everyday conversation. In: Auer, Peter/Luzio, Aldo Di (Hg.): The Contextualization of Language. Amsterdam: John Benjamins Publishing, S. 297–336.

Williams, Raymond (1974): Television, Technology and Cultural Form. London: Collins.

Winter, Rainer (2011): „All Happy Families": THE SOPRANOS und die Kultur des Fernsehens im 21. Jahrhundert. In: Blanchet, Robert et al. (Hg.): Serielle Formen. Von den frühen Film-Serials zu aktuellen Quality-TV- und Online-Serien. Marburg: Schüren, S.153–174.

Wulff, Hans J. (1998): Intime Plauderei als Politikum? Die Bedeutung der Talkshows im Medienalltag. In: Unabhängige Landesanstalt für das Rundfunkwesen (Hg.): Talkshows. Tabuverletzung oder Therapie?. Kiel: Offener Kanal, S. 7–28.

Wulff, Hans J. (2001): Konstellation, Kontrakt, Vertrauen: Pragmatische Grundlagen der Dramaturgie. In: montage/AV. Zeitschrift für Theorie & Geschichte audiovisueller Kommunikation 10 (2), S. 131–154.

Wulff, Hans J. (2014): Wahrnehmungsvertrag. In: Lexikon der Filmbegriffe. Abgerufen am 16.12.2014 von http://filmlexikon.uni-kiel.de/index.php?action=lexikon&tag=det&id=8436.

Ziemann, Andreas (2006): Sozialkonstruktivismus, Pluralität von Wirklichkeit und die Realität der Massenmedien. In: Soziologie der Medien. Bielefeld: Transcript, S. 60–85.

Textnachweise

Einleitung: Perspektiven einer Soziologie des Fernsehens – Originalbeitrag.

1. Die wechselseitige Modifikation von Bildern und Texten in Fernsehen und Film – zuerst erschienen in: Deppermann, Arnulf/Linke, Angelika (Hg.) (2010): Sprache intermedial. Stimme und Schrift, Bild und Ton. Berlin: de Gruyter, S. 447–468.

2. Zeigen ohne zu sagen. Zur Rhetorik des Fernsehbildes – zuerst erschienen in: Raab, Jürgen/ Müller, Michael R./Soeffner, Hans-Georg (Hg.) (2014): Grenzen der Bildinterpretation. Wiesbaden: VS-Verlag, S. 221–236.

3. Das Gleiche ist nicht immer gleich. Gewaltdarstellungen in Film und Fernsehen – zuerst erschienen in: WestEnd. Neue Zeitschrift für Sozialforschung. Hg. v. Institut für Sozialforschung an der Johann Wolfgang Goethe-Universität Frankfurt. 2011, 8 (1), S. 50–67.

4. Vom Unterhaltungswert der Werte. Über die Konjunktur der Tugendethik im Fernsehen – das Kapitel geht zurück auf: Keppler, Angela (2012): Der Unterhaltungswert der Werte. Über die Konjunktur der Tugendethik im Fernsehen. In: Kehnel, Annette (Hg.): Erfolg und Werte. Band 3 der Reihe „Wirtschaft und Kultur im Gespräch". Frankfurt/M.: F.A.Z. Institut, S. 205–213, sowie: Keppler, Angela (2010): Variationen des Selbstverständnisses. Das Fernsehen als Schauplatz der Formung sozialer Identität. In: Hartmann, Maren/Hepp, Andreas (Hg.): Die Mediatisierung der Alltagswelt. Wiesbaden: VS Verlag, S. 111–126.

5. Formen der Moralisierung im Fernsehen – überarbeitete Fassung des gleichnamigen Beitrags in: Allmendinger, Jutta (Hg.) (2001): Gute Gesellschaft? Verhandlungen des 30. Kongresses der Deutschen Gesellschaft für Soziologie in Köln 2000. Opladen: Leske + Budrich, S. 862–875.

6. Wissen um Relevanzen. Zur Dramaturgie politischer Konflikte in Talkshows – überarbeitete Fassung des gleichnamigen Beitrags in: Tänzler, Dirk/Knoblauch, Hubert/Soeffner, Hans-Georg (Hg.) (2006): Zur Kritik der Wissensgesellschaft. Konstanz: UVK, S. 217–233.

7. Selbstrechtfertigung und Selbstkritik – ein Medienritual – zuerst erschienen in: Berliner Theologische Zeitschrift (BThZ), Themenheft zur XXI. Werner-Reihlen-Vorlesung. Hg. v. Slencka, Notger, 2013, S. 146–164.

8. ‚Medienreligion' ist keine Religion. Fünf Thesen zu den Grenzen einer erhellenden Analogie – zuerst erschienen in: Thomas, Günter (Hg.) (2000): Religiöse Funktionen des Fernsehens? Medien-, Kultur- und Religionswissenschaftliche Perspektiven. Opladen: Westdeutscher Verlag, S. 223–231.

9. Reality-TV: Ein Genre zwischen Dokumentation und Fiktion – Originalbeitrag.

10. Person und Figur. Dissonante Identifikationsangebote in Fernsehserien – das Kapitel geht zurück auf: Keppler, Angela (1995): Person und Figur. Identifikationsangebote in Fernsehserien. In: montage/AV. Zeitschrift für Theorie & Geschichte audiovisueller Kommunikation 4 (2), S. 85–100, sowie: Keppler, Angela (1996): Interaktion ohne reales Gegenüber. Zur Wahrnehmung medialer Akteure im Fernsehen. In: Vorderer, Peter (Hg.): Fernsehen als „Beziehungskiste". Parasoziale Beziehungen und Interaktionen mit TV-Personen. Opladen: Westdeutscher Verlag, S. 11–24.

11. Noch einmal: „Kann das Publikum wollen?" Über den künstlerischen Status der Neuen Serien – Originalbeitrag.

www.ingramcontent.com/pod-product-compliance
Lightning Source LLC
Chambersburg PA
CBHW081738270326
41932CB00020B/3321